기초 회계원리

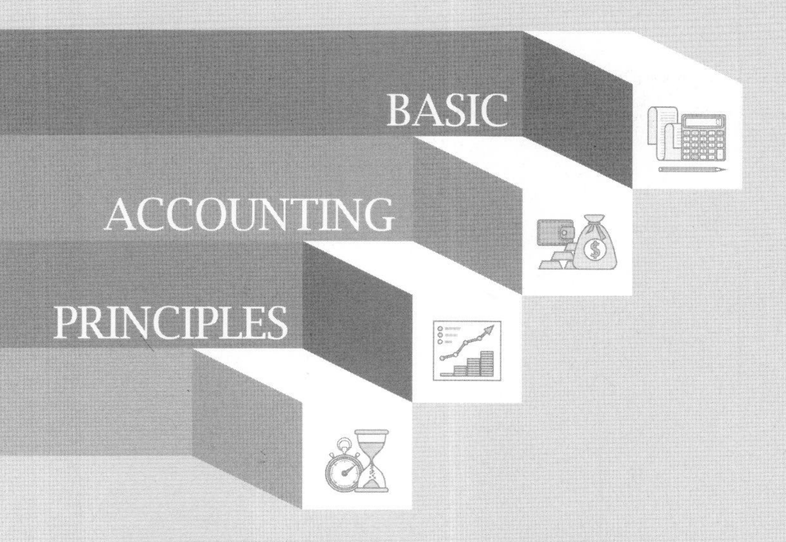

머 리 말

여러 해 동안 대학에서 회계원리를 지도하며 회계가 어렵다는 이야기를 많이 듣는다. 그럴 때마다 처음 접하는 사람들도 회계의 개념이나 내용을 쉽게 이해하며 받아들일 수 있는 책을 찾아 학생들에게 도움주려고 고심하였다. 또 회계를 처음 접하고 학습하는 학습자들에게 회계라는 숲을 보고 나무까지도 명확하게 이해토록 안내하려 노력하였다.

본서의 특징은 회계를 처음 접하는 학습자들이 꼭 필요한 내용을 쉽게 이해할 수 있도록 하였다. 단원의 내용을 이론적으로 정리하고 예제를 통하여 단원의 핵심내용을 이해토록 하고 있으며, 주관식과 객관식 연습문제를 통하여 다시 한번 학습내용을 체득토록 하였다. 특히 객관식 연습문제는 한국세무사회가 주관하는 자격시험에 출제빈도가 높은 문제들을 엄선하여 전산회계 등의 회계 관련 자격증 취득에 필요한 이론학습에 도움되도록 단원별로 정리하여 제시하고 있다.

본서는 수년 전부터 마음으로만 생각하고 미루어 두었던 집필에 대한 욕구를 표출시켜 엮은 결과물이다. 무엇보다도 수년간의 산업실무에서의 경험과 대학에서 기초회계와 전산회계를 지도하며 꼭 필요하고 중요하다고 판단되는 핵심을 찾아 알려주려 공을 들인만큼 초심자들의 회계학습에 도움이 되길 소망한다.

출간에 도움을 주신 한올의 관계자께 감사 인사를 전한다.

너른고을 백마산 아래 푸른마을에서 저자

차 례

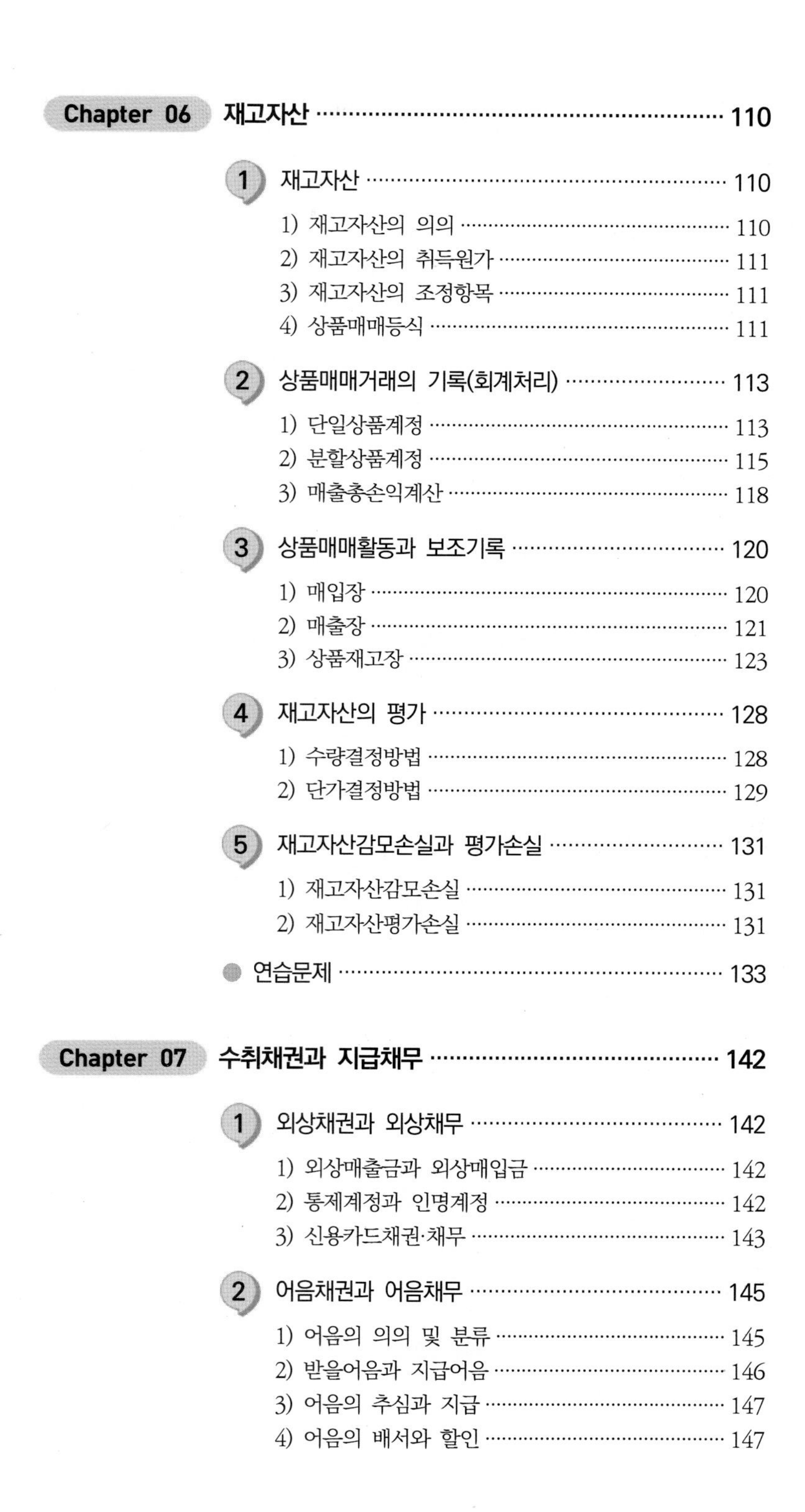

PART 01

회계의 기초

| Chapter 01 |

회계의 기본개념

1 회계의 의의와 목적

1) 회계의 의의

회계란 정보이용자들이 합리적인 판단이나 의사결정을 할 수 있도록 기업실체(경제적 실체)의 경제적 활동을 화폐로 측정・기록하고 이에 관한 정보를 수집・요약하여 정보이용자에게 전달하는 과정이다.

표 1-1 회계정보이용자와 필요한 정보

회계정보이용자	필요한 정보
투 자 자	현재와 미래의 투자위험이나 투자수익을 평가할 수 있는 정보
채 권 자	원금과 이자의 지급능력을 평가할 수 있는 정보
경 영 자	경영계획・통제 등 경영의사결정에 필요한 정보
종 업 원	기업의 안정성, 성장성, 급여와 퇴직금의 지급능력을 평가할 수 있는 정보
정 부	기업활동의 규제・조세정책결정 등에 필요한 정보
거 래 처	거래의 지속정, 매입채무 등의 지급능력을 평가할 수 있는 정보
고 객	당해 기업과 거래관계가 있는 경우 A/S 등 기업의 존속가능성에 대한 정보
일반대중	기업의 성장 추세, 최근 동향 등을 평가할 수 있는 정보

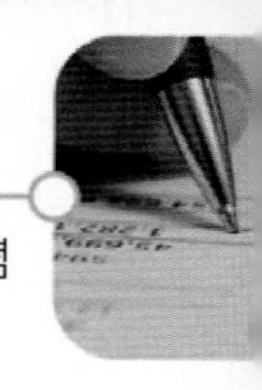

2) 회계의 목적

회계의 목적은 기업실체의 회계정보를 정보이용자들의 의사결정에 유용한 정보를 제공하는 것이다.

- 정보이용자들의 투자 및 신용의사결정에 유용한 정보의 제공
- 미래의 현금흐름을 예측하는데 유용한 정보의 제공
- 재무상태, 경영성과, 현금흐름 및 자본변동에 대한 정보의 제공
- 경영자의 수탁책임 이행 평가에 유용한 정보의 제공

2 회계의 분류

회계는 정보이용자가 누구냐에 따라서 재무회계, 관리회계, 세무회계로 구분할 수 있으며, 영리성 유・무에 따라서 영리회계와 비영리회계로, 컴퓨터의 이용여부에 따라서 수작업회계와 전산회계로 구분할 수 있다.

1) 정보이용자에 따른 분류

회계시스템에 의해 산출되는 회계정보를 이용하는 정보이용자가 누구인가에 따라서 재무회계, 관리회계, 세무회계로 분류할 수 있다.

그림 1-1 회계정보이용자

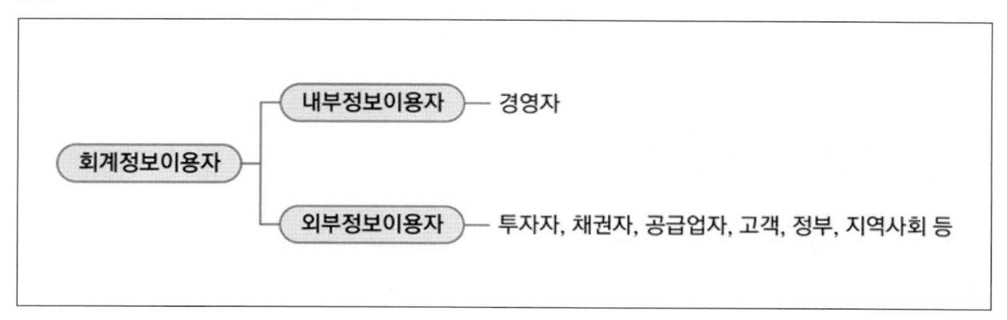

표 1-2 회계의 분류

구 분	재무회계	관리회계
정보이용자	외부정보이용자(투자자, 채권자 등)	내부정보이용자(경영자)
보 고 수 단	재무보고서(재무제표)	특수목적보고서(특정한 양식 없음)
정보의 유형	역사적 원가정보(과거지향적)	미래예측 정보(미래지향적)
회 계 원 칙	일반적으로 인정된 회계원칙(GAAP)	특별한 원칙 없음
질 적 특 성	신뢰성	목적적합성
보 고 주 기	정기적 보고(1년, 반기, 분기)	수시 보고(월별, 1년, 장기간)

(1) 재무회계

기업의 다양한 외부정보이용자들이 이용할 수 있도록 일반적으로 인정된 회계원칙에 따라서 일반목적의 재무보고서인 재무제표를 작성, 공시하는 것을 주된 목적으로 하는 회계가 재무회계이다.

(2) 관리회계

기업의 내부정보이용자인 경영자가 고유의 기능인 계획과 지휘, 통제기능 등 경영의사결정을 하는데 필요한 정보를 제공하는 것을 목적으로 하는 회계가 관리회계이다.

(3) 세무회계

소득을 기초로 세법의 규정에 따라 과세소득과 세액산정을 목적으로 이루어지는 회계가 세무회계이다.

2) 영리성 유·무에 따른 분류

회계가 적용되는 조직의 영리성 유 · 무에 따라 영리회계와 비영리회계로 구분할 수 있다.

(1) 영리회계

영리회계란 영리 즉, 이윤추구를 목적으로 하는 조직의 회계를 말하며, 대표적인 예가 기업회계이다.

(2) 비영리회계

비영리회계란 영리를 목적으로 하지 않는 조직, 즉 학교, 병원, 교회, 사찰, 각종 사회문화단체와 종교단체, 정부기관과 같은 비영리기관에 적용하는 회계를 말한다.

3) 컴퓨터 이용 여부에 따른 분류

회계처리에 있어 컴퓨터를 이용하는가 여부에 따라서 수작업회계와 전산회계로 구분할 수 있다.

(1) 수작업회계

수작업회계란 기업에 발생하는 거래를 인식하는 것부터 재무제표를 작성하는 것까지 컴퓨터를 이용하지 않고 회계담당자의 수작업에 의해서 처리하는 회계를 말한다. 기업이 전산조직체계를 갖추지 않아도 회계처리할 수 있다는 장점이 있으나, 회계처리 속도가 너무 늦어지며 오류의 발생가능성이 높다는 단점이 있다

(2) 전산회계

전산회계는 전산조직에 의하여 회계자료를 처리하고 회계장부와 재무제표를 작성하여 정보이용자에게 전달하는 회계를 말한다.

[장점]

- 회계처리에 소요되는 인력과 경비를 절감할 수 있다.
- 회계업무를 신속 · 정확하게 처리하여 업무의 표준화와 질적 향상이 가능하다.
- 전산을 통하여 효율적인 내부통제가 가능하므로 회계정보의 신뢰성이 향상된다.
- 회계정보에 쉽고 빠르게 접근하므로 회계장부의 보존과 검색이 용이하다.
- 저장된 데이터베이스를 사용하여 재무제표의 열람과 다양한 재무분석이 용이하다.

[단점]

- 기업특성에 맞는 전산시스템을 갖추는데 초기에 비용이 소요된다.
- 회계담당자의 컴퓨터 처리능력이 있어야 한다.
- 컴퓨터는 수정이 간단하여 장부를 조작한 회계부정의 가능성이 증가한다.

3 부기와 회계

1) 부기와 회계의 차이

부기는 "장부기록"의 줄임말로 기업의 경영과정에서 발생한 경제적 사건을 기록, 계산, 정리하는 방법을 말한다. 회계는 정보이용자들에게 의사결정에 유용한 정보를 수집, 가공, 전달하는 일련의 과정으로 설명할 수 있다. 부기는 기술적인 부분이 강조되며 회계는 부기라는 기술을 이용하되 정보이용을 강조하는 때문에 더 넓은 개념이라 하겠다.

2) 단식부기와 복식부기

복식부기는 원리원칙에 의해 모든 거래를 이중으로 기록함으로서 자기검증기능이 있고 재산의 증감은 물론 손익의 발생을 원인별로 기록하고 계산하여 재무보고서를 작성할 수 있는 완전한 부기를 말한다. 반면, 단식부기는 일정한 원리원칙 없이 단순한 일기 형식의 기록이므로 재산증감의 결과는 알아도 원인은 충분히 알 수 없는 방법이다.

*** 일반적으로 인정된 회계원칙**

일반적으로 인정된 회계원칙(GAAP)은 재무제표를 작성할 때 준수해야 할 기본원칙과 회계처리 규정을 말한다. 이것은 회계전문기관이나 전문가들의 합의에 의해서 정립 된다. 우리나라에서는 금융감독위원회가 한국회계기준원의 회계기준위원회에게 위탁하여 일반적으로 인정된 회계원칙에 해당하는 기업회계기준을 제정하고 있다.

기업회계기준은 한국채택국제회계기준, 일반기업회계기준, 특수분야회계기준 등으로 구성된

다. 한국채택국제회계기준, 일반기업회계기준, 특수분야회계기준 등은 각각 '기업회계기준서'와 '기업회계기준해석서'로 구성되며, 기준의 본문은 아니지만 실무적용의 편의를 위하여 관련 실무 지침 등을 제공한다.

4 회계단위와 회계기간

1) 회계단위

회계단위란 기업이 소유하고 자산, 부채, 자본의 증감변화를 기록, 계산하기 위한 장소적인 범위를 구분할 필요가 있는데, 이 장소적 구분을 회계단위라고 한다. 하나의 기업은 하나의 회계단위가 되는 것이 원칙이지만 기업에 따라서는 필요에 따라 두 개 이상의 회계단위로 나눌 수 있다. 예를 들어 본점과 지점, 본사와 공장으로 구분할 수 있다.

2) 회계기간(회계연도)

회계에서는 계속기업을 가정하기 때문에 기업의 재무상태와 경영성과를 계산하여 보고하기 위하여 인위적으로 기간을 설정할 필요가 있다. 이렇게 인위적으로 구분한 시간적인 범위를 회계기간 혹은 회계연도라고 한다. 회계기간은 1년을 초과하여 설정할 수 없으며, 회계기간의 첫날을 기초라 하고 마지막 날을 기말이라 하며, 회계기간 동안을 기중이라 한다.

개인기업의 경우 소득세법의 규정에 의거 회계기간은 1월 1일부터 12월 31일까지로 정해져 있으며, 법인기업의 경우는 기본규정인 정관의 규정에 따르도록 하고 있다.

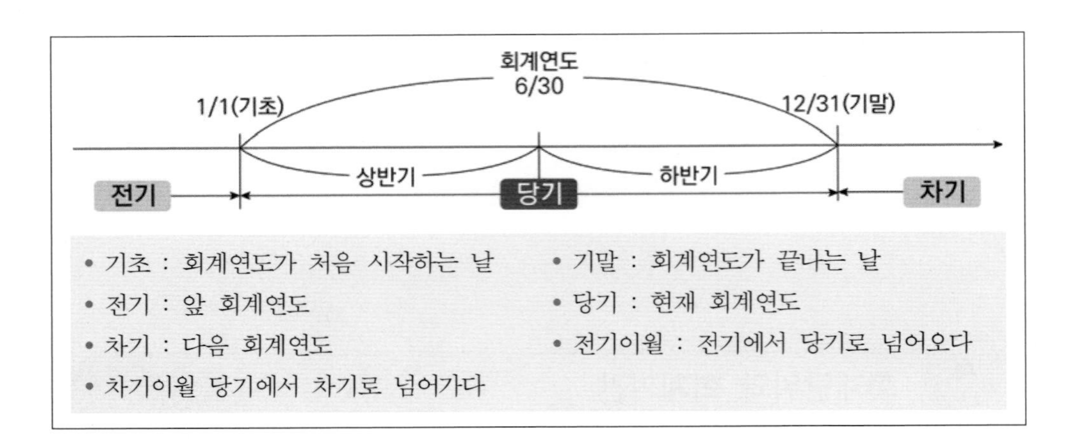

예제 1-1

다음의 기본적인 설명을 읽고 옳은 것은 ○표, 틀린 것은 ×표를 하시오.

(1) 회계의 목적은 회계정보이용자가 합리적인 판단이나 의사결정을 할 수 있도록 기업실태에 관한 유용한 정보를 제공하는 것이다. ······························ (　　　)

(2) 재무회계는 경영자 등 내부정보이용자에게 유용한 정보를 제공하기 위한 회계를 말하며, 관리회계는 투자자, 채권자 등 외부정보이용자에게 유용한 정보를 제공하기 위한 회계를 말한다. ······························ (　　　)

(3) 복식부기의 특성은 회계상의 자료를 일정한 원리원칙에 의하여 이중적으로 기록·계산하므로 자기검증기능이 있지만 단식부기는 자기검증기능이 없다.
······························ (　　　)

(4) 비영리회계란 학교, 종교단체, 각종 사회단체 등 영리를 목적으로 하지 않는 조직과 같은 비영리기관의 회계를 말한다. ······························ (　　　)

(5) 전산회계가 도입되면 전문적인 담당자는 필요없다. ······························ (　　　)

(6) 일반적으로 인정된 회계원칙이란 회계실무를 행할 때 반드시 준수하여야 할 일반적인 행위 지침으로 회계실무를 이끌어가는 지도원리가 된다. ······· (　　　)

(7) 모든 기업의 회계기간은 반드시 1년으로 하여야 하고, 1월 1일부터 12월 31일까지를 회계기간으로 정해야 한다. ······························ (　　　)

풀이

(1) (○) 회계정보는 정보이용자들의 의사결정에 유용한 목적적합하고 신뢰성 있는 정보이어야 한다.

(2) (×) 재무회계는 투자자, 채권자 등 다양한 외부정보이용자에게 유용한 정보를 제공하기 위한 회계이며, 관리회계는 경영자 등 내부정보이용자에게 유용한 정보를 제공하기 위한 회계를 말한다.

(3) (○) 복식부기의 특성은 회계상의 자료를 일정한 거래의 이중성에 차변과 대변으로 나누어 동일한 금액으로 장부에 기록·계산하므로 자기검증기능이 있지만 단식부기는 자기검증기능이 없다.

(4) (○) 비영리회계란 비영리조직에서 사용하는 회계를 말한다.

(5) (×) 전산회계가 도입된다고 하더라도 전산회계프로그램을 다룰 수 있는 전문가가 필요하다.

(6) (○) 재무회계정보는 작성자와 정보이용자가 서로 다르므로 회계실무를 행할 때 반드시 회계기준이라는 약속에 따라서 이루어져야 한다.

(7) (×) 회계기간은 1년 이내로 1년을 초과할 수 없으나, 반드시 1월 1일부터 12월 31일까지를 회계기간으로 정해야 할 필요는 없다.

연습문제

주관식 연습문제

01. 회계정보이용자들이 합리적인 판단이나 의사결정을 할 수 있도록 기업실체의 경제적 활동을 화폐로 측정 · 기록하고 이에 관한 정보를 수집 · 요약하여 정보이용자에게 전달하는 과정을 (   )라 한다.

02. 회계의 목적은 기업실체의 회계정보를 정보이용자들의 (   )에 유용한 정보를 제공하는 것이다.

03. 회계는 회계정보이용자를 기준으로 외부보고 목적인 (   )와 내부보고 목적인 (   )로 분류한다.

04. 전산조직에 의하여 회계자료를 처리하고 회계장부와 재무제표를 작성하여 정보이용자에게 전달하는 회계를 (   )라 한다.

05. 기업이 소유하고 자산, 부채, 자본의 증감변화를 기록, 계산하기 위한 장소적인 범위를 (   )라 하고, 인위적으로 설정한 시간적인 범위를 (   )이라 한다.

객관식 연습문제

01. 다음 중 회계의 궁극적인 목적으로 가장 적합한 것은?

① 기업 내부에서 발생하는 모든 정보를 기록, 계산, 분류한다.

② 정확한 세금계산을 위하여 정부에게 유용한 정보를 제공한다.

③ 기업의 다양한 이해관계자들의 경제적 의사결정에 유용한 정보를 제공한다.

④ 기업의 자금조달을 원활하게 할 수 있도록 경영자에게 경영상황을 보고한다.

02. 다음중 내부회계정보이용자는?

① 주주　　② 경영자

③ 채권자　　④ 규제기관

03. 기업 외부의 불특정다수의 이해관계자에게 유용한 정보를 제공하기 위한 회계는?

① 재무회계　　② 관리회계

③ 세무회계　　④ 원가회계

04. 다음은 무엇에 대한 설명인가?

> 자산, 부채, 자본을 인식하여 거래의 이중성에 따라 거래를 차변과 대변으로 계상하고, 차변의 합계와 대변의 합계가 반드시 일치되는 '대차평균의 원리'에 의해 자기검증기능을 수행한다. 발생주의에서 주로 채택하고 있는 기장방식이다.

① 단식부기　　② 영리부기

③ 복식부기　　④ 상업부기

05. 전산을 이용하여 재무제표를 작성하는 경우 얻을 수 있는 효익으로 틀린 것은?

① 특정 회계정보에 빠르고 쉽게 접근할 수 있다.

② 언제든지 원하는 시점에 재무제표를 쉽고 빠르게 작성하여 열람할 수 있다.

③ 데이터베이스를 사용하여 편리하고 다양한 재무분석을 할 수 있다.

④ 입력자료가 정확하지 않아도 제대로 된 재무정보를 생성할 수 있다.

06. 회계연도에 대한 설명이다. 틀린 것은?

① 당기의 직전 회계기간은 전기이다.

② 회계기간의 마지막 날은 기말이다.

③ 상법 규정에 따라 1회계기간은 1년을 초과할 수 없다.

④ 모든 기업의 회계기간은 1월 1일부터 12월 31일 까지를 회계기간으로 한다.

07. 다음 내용에서 회계기간의 설명으로 옳은 것을 고른 것은?

ㄱ. 기업의 경영활동을 장소별로 측정하는 단위이다.
ㄴ. 모든 기업의 회계연도는 1월 1일부터 12월 31일까지로 한다.
ㄷ. 당해 회계기간-당기, 직전 회계기간-전기, 다음 회계기간-차기라 한다.
ㄹ. 기업에서 인위적으로 1회계기간을 1년을 초과하지 않은 범위내로 정하여 경영성과와 재무상태를 파악하는 것이다.

① ㄱ, ㄴ　② ㄱ, ㄷ　③ ㄴ, ㄹ　④ ㄷ, ㄹ

08. 다음 (가), (나)에 해당하는 회계용어로 알맞게 짝지어진 것은?

(가) 기업이 소유하고 있는 현금, 물품, 채권, 채무 등의 증감변화를 기록 · 계산하기 위한 장소적 범위
(나) 인위적으로 6개월 또는 1년으로 기간적 범위를 정하여 명확한 재무상태와 재무성과를 파악하기 위하여 설정한 기간

	(가)	(나)
①	회계단위	회계연도
②	회계기간	회계단위
③	회계연도	회계단위
④	회계기간	회계연도

기초
회계원리

| Chapter 02 |

재무상태와 경영성과

1 기업의 재무상태

일정시점에 기업의 재무상태를 파악하기 위하여 자산, 부채, 자본을 표시하는 재무상태표를 작성한다.

1) 자산(Assets)

자산은 기업이 경영활동을 위해 소유하고 있는 경제적 가치가 있는 각종 재화와 채권을 말한다. 재화는 현금, 상품, 제품, 건물, 토지, 비품 등이 있고, 채권은 외상매출금, 미수금, 대여금 등이 있다. 자산은 기업의 적극적 재산이라고도 하며 재무상태표 차변에 표시한다. 자산은 결산시점에서 현금화되거나 사용되는 기간을 1년 기준으로 유동자산과 비유동자산으로 구분하며, 유동자산은 당좌자산과 재고자산으로 비유동자산은 투자자산, 유형자산, 무형자산, 기타비유동자산으로 구분한다.

자산의 분류		계 정 과 목		내 용
	당 좌 자 산	현금및 현금성 자 산	현 금	통화(지폐, 주화), 통화대용증권(타인발행수표, 자기앞수표)
			보 통 예 금	회사명의의 은행통장으로 입 · 출금이 자유로운 예금
			당 좌 예 금	회사가 당좌수표를 발행하여 언제든지 인출이 가능한 예금

자산의 분류		계 정 과 목		내 용
유동자산			현금성자산	취득시 만기가 3개월 이내인 금융상품
		단기금융상품		만기가 1년 이내인 금융상품
		단기매매증권		주식·채권 등과 같은 유가증권중 단기간 매매차익을 얻을 목적으로 취득한 것
		단기대여금		차용증서나 어음을 받고 금전을 단기간 타인에게 빌려준 것 (회수기간 1년 이내)
		매출채권	외상매출금	상품매출시에 외상으로 거래한 경우 발생한 채권
			받을어음	상품매출시에 어음을 받았을 경우 발생한 채권
		미수금		일반적 상거래 이외에서 발생한 미수채권액
		선급금		상품, 원재료의 매입을 위하여 계약금을 미리 지급한 금액
		미수수익		당기의 수익이나 받지 못한 금액
		선급비용		당기에 지급한 비용중 차기 이후에 속하는 비용
	재고자산	상품		판매를 목적으로 외부에서 구입한 재화
		제품		판매할 목적으로 기업이 생산한 재화
		재공품		생산공정 중에 있는 미완성 상태의 재화
		원재료		생산공정에 사용될 재화
비유동자산	투자자산	투자부동산		투자목적으로 소유하고 있는 건물, 토지 등
		장기금융상품		만기일이 1년 이후에 도래하는 금융상품
		장기대여금		1년 초과의 회수조건으로 대여한 금액
	유형자산	토지		영업활동에 사용하는 대지, 임야 등의 토지
		건물		영업활동에 사용되는 건축물
		기계장치		영업활동에 사용하는 기계 및 설비
		차량운반구		영업활동에 사용하는 차량과 운반구
		비품		영업활동에 사용하는 컴퓨터, 복사기 등의 집기
	무형자산	영업권		기업 인수·합병시 유상으로 취득한 무형의 권리
		산업재산권		특허권·실용신안권·의장권·상표권 등의 법률적 권리
		개발비		신제품 또는 신기술 개발을 위한 비용
		광업권		광산에서 광물을 채굴할 수 있는 권리
	기타비유동자산	보증금		전세권, 임차보증금, 영업보증금 등
		이연법인세자산		차기이후에 납부할 법인세를 미리 납부함으로서 차기이후에 법인세를 적게 납부해도 될 금액

2) 부채(Liabilities)

부채는 기업이 경영활동에 따라 일정시점 타인에게 갚아야 할 채무(빚)를 말하며, 소극적 재산 또는 채권자지분이라고 한다. 재무상태표의 대변에 표시하는 부채는 갚아야하는 기간을 1년 기준으로 유동부채와 비유동부채로 구분한다.

분류	계정과목		내용
유동부채	단기차입금		상환기간이 1년 이내인 차입금
	매입채무	외상매입금	상품매입시 외상거래에서 발생한 채무
		지급어음	상품매입시 어음을 발행하였거나 인수하였을 경우
	미지급금		상품매매거래 이외에서 발생한 미지급 채무
	선수금		상품 등을 매출하기로 하고 계약금을 미리 받은 금액
	예수금		상품 매매거래 이외에서 잠시 보유하고 있는 금전
	미지급비용		비용의 지급사유가 발생하였으나 지급하지 않은 금액
	선수수익		이미 받은 수입 중 당기분이 아닌 차기분 수익
비유동부채	장기차입금		상환기일이 1년 이후인 차입금
	사채		상환기일이 1년 이후에 도래하는 회사채 발행 금액
	퇴직급여충당부채 예상액		모든 사용인이 퇴직할 때 지급할 퇴직금 예상액
	이연법인세부채		당기에 법인세납부를 유보시켜 차기이후에 법인세를 납부해야 하는 금액

3) 자본(Owner's equity)

자본은 기업의 소유주(기업주 혹은 주주) 지분을 말하는 것으로 자산 총액에서 부채 총액을 차감하여 구한다. 여기서 소유주 지분이란 기업에서 기업주 또는 주주의 몫을 의미한다. 자본은 재무상태표의 대변에 표시되며 달리 주주지분, 잔여지분, 자기자본, 순자산이라고도 한다.

분류	계정과목	내용
자본금	자본금	개인기업의 출자액 또는 법인기업의 총발행주식의 액면가액
자본잉여금	주식발행초과금	주식 할증발행시 액면가액을 초과한 금액
	자기주식처분이익	자기회사 주식을 일시 취득한 후 처분시 발생하는 이익
	감자차익	자본을 감소시킬 때 발생하는 차익

분류	계 정 과 목	내 용
자본조정	주식할인발행차금	주식할인발행시 액면가액에 미달한 금액
	자기주식처분손실	자기회사 주식을 일시 취득한 후 처분시 발생하는 손실
	감 자 차 손	자본을 감소시킬 때 발생하는 차손
	자 기 주 식	일시 취득한 자기 회사가 발행한 주식의 취득가액
기타포괄손익누계액	매도가능증권평가손익	결산시에 매도가능증권을 평가하고 나타내는 평가손익
	해외사업환산손익	해외사업 재무제표를 원화로 환산할 때 나타나는 차손익
이익잉여금	이 익 준 비 금	상법에 의한 금전배당액의 10% 이상 적립액
	기타법정적립금	상법 이외의 법률에 의한 적립금(재무구조개선적립금)
	임 의 적 립 금	잉여금 처분시 회사가 임의의 목적으로 적립한 금액
	차기이월이익잉여금	잉여금을 처분하고 남은 잔액으로 차기로 이월된 금액

자본은 원시 출자액과 추가 출자한 자본금과 경영활동을 통해 벌어들인 이익금 등이 합산된 것으로 자본등식은 다음과 같다.

자본등식 : 자산 - 부채 = 자본(순자산)

4) 재무상태표

재무상태표는 기업이 일정시점의 재무상태를 나타내는 것으로 차변에는 자산을 대변에는 부채와 자본을 표시한다. 자산은 타인자본인 부채와 자기자본인 자본의 합으로 이루어져 있다는 것을 나타낸 등식을 재무상태표등식이라 한다.

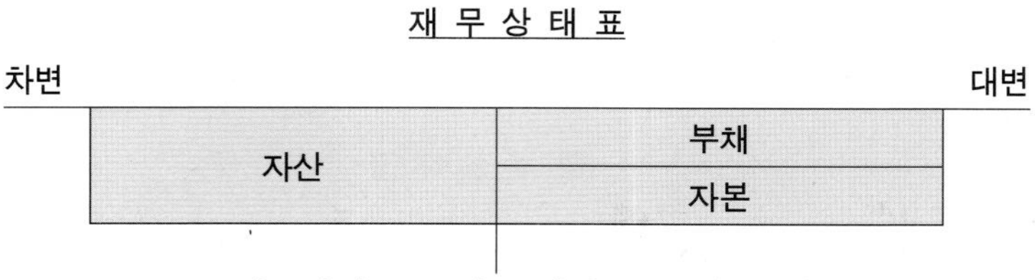

재 무 상 태 표

차변	대변
자산	부채
	자본

재무상태표 등식 : 자산 = 부채 + 자본

예제 2-1 기업의 재무상태

01. 다음 ( ) 안에 알맞은 용어를 적으시오.

(1) 기업이 경영활동을 위해 소유하고 있는 경제적 가치가 있는 각종 재화와 채권을 (　　)이라 하고, 장래에 타인에게 갚아야 할 채무를 (　　)라고 한다.
(2) 기업의 (　)총액에서 (　)총액을 차감한 잔액을 자본이라고 하며, 이를 등식으로 표현한 것을 (　　)등식이라고 한다.
(3) 일정시점에 있어서 기업의 재무상태를 나타내는 보고서를 (　　　)라고 한다.
(4) 재무상태표 등식은 (　) = (　) + (　)이다.

02. 다음 과목 중 자산은 A, 부채는 L 자본은 C로 ( )안에 표시하시오.

(1) 단기매매증권 ( ) (2) 단기대여금 ( ) (3) 매출채권 ( )
(4) 선수금 ( ) (5) 자본금 ( ) (6) 미지급금 ( )
(7) 현금및현금성자산 ( ) (8) 미수금 ( ) (9) 소모품 ( )
(10) 단기차입금 ( ) (11) 상품 ( ) (12) 비품 ( )
(13) 사채 ( ) (14) 차량운반구 ( ) (15) 투자부동산 ( )
(16) 인출금 ( ) (17) 예수금 ( ) (18) 산업재산권 ( )

03. 백마상사의 20××년 1월 1일의 재무상태는 다음과 같다. 아래 자료에 의해 백마상사의 재무상태표를 작성하시오.

현금	₩30,000	당좌예금	₩20,000	외상매출금	₩30,000
미수금	40,000	상품	50,000	비품	30,000
단기차입금	20,000	외상매입금	10,000	미지급금	20,000

재 무 상 태 표

백마상사　　20××년 1월 1일 현재　　(단위:원)

자 산	금 액	부채 · 자본	금 액

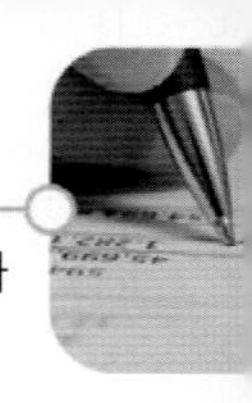

풀이

1. (1) 자산, 부채 (2) 자산, 부채, 자본 (3) 재무상태표 (4) 자산, 부채, 자본
2. A : (1), (2), (3), (7), (8), (9), (11), (12), (14), (15), (18)
   L : (4), (6), (10), (13), (17)
   C : (5), (16)
3.

재 무 상 태 표

백마상사 20××년 1월 1일 현재 (단위:원)

자 산	금 액	부채 · 자본	금 액
현금	30,000	단기차입금	20,000
당좌예금	20,000	외상매입금	10,000
외상매출금	20,000	미지급금	20,000
미수금	10,000	자본금	100,000
상품	20,000		
비품	50,000		
자산 총계	150,000	부채 · 자본 총계	150,000

자산 총액 ₩150,000 − 부채 총액 ₩50,000 = 자본 ₩100,000

2 기업의 경영성과

일정기간 동안의 기업의 경영성과를 파악하기 위하여 손익계산서를 작성한다.

1) 수익(Revenue)

수익이란 기업활동을 통해 일정기간 벌어들인 금액을 말하며 기업주의 몫인 자본을 증가시키는 역할을 한다. 수익은 기업의 주요 영업활동 과정에서 창출된 영업수익과 투자활동이나 재무무활동 과정에서 창출된 영업외수익으로 구분한다.

분류	계 정 과 목	내 용
영업수익	상 품 매 출 이 익	상품을 원가 이상으로 매출하였을 때, 발생하는 이익 금액
	매 출	상품을 분할상품계정(3분법 이상)에 의해 처리할 경우, 상품의 판매금액
	이 자 수 익	금융상품(예금), 대여금, 채권에서 발생하여 받는 이자

분류	계정과목	내 용
영업외 수익	배당금수익	주식 등의 투자로 인한 이익분배를 현금으로 받는 경우, 그 금액
	임대료	부동산 등을 빌려주고 그 대가로 받는 금액
	수수료수익	용역(서비스)의 제공으로 받는 수수료 금액
	단기매매증권평가이익	결산일에 단기매매증권의 공정가가 장부가보다 클 경우, 그 차이에 해당하는 금액
	단기매매증권처분이익	단기매매증권을 장부가 이상으로 처분하였을 때, 발생하는 이익금액
	유형자산처분이익	유형자산을 장부가 이상으로 처분하였을 때, 발생하는 이익 금액
	잡이익	영업활동 이외에서 발생하는 이익으로 그 금액이 적은 경우, 그 금액
	자산수증이익	자본보전 등을 위하여 주주 등이 무상으로 불입한 금액
	채무면제이익	자본보전 등을 위하여 주주 등에 의해 채무를 면제받은 금액

2) 비용(Expense)

비용이란 기업활동 과정에서 수익을 창출하기 위하여 일정기간 동안 지출한 것으로 기업주의 몫인 자본의 감소를 가져오는 것을 말한다. 비용은 기업의 주요 영업활동 과정에서 창출된 영업비용과 투자활동이나 재무활동 과정에서 창출된 영업외비용으로 구분하는데, 영업비용은 경영급부인 상품이나 제품을 고객에게 판매한 매출원가와 판매 · 관리활동과정에서 발생한 판매비와 관리비로 나눈다.

분류	계정과목	내 용
매출원가	상품매출손실	상품을 원가 이하로 매출하였을 때, 발생하는 이익 금액
	매출원가	판매된 상품의 매입원가 (기초상품재고액+당기상품매입액−기말상품재고액)
판매비와 관리비	급여	종업원에게 지급되는 월급 등 인건비
	퇴직급여	종업원 퇴직시 지급 되는 급여
	복리후생비	종업원의 복리후생을 위하여 지출하는 비용
	임차료	타인의 건물이나 토지를 사용하면서 지급한 사용료
	접대비	영업의 목적으로 거래처와의 관계를 유지하기 위한 지출
	감가상각비	결산시 계상되는 유형자산 등의 가치감소분

분류	계정과목	내 용
판매비와 관리비	무형자산상각비	결산시 계상되는 무형자산 등의 가치감소분
	세금과공과	재산세, 자동차세, 면허세, 상공회의소회비 등 ※ 예외) 취득세는 해당자산의 취득원가에 가산(차량운반구 등)
	광고선전비	불특정 다수인을 대상으로 제품 등의 판매촉진을 위해 지출되는 비용
	여비교통비	버스 · 택시요금을 지급하거나 버스카드 충전 및 승차권 구입비용, 출장비 등
	통신비	우표 및 엽서를 구입하거나 전화요금, 휴대폰요금, 인터넷요금 등
	수도광열비	전기요금, 수도요금, 가스요금, 난방용 유류대금 등
	보험료	보험에 가입하고 납부하는 보험료(화재보험료, 차량보험료 등)
	운반비	상품 · 제품 매출시 지급한 운임(상품 등의 매입과정에서 발생하면 재고자산의 매입원가에 가산)
	수선비	업무용 건물, 비품 등 유형자산의 수리를 위한 비용
	교육훈련비	종업원 교육훈련에 관련된 비용, 외부기관에서 실시하는 교육, 세미나 참석비용, 회사내의 자체교육비, 그 외 기타교육비
	차량유지비	회사차량의 유지 · 보수에 관련된 비용(주유비, 주차비, 통행료 등)
	도서인쇄비	도장, 고무인, 각종 문서 및 서류의 복사, 사원수첩, 달력, 연하장, 각종 업무용 도서구입비, 신문, 잡지, 정기간행물의 구독비 등
	연구비	연구단계에서 발생된 비용
	경상개발비	개발단계에서 발생된 비용 중 자산성을 충족하지 못한 비용
	대손상각비	결산시 계상되는 대손예상액과 매출채권 회수불능액
	지급수수료	용역을 제공받고 지급하는 수수료(기장수수료, 은행수수료, 보증 수수료, 제증명 발급수수료 등)
	소모품비	업무활동과 관련하여 각종 소모성으로 지출되는 비용
영업외 비용	잡비	금액적 중요성이 없는 비용으로 오물, 분뇨수거비 등
	이자비용	차입금, 사채에 대한 이자 지급시 발생하는 비용
	기타의 대손상각비	매출채권 이외의 채권(대여금, 미수금 등)에서 발생하는 대손상각비

분류	계 정 과 목	내 용
영업외 비용	단기매매증권평가손실	결산시 단기매매증권의 공정가액이 장부가액보다 적을 때의 손실
	단기매매증권처분손실	단기매매증권을 장부가액 이하로 처분하였을 때 발생하는 손실
	재고자산감모손실	재고자산의 실제수량이 파손, 훼손, 도난 등의 이유로 장부상의 수량보다 부족한 경우로 원가성이 없는 경우에 발생하는 손실
	기 부 금	사회단체나 종교단체 등에 납부한 성금(업무와 관련없이 지출)
	유형자산처분손실	유형자산을 장부가액 이하로 처분하였을 때 발생하는 손실
	매출채권처분손실	받을어음의 할인시 발생하는 할인료
	잡 손 실	영업이외의 활동에서 생기는 금액이 적은 손실
	재 해 손 실	화재, 수해 등 재해로 인한 손실
법인세 비 용	법 인 세 등	법인의 소득에 대한 세금으로 법인세할주민세 등을 포함하여 처리

3) 손익계산서

손익계산서는 기업의 일정기간의 경영성과를 나타내는 보고서로 차변에는 비용을 대변에는 수익을 표시하고 수익에서 비용을 차감한 당기순손익을 표시한다.

손 익 계 산 서

차변	대변
총비용	총수익
당기순이익	

손익계산서 등식 : 총비용 + 순이익 = 총수익

총비용 = 총수익 + 순손실

예제 2-2 기업의 경영성과

01. 다음 ( ) 안에 알맞은 용어를 적으시오.

(1) 기업활동을 통해 일정기간 벌어들인 금액으로 기업주의 몫인 자본을 증가시키는 역할을 하는 것을 ( )이라고 하며, 기업이 일정기간 동안 지출한 것으로 기업주의 몫인 자본의 감소를 가져오는 것을 ( )이라고 한다.

(2) 총수익과 총비용을 비교하여 총수익이 많으면 차액을 ( )이라 하고, 총비용이 많으면 그 차액을 ( )이라 한다.

(3) 일정기간 기업의 경영성과를 나타내는 일람표를 ( )라고 한다.

(4) 손익계산서 등식은 총비용 + ( ) = ( ) 또는 총비용 = ( ) + ( )로 표시할 수 있다.

02. 다음 과목 중 수익 과목은 R, 비용 과목은 E로 ( )안에 표시하시오.

(1) 복리후생비 ( )	(2) 상품매출이익 ( )	(3) 여비교통비 ( )
(4) 이자수익 ( )	(5) 급여 ( )	(6) 잡이익 ( )
(7) 접대비 ( )	(8) 임대료 ( )	(9) 기부금 ( )
(10) 수수료수익 ( )	(11) 매출원가 ( )	(12) 차량유지비 ( )
(13) 세금과공과 ( )	(14) 광고선전비 ( )	(15) 유형자산처분이익 ( )
(16) 통신비 ( )	(17) 배당금수익 ( )	(18) 이자비용 ( )

03. 백마상사의 20××년 1월 1일부터 12월 31일까지의 수익과 비용에 관한 자료에 의하여 손익계산서를 작성하시오.

상품매출이익	₩80,000	임대료	₩30,000	이자수익	₩10,000
상품매출원가	30,000	급여	20,000	여비교통비	10,000
광고선전비	10,000	임차료	10,000	잡손실	10,000

<u>손 익 계 산 서</u>

백마상사 20××년 1월 1일부터 20××년 12월 31일까지 (단위:원)

비 용	금 액	수 익	금 액

풀이

1. (1) 수익, 비용
   (2) 순이익, 순손실
   (3) 손익계산서
   (4) 순이익. 총수익, 총수익, 순손실
2. R : (2), (4), (6), (8), (10), (15), (17)
   E : (1), (3), (5), (7), (9), (11), (12), (13), (14), (16), (18)
3. 손 익 계 산 서

백마상사 20××년 1월 1일부터 20××년 12월 31일까지 (단위:원)

비 용	금 액	수 익	금 액
상품매출원가	30,000	상품매출이익	80,000
급여	20,000	임대료	30,000
여비교통비	10,000	이자수익	10,000
광고선전비	10,000		
임차료	10,000		
잡손실	10,000		
당기순이익	30,000		
합계	120,000	합계	120,000

3 순손익의 계산

기업의 일정기간의 경영성과인 순손익을 계산하는 방법에는 재산법과 손익법이 있다. 재산법과 손익법에 의하여 계산된 당기순손익은 서로 일치하여야 한다.

1) 재산법(순자산비교법)

재산법은 기초자본과 기말자본을 비교하여 당기순손익을 계산하는 방법이다. 기초자본보다 기말자본이 더 많으면 당기순이익이고 반대로 기초자본보다 기말자본이 더 적으면 당기순손실이다. 만약에 회계기간 중에 자본의 증감을 가져오는 증자, 감자, 인출 등의 자본거래는 기초자본과 기말자본 모두에 같은 영향을 주는 것으로 당기순손익에는 영향을 주지 않는다.

기초자본 < 기말자본 ⇒ 기말자본 - 기초자본 = 당기순이익
기초자본 > 기말자본 ⇒ 기초자본 - 기말자본 = 당기순손실

※ 추가출자나 감자, 인출이 있는 경우
기말자본 - 기초자본 - 추가출자 + 감자, 인출 = 당기순손익

2) 손익법(총거래기록법)

손익법은 회계기간의 총수익과 총비용을 비교하여 당기순손익을 계산하는 방법이다. 총수익이 총비용보다 크면 그 차액이 당기순이익이고, 총비용이 총수익보다 크면 그 차액이 당기순손실이다.

총수익 > 총비용 ⇒ 총수익 - 총비용 = 당기순이익
총수익 < 총비용 ⇒ 총비용 - 총수익 = 당기순손실

예제 2-3 순손익 계산

01. 다음 ( ) 안에 알맞은 용어를 적으시오.

(1) 순손익을 계산하는 방법에는 ( )과 ( )이 있다.
(2) 기말자본 − 기초자본 = ( )을 재산법 등식이라 하고, ( ) − 총비용 = 당기순손익을 손익법 등식이라 한다.
(3) 자본의 추가출자 없이 기업의 영업활동 결과로 자본의 증가를 가져오는 것을 ( )이라 한다.

02. 다음의 ( ) 속에 알맞은 숫자를 기입하시오.(단, 순손실은 '△'로 표시할 것)

번호	상호명	기초자본	기말자본	총수익	총비용	당기순손익
(1)	백마상사	₩30,000	₩(①)	₩(②)	₩40,000	₩20,000
(2)	태화상사	(③)	60,000	(④)	20,000	20,000
(3)	무갑상사	40,000	(⑤)	50,000	(⑥)	30,000
(4)	용마상사	(⑦)	80,000	(⑧)	40,000	△10,000
(5)	정광상사	(⑨)	50,000	70,000	90,000	(⑩)
(6)	마구상사	50,000	70,000	80,000	(⑪)	(⑫)

풀이

1. (1) 재산법, 손익법
   (2) 당기순손익, 총수익
   (3) 수익

2. ① ₩50,000(기말자본=기초자본+순이익 : 30,000+20,000=₩50,000)
   ② ₩60,000(총수익=총비용+순이익 : 40,000+20,000=₩60,000)
   ③ ₩40,000(기초자본=기말자본-순이익 : 60,000-20,000=₩40,000)
   ④ ₩40,000(총수익=총비용+순이익 : 20,000+20,000=₩40,000)
   ⑤ ₩70,000(기말자본=기초자본+순이익 : 40,000+30,000=₩70,000)
   ⑥ ₩20,000(총비용=총수익-순이익 : 50,000-30,000=₩20,000)
   ⑦ ₩90,000(기초자본=기말자본+순손실 : 80,000+10,000=₩90,000)
   ⑧ ₩30,000(총수익=총비용-순손실 : 40,000-10,000=₩30,000)
   ⑨ ₩70,000(기초자본=기말자본+순손실 : 50,000+20,000=₩70,000)
   ⑩ ₩△20,000(순손실=총비용-총수익 : 90,000-70,000=△₩20,000)
   ⑪ ₩60,000(총비용=총수익-순이익 : 80,000-20,000=₩60,000)
   ⑫ ₩20,000(순이익=기말자본-기초자본 : 70,000-50,000=₩20,000)

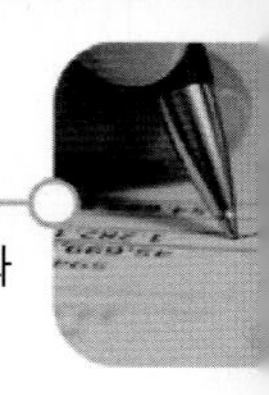

4 재무상태표와 손익계산서의 상호관련성

일정시점의 재무상태를 나타내는 재무상태표와 일정기간의 경영성과를 나타내는 손익계산서 상의 당기순이익은 같은 금액이 재무상태표에는 대변에 표시되고, 손익계산서에는 차변에 표시된다. 반대로 당기순손실은 같은 금액이 재무상태표에는 차변에 손익계산서에는 대변에 표시된다.

그림 2-1 재무상태표와 손익계산서의 상호관련성

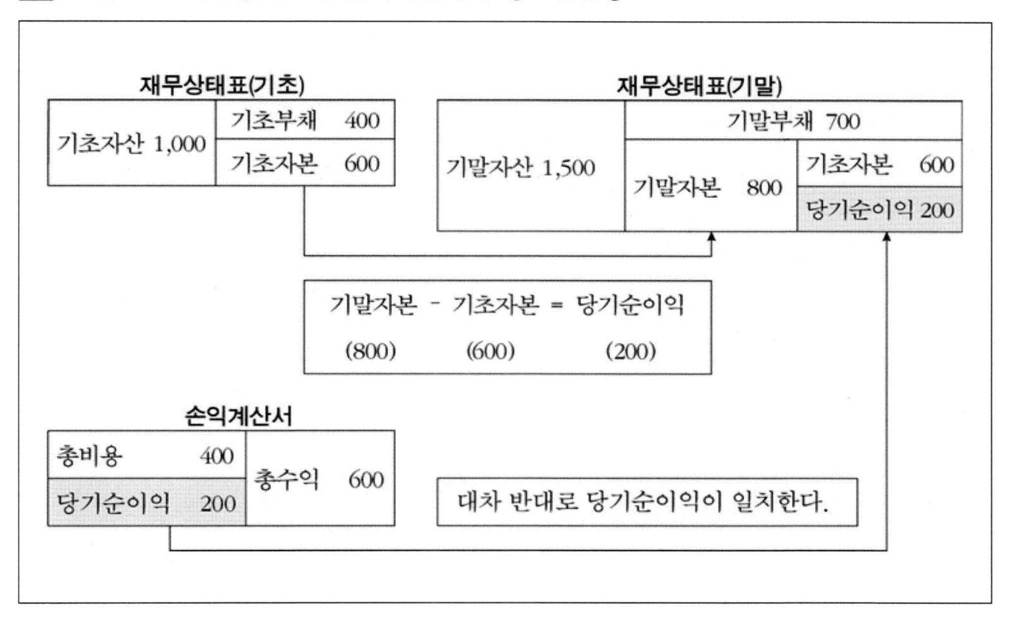

예제 2-4 재무제표 상호간의 관련성

01. 백마상사의 20×1년 1월 1일부터 12월 31일까지의 자료는 다음과 같다. 기초 재무상태표와 기말 재무상태표 및 손익계산서를 작성하시오.

(1) 20×1년 1월 1일(기초)의 재무상태

현금및현금성자산	₩30,000	외상매출금	₩20,000	미수금	₩30,000
단기매매증권	₩10,000	상품	₩30,000	건물	₩50,000
단기차입금	₩20,000	외상매입금	₩20,000	미지급금	₩30,000

(2) 20×1년 1월 1일부터 12월 31일까지 발생한 수익과 비용

상품매출이익	₩100,000	임 대 료	₩50,000	이 자 수 익	₩10,000
상품매출원가	₩50,000	급 여	₩20,000	여비교통비	₩10,000
수 도 광 열 비	₩10,000	광고선전비	₩10,000	보 험 료	₩10,000

(3) 20×1년 12월 31일(기말)의 재무상태

현금및현금성자산	₩50,000	외상매출금	₩20,000	미 수 금	₩20,000
단기매매증권	₩20,000	상 품	₩50,000	건 물	₩50,000
단기차입금	₩30,000	외상매입금	₩10,000	미 지 급 금	₩20,000

재 무 상 태 표

백마상사 20×1년 1월 1일 현재 (단위:원)

비 용	금 액	수 익	금 액

손 익 계 산 서

백마상사 20×1년 1월 1일부터 20××년 12월 31일까지 (단위:원)

비 용	금 액	수 익	금 액

재 무 상 태 표

백마상사 20×1년 12월 31일 현재 (단위:원)

비 용	금 액	수 익	금 액

(1) 기초자산은 얼마인가? (   )

(2) 기초부채는 얼마인가? (   )

(3) 기초자본금은 얼마인가? (　　　　　　)
(4) 기말자산은 얼마인가? (　　　　　　)
(5) 기말부채는 얼마인가? (　　　　　　)
(6) 기말자본금은 얼마인가? (　　　　　　)
(7) 수익총액은 얼마인가? (　　　　　　)
(8) 비용총액은 얼마인가? (　　　　　　)
(9) 당기순손익은 얼마인가? (　　　　　　)

풀이

재무상태표

백마상사　　20×1년 1월 1일 현재　　(단위:원)

자산	금액	부채·자본	금액
현금및현금성자산	30,000	단기차입금	20,000
외상매출금	20,000	외상매입금	20,000
미수금	30,000	미지급금	30,000
단기매매증권	10,000	자본금	100,000
상품	30,000		
건물	50,000		
	170,000		170,000

손익계산서

백마상사　　20×1년 1월 1일부터 12월 31일까지　　(단위:원)

비용	금액	수익	금액
상품매출원가	50,000	상품매출이익	100,000
급여	20,000	임대료	50,000
여비교통비	10,000	이자수익	10,000
수도광열비	10,000		
광고선전비	10,000		
보험료	10,000		
당기순이익	50,000		
	160,000		160,000

재무상태표

백마상사　　20×1년 12월 31일 현재　　(단위:원)

자산	금액	부채·자본	금액
현금및현금성자산	50,000	단기차입금	30,000
외상매출금	20,000	외상매입금	10,000
미수금	20,000	미지급금	20,000
단기매매증권	20,000	자본금	150,000
상품	50,000		
건물	50,000		
	210,000		210,000

(1) 기초자산은 얼마인가? (₩170,000)
(2) 기초부채는 얼마인가? (₩ 70,000)
(3) 기초자본금은 얼마인가? (₩100,000)
(4) 기말자산은 얼마인가? (₩210,000)
(5) 기말부채는 얼마인가? (₩ 60,000)
(6) 기말자본금은 얼마인가? (₩150,000)
(7) 수익총액은 얼마인가? (₩160,000)
(8) 비용총액은 얼마인가? (₩110,000)
(9) 당기순손익은 얼마인가? (₩ 50,000)

연습문제

주관식 연습문제

01. 다음 내용에 따른 백마상사의 2기 기말자본금을 계산하면?

구분	기초자본금	기말자본금	총수익	총비용	순이익
1기	10,000원	((1))	30,000원	((2))	5,000원
2기	((3))	((4))	45,000원	34,000원	((5))

02. 다음 자료를 이용하여 자본금을 계산하면 얼마인가?

현 금	4,500,000원	외상매출금	3,300,000원	미수금	1,200,000원
예 수 금	1,500,000원	외상매입금	2,500,000원	자본금	( )

03. 다음 자료에 의한 당좌자산의 합계액은 얼마인가? ( )

당 좌 예 금	33,000원	상 품	70,000원	보통예금	50,000원
미 수 수 익	20,000원	단기매매증권	34,000원	선 급 금	30,000원

04. 다음은 제조업을 영위하는 (주)백마의 자료이다. 다음 자료를 이용하여 계산한 유동자산의 합계는? ( )

현금및현금성자산	200,000원	기계장치	1,000,000원	매출채권	400,000원
제 품	1,000,000원	영 업 권	100,000원	매입채무	1,000,000원

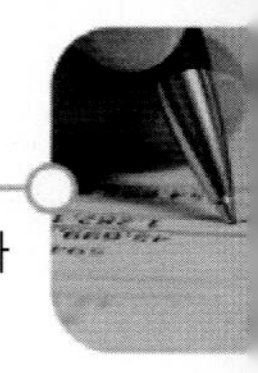

05. 개인기업인 백마상사의 재무상태와 그 변화를 나타낸 자료이다. 이를 통하여 기말자본을 계산한 금액으로 옳은 것은? ······ (　　)

- 기초 재무상태 : 자산 150,000원, 부채 90,000원
- 기중 변동사항 : 추가 출자액 10,000원
- 기말 결산결과 : 당기순이익 20,000원

06. 다음 자료에 의할 경우 기말부채는 얼마인가? ······ (　　)

기초자본	20,000원	총 수 익	100,000원	총비용	80,000원
기초부채	40,000원	기말자산	150,000원		

07. 다음은 백마상사의 이익잉여금 처분내역이다. 기초 미처분이익잉여금을 계산하면 얼마인가? ······ (　　)

당 기 순 이 익	12,000,000원	중 간 배 당	1,000,000원
이익준비금 적립	4,000,000원	기말미처분이익잉여금	14,000,000원

08. 다음의 자료를 이용하여 재무상태표에 표시될 자본을 계산하면 얼마인가? ······ (　　)

현금 및 현금성자산	50,000원	예 수 금	20,000원	선급비용	20,000원
임 차 보 증 금	40,000원	미지급금	70,000원	기계장치	100,000원
선 수 금	10,000원				

09. 다음은 개인기업인 백마상사의 자료이다. (가)와 (나)에 들어갈 금액으로 옳은 것은? ······ (　　)

회계연도	제5기	제6기	제7기
기초자본금	(가)	1,500,000원	2,000,000원
추가출자액	150,000원	200,000원	150,000원
기업주인출액	180,000원	150,000원	130,000원
당기순이익	200,000원	(나)	300,000원

10. 다음 항목들 중에서 유동자산의 합계금액은 얼마인가? ······················ (　)

당좌예금	200,000원	개발비	370,000원
선수수익	400,000원	매출채권	420,000원
선급비용	300,000원	임차보증금	450,000원

11. 다음 자료의 (　)를 채우시오.

회계연도	기초			기말			수익총액	비용총액	순이익
	자산	부채	자본	자산	부채	자본			
제1기	23,000원	11,000원	(1)	26,000원	(2)	(3)	9,000원	(4)	2,500원
제2기	(5)	(6)	(7)	30,000원	(8)	(9)	(10)	8,000원	3,500원

12. 다음 자료에 의해 기말자본, 총수익 그리고 순이익을 각각 계산하면 얼마인가?

기초자본	100,000원	기말자산	300,000원
기말부채	140,000원	총 비 용	30,000원

(1) 기말자본 :

(2) 총 수 익 :

(3) 순 이 익 :

객관식 연습문제

01. 다음 중 재무상태표를 통하여 알 수 있는 정보가 아닌 것은?

① 기업의 총자산 규모를 알 수 있다.

② 기업의 자본 대비 기업의 부채 규모를 알 수 있다.

③ 재무구조의 건전성을 파악할 수 있다.

④ 수익과 비용의 총액을 파악할 수 있다.

02. 기업고유의 목적과 관계없이 타 회사를 지배할 목적이나 장기적인 투자이윤을 얻을 목적으로 장기적으로 투자된 자산의 항목으로 옳은 것은?

① 당좌자산 ② 무형자산
③ 유형자산 ④ 투자자산

03. 다음 중 재무상태표의 기타포괄손익누계액(자본항목)에 해당하는 항목은?

① 단기매매증권처분이익 ② 유형자산처분이익
③ 매도가능증권처분이익 ④ 매도가능증권평가이익

04. 다음 중 재무제표의 자산의 특징이 아닌 것은?

① 과거의 거래나 사건에서 창출 ② 특정기업에 의한 통제
③ 미래 경제적 효익의 유입 ④ 물리적 형태가 있음

05. 다음의 자료로 비유동자산을 계산하면 얼마인가?

외상매출금	600,000원	상 품	800,000원
토 지	2,000,000원	임차보증금	1,500,000원

① 3,500,000원 ② 3,400,000원
③ 2,900,000원 ④ 2,800,000원

06. 다음 용어의 설명 중 옳지 않은 것은?

가. 재무상태표 : 일정 시점의 자산, 부채, 자본의 상태를 알게 해 주는 보고서
나. 손익계산서 : 기업의 일정기간의 경영성과를 알려주는 보고서
다. 부채 : 부채인식 당시 만기시점의 지급금액과 채권자가 반드시 확정되어야 한다.
라. 자산 : 과거의 거래나 사건의 결과로서 현재 기업실체에 의해 지배되고 미래에 경제적 효익을 창출할 것으로 기대되는 자원을 의미

① 가 ② 나 ③ 다 ④ 라

07. 다음 중 재무상태표에서 확인할 수 없는 내용은?

① 자산 ② 수익 ③ 부채 ④ 자본금

08. 다음 중 기본 회계등식으로 틀린 것은?

① 자본 = 부채 - 자산 ② 자산 = 부채 + 자본
③ 부채 = 자산 - 자본 ④ 자본 = 자산 - 부채

09. 다음 중 재무상태표에서 확인할 수 없는 내용은?

① 자산 ② 부채
③ 일정기간의 수익 ④ 자본

10. 다음 중 비유동자산에 해당하지 않는 것은?

① 건설중인자산 ② 차량운반구 ③ 임차보증금 ④ 선급금

11. 다음 중 기타포괄손익에 영향을 미치는 것은?

① 자기주식처분이익 ② 매도가능자산평가이익
③ 감자차익 ④ 단기매매증권평가이익

12. 다음 중 재무상태표의 자산분류상 올바른 항목으로 짝지어진 것은?

① 당좌자산 : 임차보증금 투자자산 : 투자부동산
② 투자자산 : 매도가능증권 유형자산 : 건물
③ 무형자산 : 영업권 투자자산 : 장기미수금
④ 당좌자산 : 선급비용 재고자산 : 비품

13. 다음 계정의 종류를 나열한 것으로 틀린 것은?

① 자산 : 현금, 매출채권, 선수금
② 부채 : 매입채무, 차입금, 미지급금
③ 자본 : 자본금, 자본잉여금, 이익잉여금
④ 수익 : 매출, 이자수익, 임대료수익

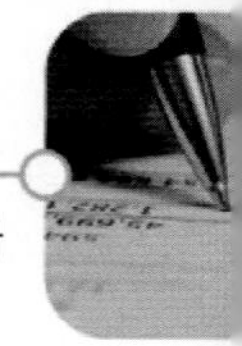

14. 다음 중 손익계산서상 판매비와관리비 계정이 아닌 것은?

① 복리후생비　② 접대비　③ 감가상각비　④ 기부금

15. 다음 중 손익계산서에 표시되는 항목이 아닌 것은?

① 매도가능증권처분손실　② 단기매매증권평가이익

③ 단기매매증권처분손실　④ 매도가능증권평가이익

16. 다음 재무제표 중 기업의 일정기간동안 경영성과를 보여주는 것은?

① 포괄손익계산서　② 재무상태표

③ 자본변동표　④ 현금흐름표

17. 한국상사는 20××년 초에 현금 500,000원을 출자하여 영업을 시작하여 20××년 말 기말자본금은 600,000원이었다. 한국상사가 20××년 한해 동안에 발생한 수익총액이 750,000원 이라면 20××년에 발생한 비용총액은?

① 500,000원　② 650,000원

③ 1,100,000원　④ 1,250,000원

18. 다음 중 회계상 등식으로 성립될 수 있는 것은?(단, 개인기업으로 가정한다.)

① 기초자산 + 기초부채 = 기말자본

② 기말자본 - 기초자본 = 당기순손익

③ 판매가능한 상품 + 기말상품 = 매출원가

④ 기말자산 + 총비용 = 기말부채 + 기말자본 + 총수익

19. 개인기업인 백마상사의 다음 자료에 의해 기말자산을 계산한 금액으로 옳은 것은?

기초자본금	500,000원	기말부채	200,000원
총수익	1,000,000원	총비용	500,000원

① 700,000원　② 1,200,000원

③ 1,500,000원　④ 1,700,000원

20. 다음 개인기업인 백마상사의 20××년 재무상태 및 기중 자본 변동을 통해 당기순이익을 계산하면 얼마인가?

기초		기중		기말	
자산	500,000원	인출액	100,000원	자산	1,000,000원
부채	200,000원	추가출자액	200,000원	부채	300,000원

① 100,000원　　② 200,000원
③ 300,000원　　④ 400,000원

21. 다음의 자료에 의하여 기초자본을 구하면 얼마인가?

기초자본	기말자산	기말부채	당기순이익	기중자본금증가
?	800,000원	300,000원	150,000원	50,000원

① 600,000원　② 500,000원　③ 400,000원　④ 300,000원

22. 재무제표의 종류 중 일부를 설명한 것이다. (가)와 (나)에 들어갈 재무제표로 옳은 것은?

(가) : 기업의 일정기간 동안의 수익, 비용의 경영성과를 나타내는 결산보고서이다.
(나) : 기업의 일정 시점의 자산, 부채, 자본의 재무상태를 나타내는 결산 보고서이다.

	(가)	(나)		(가)	(나)
①	재무상태표	손익계산서	②	자본변동표	손익계산서
③	손익계산서	재무상태표	④	재무상태표	현금흐름표

기초
회계원리

| Chapter 03 |

회계순환과정(1): 회계기간 중의 기록과정

1 회계순환과정

회계는 특별한 반증이 없는 한 기업은 영속적으로 존속한다고 가정하고 있기 때문에 인위적으로 회계기간을 정하여 회계처리를 하게 된다. 그렇기 때문에 매 회계기간에 대하여 회계상의 거래를 기록하고 요약한 다음, 재무제표라는 회계정보를 작성하는 과정을 반복적으로 수행하게 된다. 이와 같이 매 회계기간에 대하여 회계거래의 기록 및 요약, 재무제표의 작성까지의 모든 과정이 반복되는 과정을 회계순환과정 (accounting cycle) 이라 한다. 회계순환과정은 〈그림 3-1〉과 같이 회계기간 중의 기록과정과 회계기간 말의 결산과정으로 구분된다. 여기서 기록과정이란 회계기간 동안에 발생한 거래를 분개하고 전기하며, 결산정리전 시산표를 통하여 계정

그림 3-1 회계순환과정

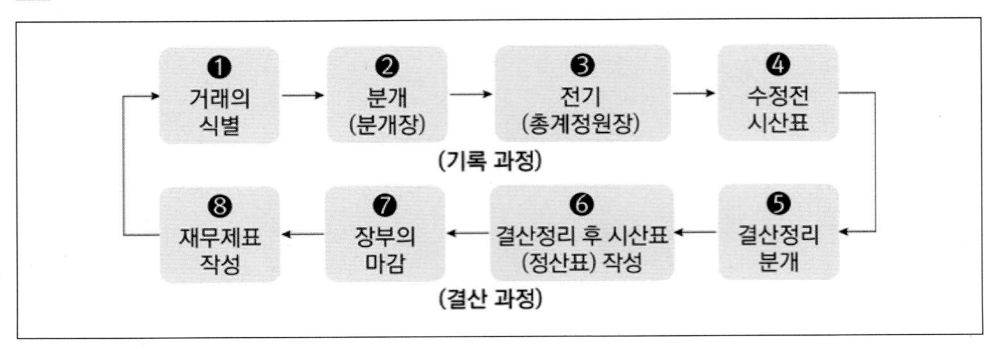

전체의 차변의 합계와 대변의 합계가 일치하는지를 확인하는 일련의 절차이다. 결산과정은 회계기간중의 기록한 내용을 요약하여 재무제표라는 회계정보를 작성하는 과정을 말한다.

2 회계상의 거래

1) 회계상 거래

회계상 거래 (transaction) 란 기업의 경영활동 중에서 기업의 자산, 부채, 자본의 금액에 증감변화를 가져오는 사건을 말한다. 회계상의 거래에는 상품의 매출, 자산의 취득, 은행에서의 차입, 비용의 지급 등 일반적 거래는 물론이고 화재, 도난, 분실 등도 포함한다.

반면에 상품의 주문이나 계약, 담보제공, 채용 등은 기업의 자산, 부채, 자본의 증감변화에 영향을 미치지 않으므로 회계상 거래로 분류하지 않는다. 따라서 회계순환과정의 출발점은 거래가 발생하였을 때, 회계상의 거래에 해당하는지 여부를 판단하는 거래의 식별과정이며, 회계상의 거래라고 판단되면 화폐단위로 측정하여 회계장부에 기록하게 된다.

2) 거래의 8요소(결합관계)

기업에서 발생하는 모든 거래는 자산의 증가와 감소, 부채의 증가와 감소, 자본의 증가와 감소, 수익의 발생과 비용의 발생이라는 8가지 요소로 분류할 수 있는데 이를 거래의 8요소(거래의 결합관계)라 한다.

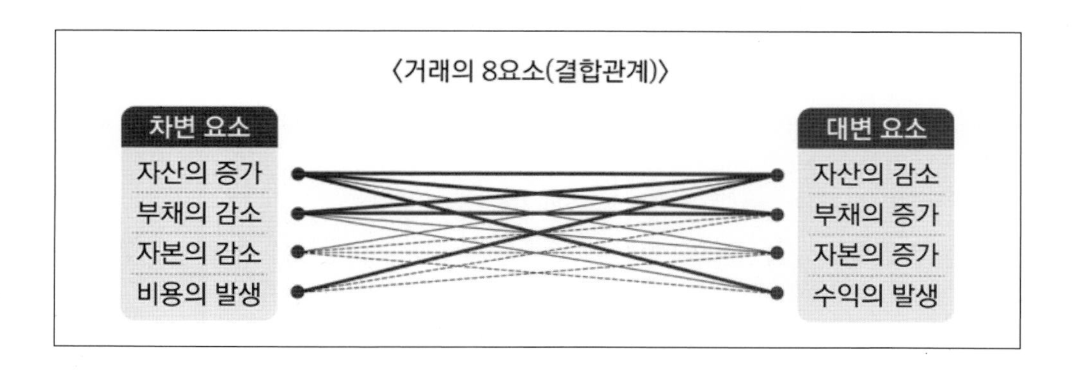

예제 3-1 거래와 거래의 결합관계

01. 다음 중 회계상의 거래인 것에는 ○표, 회계상의 거래가 아닌 것에는 ×표를 ( )안에 넣으시오.

(1) ( ) 종업원의 급여 2,000,000원을 현금으로 지급하다.
(2) ( ) 사무실을 월세 400,000원에 사용하기로 약속을 하다.
(3) ( ) 본사 건물이 화재로 인하여 30,000,000원이 소실되다.
(4) ( ) 자금 조달을 위해 투자자와 100,000,000원의 투자계약을 체결하다.
(5) ( ) 종업원의 급여를 300,000원 인상하기로 하다.
(6) ( ) 거래처에 갑상품 100,000원을 판매하기로 하다.
(7) ( ) 회사의 토지를 담보로 하여 은행으로부터 현금 500,000원을 차입하다.
(8) ( ) 회사 소유의 창고에서 화재가 발생하여 보관중인 상품 100,000원이 소실되다.
(9) ( ) 건물 50,000원을 은행에 담보로 제공하기로 하다.
(10) ( ) 정수기를 렌탈하고 매월 30,000원을 납부하기로 하다.
(11) ( ) 현금 50,000원과 건물 30,000원을 출자하여 영업을 개시하다.
(12) ( ) 매장의 임차료로 매월 20,000원을 지급하기로 하고 계약서를 작성하다.

02. 다음 거래의 결합관계를 표시하시오.

(1) 상품 ₩100,000을 매입하고 대금은 현금으로 지급하다.
(2) 상품 ₩200,000을 외상으로 매입하다.
(3) 현금 ₩300,000을 출자하여 영업을 개시하다.
(4) 대여금 이자 ₩50,000을 현금으로 받다.
(5) 차입금 ₩400,000을 현금으로 상환하다.
(6) 약속어음 ₩500,000을 발행하여 외상매입금을 지급하다.
(7) 주식자본금을 ₩600,000을 발행하여 교환으로 사채를 상환하다.
(8) 차입금 ₩100,000의 지급을 면제받다.
(9) 출자자가 출자금중 ₩50,000을 현금으로 회수해 가다.
(10) 출자자의 차입금 ₩100,000을 영업상의 차입금으로 옮기다.
(11) A의 출자금 ₩200,000을 B의 출자금으로 옮기다.
(12) 출자가가 출자금 ₩300,000을 기업에 기증하다.
(13) 종업원 급여 ₩400,000을 현금으로 지급하다.
(14) 차입금에 대한 이자 ₩50,000을 지급기일에 지급하지 못하다.

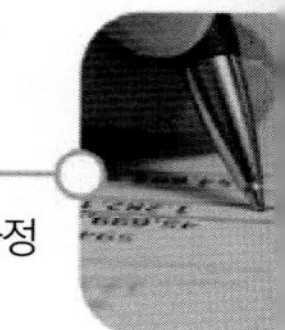

(15) 종업원 급여 ₩100,000을 출자금으로 옮기다.
(16) 사채이자 ₩50,000을 대여금이자와 상계하다.

풀이

1. 회계상의 거래인 것 : (1) (3) (7) (8) (11)
   회계상 거래가 아닌 것 : (2) (4) (5) (6) (9) (10) (12)
2.

	차변		대변		차변		대변
(1)	자산의 증가	-	자산의 감소	(2)	자산의 증가	-	부채의 증가
(3)	자산의 증가	-	자본의 증가	(4)	자산의 증가	-	수익의 발생
(5)	부채의 감소	-	자산의 감소	(6)	부채의 감소	-	부채의 증가
(7)	부채의 감소	-	자본의 증가	(8)	부채의 감소	-	수익의 발생
(9)	자본의 감소	-	자산의 감소	(10)	자본의 감소	-	부채의 증가
(11)	자본의 감소	-	자본의 증가	(12)	자본의 감소	-	수익의 발생
(13)	비용의 발생	-	자산의 감소	(14)	비용의 발생	-	부채의 증가
(15)	비용의 발생	-	자본의 증가	(16)	비용의 발생	-	수익의 발생

3) 거래의 종류

(1) 교환거래

거래의 결과 자산, 부채, 자본의 증감변화만 발생하는 거래이며, 비용이나 수익의 발생이 없는 거래이다.

(2) 손익거래

수익이나 비용이 수반되어 발생하는 거래로 상대변에는 재무상태표상 구성요소만이 증가하거나 감소한다.

(3) 혼합거래

하나의 거래에 교환거래와 손익거래가 혼합된 거래이다. 즉, 거래의 총액에 자산, 부채, 자본의 증감액과 수익, 비용이 혼합된 거래이다.

(4) 현금거래와 대체거래

현금거래는 현금의 수입과 지출이 수반되는 거래로 입금거래와 출금거래로 구분한다. 대체거래는 현금의 수입과 지출이 전혀 수반되지 않는 전부대체거래와 일부현금이 수반되는 일부대체거래로 구분한다,

예제 3-2 거래의 종류와 결합관계

01. 다음의 거래를 교환, 손익, 혼합거래로 구분하고 거래요소의 결합관계를 표시하시오.

(1) 기업주가 현금 ₩6,000,000을 출자하여 영업을 개시하다.
(2) 건물을 ₩3,000,000에 구입하고 대금은 당좌수표를 발행하여 지급하다.
(3) 현금 ₩1,000,000을 보통예금에 예입하다.
(4) 상품 ₩1,000,000을 구입하고 ₩500,000은 현금으로 지급하고 잔액은 외상으로 하다.
(5) 광고비 ₩500,000을 현금으로 지급하다.
(6) 원가 ₩500,000의 상품을 ₩800,000에 매출하고 대금은 현금으로 받다.
(7) 출장여비 ₩20,000을 현금으로 지급하다.
(8) 보험료 ₩30,000을 현금으로 지급하다.
(9) 종업원의 급여 ₩200,000 현금으로 지급하다.
(10) 예금이자 ₩10,000을 현금으로 받다.

02. 다음의 거래를 현금거래와 대체거래로 구분하고 거래요소의 결합관계를 표시하시오.

(1) 예금이자 ₩100,000을 현금으로 받다.
(2) 상품 ₩200,000을 외상으로 구입하다.
(3) 상품 ₩300,000을 매입하고, 대금 중 ₩100,000은 현금으로 지급하고 잔액은 외상으로 하다.
(4) 상품 ₩400,000을 매출하고, 대금 중 ₩200.000은 현금으로 받고 잔액은 외상으로 하다.

풀이

1.

번호	거래의 구분	차 변	대 변
(1)	교환거래	자산증가	자본증가
(2)	교환거래	자산증가	자산감소
(3)	교환거래	자산증가	자산감소
(4)	교환거래	자산증가	자산감소, 부채증가
(5)	손익거래	비용발생	자산감소
(6)	혼합거래	자산증가	자산감소, 수익발생
(7)	손익거래	비용발생	자산감소
(8)	손익거래	비용발생	자산감소
(9)	손익거래	비용발생	자산감소
(10)	손익거래	자산증가	수익발생

2.

번호	거래의 구분	차 변	대 변
(1)	현금거래	자산증가	수익발생
(2)	(전부)대체거래	자산증가	부채증가
(3)	(일부)대체거래	자산증가	자산감소, 부채증가
(4)	(일부)대체거래	자산증가	자산감소(수익발생)

3 계정

1) 계정의 의의

회계상의 거래가 발생하면 자산, 부채, 자본의 증감변화와 수익, 비용이 발생 혹은 소멸하게 되는 데 이러한 증감변화를 명백히하기 위하여 구체적인 항목을 세워 기록, 계산하는데 그 계산단위를 계정이라고 한다. 또한 계정에 붙이는 이름을 계정과목이라고 하며 , 계정에 기록하는 지면을 계정계좌라고 한다. 그리고 모든 계정과목의 왼쪽을 차변(debtor: Dr), 계정의 오른쪽을 대변(creditor: Cr)이라고 한다. 계정의 형식은 표준식과 잔액식이 있지만 설명의 편의상 앞으로 T계정을 사용한다.

2) 계정의 분류

계정은 크게 재무상태표 계정과 손익계산서계정으로 구분한다. 재무상태표계정은 자산계정, 부채계정, 자본계정으로 분류하고, 손익계산서계정은 비용계정과 수익계정으로 분류한다.

차변	현 금(계정과목)	대변
계정계좌		계정계좌

표 3-1 계정의 분류

재무상태표 계정	자산계정	현금 및 현금성자산, 외상매출금, 받을어음, 상품, 건물, 비품 등
	부채계정	단기차입금, 외상매입금, 지급어음, 미지급금, 장기차입금 등
	자본계정	자본금, 인출금 등
손익계산서 계정	수익계정	상품매출이익, 임대료, 이자수익, 수수료수익 등
	비용계정	급여, 복리후생비, 보험료, 통신비, 광고선전비, 이자비용 등

예제 3-3 계정의 분류

01. 다음 계정과목을 자산(A)·부채(L)·자본(C)·수익(R)·비용(E)으로 구분하시오.

(1) 단기차입금 ( )	(2) 단기매매증권 ( )	(3) 급 여 ( )
(4) 매출채권 ( )	(5) 광고선전비 ( )	(6) 선 급 금 ( )
(7) 미지급금 ( )	(8) 상 품 ( )	(9) 이자수익 ( )
(10) 차량운반구 ( )	(11) 대 여 금 ( )	(12) 자 본 금 ( )
(13) 수도광열비 ( )	(14) 개 발 비 ( )	(15) 임 대 료 ( )
(16) 예 수 금 ( )	(17) 상품매출이익 ( )	(18) 비 품 ( )
(19) 이자비용 ( )	(20) 접 대 비 ( )	(21) 세금과공과 ( )
(22) 기 부 금 ( )	(23) 매입채무 ( )	(24) 사 채 ( )

풀이

- 자산 : (2) (4) (6) (8) (10) (11) (14) (18)
- 부채 : (1) (7) (16) (23) (24)
- 자본 : (12)
- 수익 : (9) (15) (17)
- 비용 : (3) (5) (13) (19) (20) (21) (22)

3) 계정의 기입방법

계정에 기입하는 방법은 거래의 8요소와 일치한다.
자산의 증가는 자산계정 차변에 자산의 감소는 자산계정 대변에,
부채의 증가는 부채계정 대변에 부채의 감소는 부채계정 차변에,
자본의 증가는 자본계정 대변에 자본의 감소는 자본계정 차변에,
수익의 발생은 수익계정 대변에 수익의 소멸은 수익계정 차변에,
비용의 발생은 비용계정 차변에 비용의 소멸은 비용계정 대변에 기입한다.

계정기입의 원칙에 따라 거래를 계정에 기입하면 모든 계정은 잔액이 나타난다. 자산계정은 차변에 증가를 기입하고 대변에 감소를 기입하므로 차변금액과 대변금액을 서로 상계하면 증가를 기입한 차변에 금액이 남게 되는데 이것을 차변잔액이라고 한다. 이와 같은 원리를 모든 계정에 적용하면 자산계정과 비용계정은 차변잔액계정이고, 부채계정과 자본계정 및 수익계정은 대변잔액계정이다.

4) 거래의 이중성과 대차평균의 원리

복식부기원리에 의하여 기록하는 모든 거래는 차변요소와 대변요소의 결합으로 이루어지고 항상 차변의 금액과 대변의 금액이 일치하게 되는데 이것을 **거래의 이중성**이라고 한다, 즉, 거래의 이중성에 따라 하나의 거래는 어떤 계정 차변에 기입되고, 다른 계정 대변에 동일한 금액이 기입된다. 그 결과 모든 계정의 차변금액의 합계와 대변금액의 합계가 항상 일치하고 모든 계정의 차변잔액의 합계와 대변잔액의 합계도 항상 일치하게 되는데 이것을 **대차평균**의 원리라고 한다.

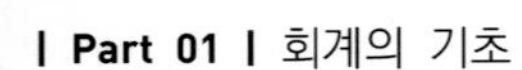

대차평균의 원리에 의하여 모든 계정의 차변합계와 대변합계를 비교하고 그 합계가 일치하는지를 검토하여 회계기록과 계산의 정확성을 검증할 수 있게 되는데, 이것을 **복식부기의 자기검증기능**이라고 한다.

예제 3-4 계정의 기입방법

01. 다음 계정과목 중 증가나 발생액이 차변에 기입되는 것에는 '차', 증가나 발생액이 대변에 기입되는 것에는 '대'라고 ( )안에 기입하시오.

(1) 단기차입금 ( )	(2) 단기매매증권 ( )	(3) 급 여 ( )
(4) 매출채권 ( )	(5) 광고선전비 ( )	(6) 선 급 금 ( )
(7) 미지급금 ( )	(8) 상 품 ( )	(9) 이자수익 ( )
(10) 차량운반구 ( )	(11) 대 여 금 ( )	(12) 자 본 금 ( )
(13) 수도광열비 ( )	(14) 개 발 비 ( )	(15) 임 대 료 ( )
(16) 예 수 금 ( )	(17) 상품매출이익 ( )	(18) 비 품 ( )
(19) 이자비용 ( )	(20) 접 대 비 ( )	(21) 세금과공과 ( )
(22) 기 부 금 ( )	(23) 매입채무 ( )	(24) 사 채 ( )

풀이

- 차 : (2) (3) (4) (5) (6) (8) (10) (11) (13) (14) (18) (19) (20) (21) (22)
- 대 : (1) (7) (9) (12) (15) (16) (17) (23) (24)

4 분개와 전기

1) 분개

거래가 발생하면 해당 거래의 성격을 분석하고, 기록을 위하여 관련 계정과목, 금액, 차변과 대변을 결정하는 절차를 분개(journalizing) 라고 한다.

예를 들어 상품 ₩10,000을 매입하고 그 대금으로 현금을 지급하였다면 상품이라는 자산이 증가하고 현금이라는 자산이 감소하였음을 알 수 있다. 따라서 상품계정 차변에 ₩10,000을 기입하고 현금계정 대변에 ₩10,000을 기입하여야 한다. 이것을 다음과 같이 표시하는 것을 분개라고 한다.

- 거래: 상품 ₩10,000을 매입하고 그 대금을 현금으로 지급하다.
- 분개: (차변) 상 품 ₩10,000 (대변) 현 금 ₩10,000

모든 거래에 대한 회계처리의 첫 번째가 분개로 시작하므로 분개를 잘 하는 것은 회계에서 매우 중요하다. 분개를 잘 하기 위해서는 거래8요소와 결합관계를 충분히 연습하여야만 한다.

분개는 분개장(journal) 혹은 전표(chit)에 기록하게 된다. 즉, 회계기간 중에 발생한 모든 거래들은 분개하여 발생순서에 따라서 분개장에 기록하거나 작성된 전표 하단에 분개를 기록하여 날짜순으로 편철하여 보관하는 것으로 분개장을 대신하기도 한다.

예제 3-5 분개

01. 다음 거래를 분개하시오.

(1) 현금 ₩800,000을 출자하여 영업을 개업하다.
(2) 상품 ₩100,000을 현금으로 매입하다.
(3) 은행으로부터 현금 ₩500,000을 6개월 후에 갚기로 하고 차입하다.
(4) 원가 ₩50,000의 상품을 ₩80,000에 매출하고 대금은 외상으로 하다.
(5) 현금 ₩100,000을 보통예금에 예입하다.
(6) 종업원 급여 ₩70,000을 현금으로 지급하다.

풀이

번호	차변과목	금액	대변과목	금액
(1)	현 금	₩800,000	자 본 금	₩800,000
(2)	상 품	100,000	현 금	100,000
(3)	현 금	500,000	단기차입금	500,000
(4)	외상매출금	80,000	상 품	50,000
			상품매출이익	30,000
(5)	보통예금	100,000	현 금	100,000
(6)	급 여	70,000	현 금	70,000

2) 전기

분개장 혹은 전표에 분개된 내용을 기초로 총계정원장의 해당 계정에 옮겨 적어 계정과목별로 정리하는 절차를 전기 (posting) 라고 한다. 즉, 분개한 것을 자산, 부채, 자본, 수익 및 비용 각각의 세부계정에 전기한다. 전기하는 방법은 분개장의 차변에 분개된 내용은 총계정원장 해당 계정의 차변에 전기하고, 대변에 분개된 내용은 해당 계정의 대변에 전기한다. 이때 상대계정과목이 둘 이상일 때에는 적요란에 '제좌'라고 기입한다.

- **거 래**

3/1 상품 ₩20,000을 외상으로 매입하다.

- **거래의 결합관계**

3/1 (차변) 자산의 증가 20,000 (대변) 부채의 증가 20,000
(상품) (외상매입금)

- **분 개**

3/1 (차변) 상 품 20,000 (대변) 외상매입금 20,000

- **전 기**

상 품	
3/1 외상매입금 20,000	

외상매입금	
	3/1 상품 20,000

예제 3-6 전기

01. 다음 거래를 분개하고 해당 계정에 전기하시오.

4월 1일 현금 ₩800,000을 출자하여 화장품 대리점을 개업하다.
3일 상품 ₩200,000을 매입하고, 대금 중 ₩100,000은 현금으로 지급하고 잔액은 외상으로 하다.
6일 사무용 책상, 컴퓨터 등을 ₩100,000에 현금으로 구입하다.
12일 원가 ₩100,000의 상품을 ₩200,000에 매출하고 대금은 외상으로 하다.
20일 외상매출금 ₩200,000을 현금으로 회수하다.
25일 종업원 급여 ₩80,000을 현금으로 지급하다.

풀이

날짜	차변과목	금액	대변과목	금액
4/ 1	현 금	₩800,000	자 본 금	₩800,000
4/ 3	상 품	200,000	현 금	100,000
			외상매입금	100,000
4/ 6	비 품	100,000	현 금	100,000
4/12	외상매출금	200,000	상 품	100,000
			상품매출이익	100,000
4/20	현 금	200,000	외상매출금	200,000
4/25	급 여	80,000	현 금	80,000

현금

날짜	과목	금액	날짜	과목	금액
4/ 1	자 본 금	800,000	4/ 3	상품	100,000
4/20	외상매출금	200,000	4/ 6	비품	100,000
			4/25	급여	80,000

외상매출금

날짜	과목	금액	날짜	과목	금액
4/12	제좌	200,000	4/20	현금	200,000

상품

날짜	과목	금액	날짜	과목	금액
4/ 3	제좌	200,000	4/12	외상매출금	100,000

비품

날짜	과목	금액	날짜	과목	금액
4/ 6	현금	100,000			

외상매입금

날짜	과목	금액	날짜	과목	금액
			4/ 3	상품	100,000

자본금

날짜	과목	금액	날짜	과목	금액
			4/ 1	현금	800,000

상품매출이익

날짜	과목	금액	날짜	과목	금액
			4/12	외상매출금	100,000

급여

날짜	과목	금액	날짜	과목	금액
4/25	현금	80,000			

5 회계장부와 전표제도

1) 회계장부

기업의 경영활동과정에서 발생하는 모든 거래를 기록, 계산, 정리하여 영업활동에 대한 내용을 명확히 기록하는 지면을 장부라고 한다.

2) 장부조직

회계기간 중에 거래가 발생하면 거래를 분석하여 분개장에 분개하고, 총계정원장의 각 계정에 전기한다. 그러나 분개장과 총계정원장에 기입하는 것만으로는 거래의 내용을 충분히 파악하기 어려우므로 보조부에 보충적으로 기입한다. 회계장부는 주요부와 보조부로 구분하는데 분개장과 총계정원장을 주요부라 하고 보조부는 분개장의 특정 거래내용을 보충해주는 보조기입장과 총계정원장의 특정 계정에 대한 보조역할을 하는 보조원장으로 구분한다.

<table>
<tr><td rowspan="2">주요부</td><td>분 개 장</td><td colspan="2">거래의 발생순서에 따라 분개하여 기록하는 장부</td></tr>
<tr><td>총 계 정 원 장</td><td colspan="2">자산, 부채, 자본, 비용, 수익의 모든 계정과목을 모아놓은 장부</td></tr>
<tr><td rowspan="10">보조부</td><td rowspan="4">보 조 원 장</td><td>상 품 재 고 장</td><td>상품별로 입고와 출고를 기록하여 재고를 파악</td></tr>
<tr><td>매 입 처 원 장</td><td>매입처별로 외상매입과 외상매입금의 지급을 기입</td></tr>
<tr><td>매 출 처 원 장</td><td>매출처별로 외상매출과 외상매출금의 회수를 기입</td></tr>
<tr><td>고정자산대장</td><td>고정자산의 증감을 기록 관리</td></tr>
<tr><td rowspan="6">보 조 기 입 장</td><td>현 금 출 납 장</td><td>현금의 수입과 지출을 기입</td></tr>
<tr><td>당좌예금출납장</td><td>당좌예금의 예입과 인출을 기입</td></tr>
<tr><td>매 입 장</td><td>상품의 매입과 환출 및 에누리 등을 기입</td></tr>
<tr><td>매 출 장</td><td>상품의 매출과 환입 및 에누리 등을 기입</td></tr>
<tr><td>받을어음기입장</td><td>어음의 수취와 어음대금의 회수 등을 기입</td></tr>
<tr><td>지급어음기입장</td><td>어음의 발행 또는 인수와 만기에 지급 등을 기입</td></tr>
</table>

3) 전표제도

(1) 전표의 의의

전표(slip)란 발생한 거래내역을 한 건씩 기록하는 종이쪽지를 말한다. 전표에는 거래내역뿐만 아니라 전표 작성자와 검토자의 확인란이 포함되어 있어 거래내역을 기록하고 관련 부서에 전달하며 결재하는 서류기능이 있다. 그렇기 때문에 분권화된 기업조직에서 발생한 거래를 각 부서에 신속히 전달하여 승인을 받은 뒤 관련 장부에 기록하는 수단이다.

(2) 전표의 종류

전표제도의 종류에는 1전표제도, 3전표제도, 5전표제도가 있으나 실무에서는 주로 3전표제도를 사용하고 있다. 3전표제도란 전표를 입금전표(적색), 출금전표(청색), 대체전표(흑색)로 구분하는 것을 말한다.

구 분	전표의 종류
1전표제도	분개전표
3전표제도	입금전표, 출금전표, 대체전표
5전표제도	입금전표, 출금전표, 대체전표, 매입전표, 매출전표

① 입금전표

입금전표는 현금의 수입을 수반하는 입금거래만을 기입하는 전표를 말한다. 입금거래는 차변에 현금계정이 표시되고 대변에 다른 계정과목이 표시된다. 먼저 현금이 입금된 날짜를 기록하고 대변의 계정과목, 처래처 및 거래내역(적요), 금액을 순서대로 공란에 기입한다. 특히 입금거래의 차변은 항상 현금이므로 입금전표에는 현금을 표시하지 않고 대변과목만 기입하게 된다.

입 금 전 표

② 출금전표

출금전표는 현금의 지출을 수반하는 출금거래만을 기입하는 전표를 말한다. 출금거래는 대변에 현금계정이 표시되고 차변에 다른 계정과목이 표시된다. 따라서 출금전표에는 거래일자, 차변의 계정과목, 거래처 및 거래내역, 금액을 기입한다. 출금거래의 대변은 항상 현금이므로 출금전표에는 현금을 표시하지 않고 차변과목만 기입하게 된다.

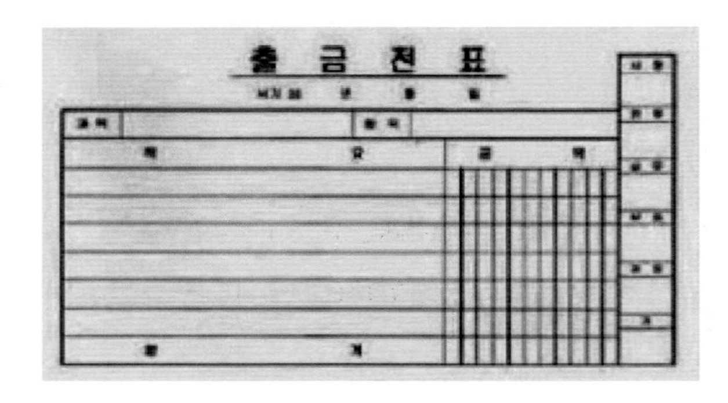
출 금 전 표

③ 대체전표

대체전표는 현금의 수입과 지출을 수반하지 않는 거래를 기록하는 전표를 말한다. 즉, 입금전표나 출금전표로 나타낼 수 없는 거래를 기록하는 전표이다. 따라서 대체전표에는 차변과 대변에 계정과목과 금액을 각각 표시하여 작성하게 된다.

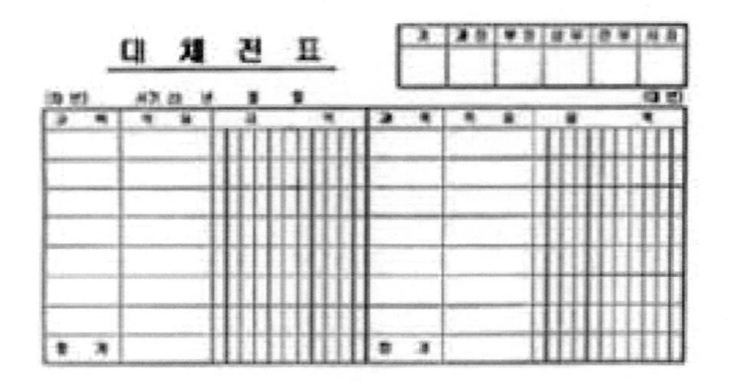
대 체 전 표

(2) 전표제도의 장·단점

조직의 규모가 크고 거래의 양이 많은 기업에서는 기록된 거래의 내용이 각 부서에 신속하고 정확하게 전달되어야 한다. 이러한 경우 기업실무에서는 분개장 대신 전표를 사용하게 된다. 전표제도의 장점은 다음과 같다.

- 거래내용을 관련부서에 신속 · 정확하게 전달할 수 있다.

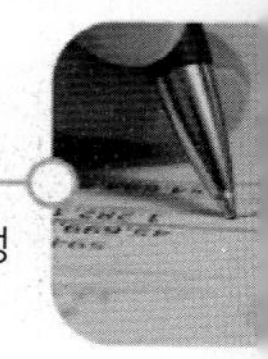

- 거래의 발생사실을 증명하는 증빙서류가 된다.
- 관련 직원의 서명이나 날인을 통해서 책임소재가 명확해 진다.
- 각 부서별로 기록관련 업무를 분담할 수 있다.

한편, 전표는 거래 건별로 발행하여 사용하는 때문에 거래의 누락가능성이 높으며 보존 및 관리가 불편한 단점이 있기도 하다.

예제 3-7 전표회계

01. 다음의 거래를 입금·출금·대체전표에 기입하시오.

(1) 상품 ₩200,000을 매입하고 대금 중 ₩100,000은 현금으로 지급하고 잔액은 외상으로 하다.
(2) 상품 ₩300,000을 외상으로 매출하다.
(3) 외상매출금 ₩50,000을 현금으로 회수하다.
(4) 소모품 ₩30,000을 외상으로 구입하다(비용처리).
(5) 급여 ₩50,000을 현금으로 지급하다.

풀이

(1)

대체전표			
상 품	100,000	외상매입금	100,000

출금전표	
상 품	100,000

(2)

대체전표			
외상매출금	300,000	상품매출	300,000

(3)

입금전표	
외상매출금	50,000

(4)

대체전표			
소 모 품 비	30,000	미지급금	30,000

(5)

출금전표	
급 여	50,000

연습문제

주관식 연습문제

01. 다음 거래를 분개하시오.

(1) 현금 ₩3,000,000을 출자하여 상품매매업을 개시하다.
(2) 영업용 비품 ₩200,000을 현금으로 구입하다.
(3) 상품 ₩500,000을 매입하고 대금은 외상으로 하다.
(4) 상품 ₩600,000(원가 ₩300,000)을 매출하고 대금은 외상으로 하다.
(5) 은행으로부터 현금 ₩1,000,000을 단기차입하다.
(6) 광고선전비₩100,000을 현금으로 지급하다.
(7) 외상매입금 중 ₩300,000을 현금으로 지급하다.
(8) 외상매출금 중 ₩500,000을 현금으로 회수하다.
(9) 종업원급여 ₩200,000을 현금으로 지급하다.
(10) 전기요금 ₩50,000과 수도요금 ₩20,000을 현금으로 지급하다.

번호	차변과목	금액	대변과목	금액
(1)				
(2)				
(3)				
(4)				
(5)				
(6)				
(7)				
(8)				
(9)				
(10)				

02. 다음 거래를 분개하시오.

(1) 현금 ₩5,000,000(단기차입금 ₩1,000,000 포함), 건물 ₩3,000,000을 출자하여 상품매매업을 시작하다.
(2) 영업에 사용할 차량운반구 ₩300,000에 구입하고 대금은 나중에 지급하기로 하다.
(3) 상품 ₩800,000을 매입하고 대금은 현금으로 지급하다.
(4) 무갑상사에 현금 ₩300,000을 단기대여하다.
(5) 상품 ₩800,000(원가 ₩400,000)을 매출하고 대금중 ₩500,000은 현금으로 받고 잔액은 외상으로 하다.
(6) 영업에 사용할 비품 ₩200,000을 현금으로 구입하다.
(7) 외상매출금 ₩300,000을 현금으로 회수하다.
(8) 사무실 임차료 ₩100,000을 현금으로 지급하다.
(9) 무갑상사로부터 단기대여금 ₩300,000과 이자 ₩10,000을 현금으로 받다.
(10) 종업원급여 ₩200,000을 현금으로 지급하다.

번호	차변과목	금액	대변과목	금액
(1)				
(2)				
(3)				
(4)				
(5)				
(6)				
(7)				
(8)				
(9)				
(10)				

03. 다음의 연속된 거래를 분개하고 아래 계정에 전기하시오

5월 1일 현금 ₩2,000,000을 출자하여 상품매매업을 개시하다.
3일 은행으로부터 현금 ₩1,500,000을 단기차입하다.
6일 영업용 비품 ₩300,000을 현금으로 구입하다.
9일 상품 ₩700,000을 매입하고 대금은 외상으로 하다.
12일 상품 ₩500,000(원가 ₩300,000)을 매출하고 대금은 외상으로 하다.
15일 사무실 임차료 ₩100,000을 현금으로 지급하다.
20일 외상매출금 ₩500,000을 현금으로 회수하다.
25일 외상매입금 중 ₩400,000을 현금으로 지급하다.
31일 종업원급여 ₩200,000을 현금으로 지급하다.

날짜	차변과목	금액	대변과목	금액
5월 1일				
3일				
6일				
9일				
12일				
15일				
20일				
25일				
31일				

현금

외상매출금

상품

비품

외상매입금

단기차입금

자본금

상품매출이익

급여

임차료

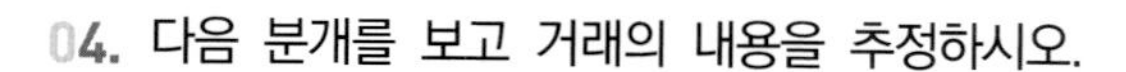

04. 다음 분개를 보고 거래의 내용을 추정하시오.

구분	차변과목	금 액	대변과목	금 액	거래내용
(1)	현 금	3,000,000	자 본 금	3,000,000	
(2)	상 품	600,000	현 금 외상매입금	200,000 400,000	
(3)	현 금	800,000	단기차입금	800,000	
(4)	외상매출금	500,000	상 품 상품매출이익	300,000 200,000	
(5)	외상매입금	400,000	현 금	400,000	
(6)	급 여	200,000	현 금	200,000	

05. 다음 전기된 계정을 보고 날짜순으로 분개를 추정하시오.

현금

차변		대변	
5/ 2 자본금	800,000	5/15 비 품	50,000
20 제 좌	300,000	25 외상매입금	200,000
		30 급 여	50,000

상품

차변		대변	
5/10 외상매입금	300,000	5/20 현금	200,000

비품

차변		대변	
5/15 현금	50,000		

외상매입금

차변		대변	
5/25 현금	200,000	5/10 상품	300,000

자본금

차변		대변	
		5/2 현금	800,000

상품매출이익

차변		대변	
		5/20 현금	100,000

급여

차변		대변	
5/30 현금	50,000		

날짜	차변과목	금액	대변과목	금액
5월 2일				
10일				
15일				
20일				
25일				
30일				

객관식 연습문제

01. 다음 중 회계상의 거래인 것은?

① 종업원을 월급 1,600,000원으로 채용하기로 계약하였다.

② 건물에 대해 월세 1,000,000원으로 임차계약을 맺기로 구두로 약속하였다.

③ 전화로 상품 2,000,000원을 주문받았다.

④ 당사 상품을 관할시청에 불우이웃을 돕기 위하여 기부하였다.

02. 다음 거래에 대한 거래 요소의 결합 형태를 바르게 나타낸 것은?

현금 5,000,000원을 출자하여 OO상사를 개업하였다.

① 자산의 증가 - 자본의 감소 ② 자산의 증가 - 자산의 감소

③ 자산의 증가 - 자본의 증가 ④ 자산의 증가 - 부채의 증가

03. 다음 거래요소의 결합관계가 발생하는 것으로 옳은 것은?

(차변) 비용의 발생	(대변) 부채의 증가

① 급여 미지급분 500,000원을 계상하다.

② 보험료 미경과분 500,000원을 계상하다.

③ 이자수익 선수분 500,000원을 계상하다.

④ 수수료수익 미수분 500,000원을 계상하다.

04. 다음 중 자본의 감소 원인에 해당하지 않는 것은?

① 건물 수선비로 100,000원을 지급하였다.

② 기계장치의 감가상각비 150,000원을 계상하였다.

③ 매출채권 200,000원을 거래처로부터 회수하였다.

④ 매도가능증권평가손실 50,000원이 발생하였다.

05. 다음 제시된 (가), (나)의 거래에 대한 거래종류를 올바르게 나타낸 것은?

> (가) 차량운반구를 1,000,000원에 구입하고 그 대금 중 500,000원은 현금으로 지급하고 잔액은 1개월 후에 지급하기로 하다.
> (나) 구입한 차량운반구에 대한 보험료 1년분 150,000원을 현금으로 지급하다.

	(가)	(나)		(가)	(나)
①	교환거래	혼합거래	②	혼합거래	손익거래
③	교환거래	손익거래	④	손익거래	교환거래

06. 회계상 거래가 발생하면 거래의 이중성에 따라 어떤 계정의 차변과 다른 계정의 대변에 같은 금액으로 기입되는데, 이를 무엇이라 하는가?

① 대차평균의 원리　② 거래의 이중성
③ 거래의 8요소　④ 회계등식

07. 다음 중 비유동자산에 포함되지 않는 계정과목은?

① 매도가능증권　② 선급금
③ 개발비　④ 임차보증금

08. 다음 중 손익계산서에 표시되는 계정과목이 아닌 것은?

① 유형자산처분이익　② 감가상각누계액
③ 대손상각비　④ 접대비

09. 다음 중 당기순이익에 영향을 미치는 계정과목이 아닌 것은?

① 매출원가　② 연구비
③ 이자비용　④ 자기주식처분이익

10. ㈜백마에서 발생한 거래를 분개한 것이다. 틀린 것은?

① 장기차입금 100,000원을 보통예금에서 출금하여 상환하였다.

(차변) 장기차입금 100,000원 (대변) 보통예금 100,000원

② 비품 100,000원을 구입하고 대금은 아직 지급하지 않았다.

(차변) 비 품 100,000원 (대변) 미지급금 100,000원

③ 종업원에게 급여 100,000원을 보통예금으로 지급하였다.

(차변) 급 여 100,000원 (대변) 보통예금 100,000원

④ 상품 100,000원을 판매하고 대금을 아직 받지 못했다.

(차변) 미지급금 100,000원 (대변) 매 출 100,000원

11. 다음은 ㈜백마의 자료이다. 다음 현금계정을 보고 날짜별 발생한 거래의 추정으로 틀린 것은?

현			금		
1월 1일	자 본 금	100,000원	2월 1일	급 여	200,000원
3월 1일	토 지	300,000원	4월 1일	상 품	400,000원

① 1월 1일 ㈜백마의 주주는 현금 100,000원을 출자하였다.

② 2월 1일 ㈜백마는 직원에게 급여 200,000원을 지급하였다.

③ 3월 1일 ㈜백마는 300,000원의 토지를 현금으로 구입하였다.

④ 4월 1일 ㈜백마는 400,000원의 상품을 현금으로 매입하였다.

12. 다음 중 거래를 최초로 기록하는 회계장부는?

① 시산표 ② 거래처원장

③ 분개장 ④ 계정별원장

13. 다음 장부 중 주요부에 해당하는 것끼리 짝지어진 것은?

① 분개장, 매입장 ② 현금출납장, 매출장

③ 매출장, 매입장 ④ 총계정원장, 분개장

14. 다음 거래를 기입해야 할 회계장부와 관련이 없는 것은?

> 무갑상사에 상품 1,000,000원을 매출하고 대금 중 500,000원은 동점발행 약속어음으로 받고 나머지는 외상으로 하다.

① 매출장　　② 상품재고장
③ 매출처원장　　④ 지급어음기입장

15. 거래가 발생할 때마다 거래일자, 계정과목, 거래내용, 금액 및 거래처를 기록하고 관련부서에 전달하는 일정한 양식의 용지는 무엇인가?

① 총계정원장　　② 전표
③ 분개장　　④ 합계잔액시산표

16. 다음 거래가 기입되는 전표로 올바른 것은? 단, 당점은 3전표제를 채택하고 있다.

> 외상매입금 200,000원 중 50,000원은 소유하고 있던 대한은행 발행 자기앞수표로 지급하고, 잔액은 1개월 후 약속어음을 발행하여 지급하다.

① 입금전표, 출금전표　　② 입금전표, 대체전표
③ 출금전표, 대체전표　　④ 대체전표, 현금전표

| Chapter 04 |

회계순환과정(2): 회계기간 말의 결산과정

1 결산의 의의 및 절차

1) 결산의 의의

기업은 경영활동에 따라 발생하는 거래를 분개장에 분개하고 총계정원장에 전기하고 있다. 그러니 이것만으로는 기업의 재무상태와 경영성과를 명확하게 파악하기 곤란하기 때문에 인위적으로 회계기간을 정하고 회계기말에 각종 장부를 정리하고 마감하여 알기 쉽게 체계화할 필요가 있다. 이와 같이 회계기말에 장부를 마감하여 자산, 부채, 자본의 상태를 정리하고, 발생한 수익과 비용을 비교하여 경영성과를 체계적으로 파악하는 일련의 절차를 결산(closin g)이라고 한다. 기업은 월결산, 분기결산, 반기결산, 기말결산 등을 할 수 있으나, 기말결산을 기준으로 설명한다.

2) 결산절차

결산의 절차는 예비절차, 본절차, 그리고 재무제표를 작성하는 결산후절차로 나눌 수 있다.

(1) 결산의 예비절차	⇒	① 시산표의 작성 ② 결산정리사항의 수정(재고조사표) ③ 정산표의 작성
(2) 결산의 본절차	⇒	① 총계정원장의 마감 ② 제 장부의 마감
(3) 결산의 후절차	⇒	① 포괄손익계산서의 작성 ② 재무상태표의 작성 ③ 기타 재무제표 및 부속명세서 등

2 시산표와 정산표

1) 시산표의 작성

(1) 시산표의 의의

거래가 발생하면 분개장 혹은 전표에 분개한 후 총계정원장에 전기하는데, 이러한 일련의 과정이 정확하게 행하여 졌는가를 검산하기 위해서 작성하는 일람표를 시산표(Trial Balance, T/B)라고 한다.

(2) 시산표의 종류

① 합계시산표 : 원강의 각 계정 차변과 대변의 합계액을 집계하는 시산표로서 합계시산표의 합계금액은 회계기간의 거래총액을 나타낸다.

② 잔액시산표 : 원장의 각 계정의 잔액을 집계하는 시산표로 재무제표를 작성하기 전에 기업의 재무상태나 경영성과를 미리 파악할 수 있다.

③ 합계잔액시산표 : 합계시산표와 잔액시산표를 하나의 시산표에 나타낸 시산표로서 회계

기간의 거래총액과 재무상태 및 경영성과를 동시에 파악할 수 있다.

시산표 등식 : 기말자산 + 총비용 = 기말부채 + 기초자본 + 총수익

(3) 시산표에서 발견할 수 없는 오류

시산표의 작성은 복식부기의 자기검증기능의 원리에 입각하여 차변의 합계와 대변의 합계액이 일치하는지를 확인하여 총계정원장의 전기에 대한 오류를 발견하는 것이 주목적이다.

- 분개의 차변 또는 대변 중 어느 한쪽만 전기하거나 금액을 다르게 한 경우
- 분개의 차변과 대변을 모두 한쪽에 전기한 경우

그러나 시산표에서도 발견할 수 없는 오류가 있는데 그 내용은 다음과 같다.

- 분개장에서 원장으로 전기할 때 차변과 대변의 금액을 모두 동일한 금액으로 잘못 기입한 경우
- 차 · 대변의 계정과목을 반대로 전기하거나 다른 과목으로 전기한 경우
- 한 거래에 대한 전기를 누락하였거나 이중으로 전기한 경우
- 두 개의 잘못이 우연히 상계된 경우

예제 4-1 시산표 작성

01. [예제 3-6]의 총계정원장을 자료로 합계시산표, 잔액시산표, 합계잔액시산표를 작성하시오.

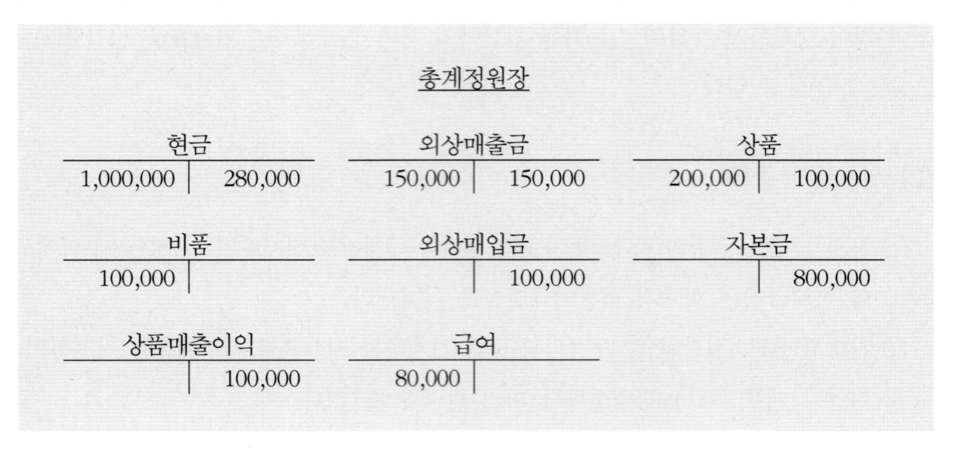

합계시산표

차변	계정과목	대변
1,000,000	현금	280,000
150,000	외상매출금	150,000
200,000	상품	100,000
100,000	비품	
	외상매입금	100,000
	자본금	800,000
	상품매출이익	100,000
80,000	급여	
1,530,000	합계	1,530,000

잔액시산표

차변	계정과목	대변
720,000	현금	
100,000	상품	
100,000	비품	
	외상매입금	100,000
	자본금	800,000
	상품매출이익	100,000
80,000	급여	
1,000,000	합계	1,000,000

합 계 잔 액 시 산 표

차변		계정과목	대변	
잔액	합계		합계	잔액
720,000	1,000,000	현금	280,000	
	150,000	외상매출금	150,000	
100,000	200,000	상품	100,000	
100,000	100,000	비품		
		외상매입금	100,000	100,000
		자본금	800,000	800,000
		상품매출이익	100,000	100,000
80,000	80,000	급여		
1,000,000	1,530,000	합계	1,530,000	1,000,000

2) 정산표

(1) 정산표의 의미

결산의 본절차에 들어가기에 앞서 잔액시산표를 기초로 하여 손익계산서와 재무상태표를 작성하는 과정을 하나의 일람표로 나타내는 것을 정산표(Work Sheet, W/S)라 한다. 정산표는 생략 가능하지만 결산과정을 한 지면에 표시함으로써 정리분개의 내용, 계정 상호간의 연관성 등 결산에 필요한 사항을 쉽게 이해할 수 있다는 측면에서 수작업회계에서 결산 때 작성하였다. 그러나 현재 실무에서 사용되고 있는 전산회계프로그램에서는 정산표라는 용어 자체가 없어졌다. 정산표의 종류에는 6위식, 8위식, 10위식 등이 있다.

(2) 정산표의 작성방법

총계정원장의 계정잔액을 토대로 정산표를 다음과 같은 절차로 작성한다.

- 1단계(잔액시산표의 작성) : 잔액시산표의 계정과목과 금액을 정산표 왼쪽 잔액시산표란에 옮겨 적는다.
- 2단계(정리후시산표 잔액을 손익계산서와 재무상태표에 옮기기) : 정리후시산표에서 수익과 비용계정은 손익계산서란에 옮겨 적고, 자산, 부채, 자본계정은 재무상태표란에 옮겨 적는다.
- 3단계(손익계산서에서 당기순손익 계산) : 손익계산서의 차변의 비용 합계와 대변의 수익 합계 간의 차이는 당기순손익이다. 수익 즉 대변 합계가 비용인 차변의 합계보다 크면 당기순이익이고, 반대의 경우에는 당기순손실이다.
- 4단계(재무상태표에서 당기순손익 계산) : 재무상태표 차변의 자산금액을 합계하고 대변의 부채 및 자본금액을 합계한다. 차변과 대변 금액의 차액을 구하여 3단계에서 구한 차액과 일치하는지 확인한다.
- 5단계(당기순손익의 기록) : 손익계산서에서 구한 당기순손익과 재무상태표에서 구한 당기순손익이 일치하면 동액을 손익계산서와 재무상태표의 차변과 대변에 기록하여 각 차변 합계액과 대변 합계액을 일치시킨다.

예제 4-2 정산표 작성

01. [예제 4-1]의 자료에 의하여 6위식 정산표를 완성하시오.

정 산 표

계정과목	잔액시산표		손익계산서		재무상태표	
	차변	대변	차변	대변	차변	대변
현 금						
상 품						
비 품						
외 상 매 입 금						
자 본 금						
상품매출이익						
급 여						
( )						
합 계						

풀이

정 산 표

계정과목	잔액시산표		손익계산서		재무상태표	
	차변	대변	차변	대변	차변	대변
현 금	720,000				720,000	
상 품	100,000				100,000	
비 품	100,000				100,000	
외상매입금		100,000				100,000
자 본 금		800,000				800,000
상품매출이익		100,000		100,000		
급 여	80,000		80,000			
(당기순이익)			**20,000**			**20,000**
합 계	1,000,000	1,000,000	100,000	100,000	920,000	920,000

3 결산정리분개

1) 결산정리의 의의

결산일에 기업의 재무상태와 경영성과를 정확하게 파악하기 위해서 이미 기록된 회계수치의 일부를 수정하거나 추가로 기록해주어야 하는데 이를 결산정리사항이라 한다. 또 결산정리사항을 분개하여 원장에 전기하는 것을 결산정리기입이라 한다.

결산정리사항은 각 기업의 영업성격에 따라 다르지만 일반적으로 자산 · 부채에 관한 결산정리와 손익에 관한 결산정리로 구분할 수 있다.

2) 자산 · 부채에 관한 결산정리

자산에 관한 결산정리는 현금계정의 정리, 유가증권의 공정가치평가 수취채권에 대한 대손충당금 설정, 재고자산의 매출원가 계상, 비유동자산의 상각비 계상, 가지급금과 가수금의 정리, 소모품계정의 정리, 비유동부채의 유동성대체 등이 있다. 자산 · 부채에 대한 결산정리 내용은 본서 13장 결산에서 상세하게 다루도록 한다.

3) 손익에 관한 결산정리

손익에 대한 결산정리로 수익 · 비용의 이연과 예상이 해당된다. 손익에 대한 결산정리내용은 본서 13장 결산에서 상세하게 다루도록 한다.

4 장부의 마감

1) 손익계산서 계정의 마감

수익계정과 비용계정은 각 계정의 잔액을 손익계정에 대체하여 마감한다. 손익계정은 결산을 위하여 설정하는 집합계정으로 차변에는 비용계정이 대변에는 수익계정이 기입된다. 손익계정의 잔액은 당기순손익을 의미하며 이 당기순손익을 자본금계정에 대체하여 손익계정을 마감한다.

구분		차변	대변
수익계정을 손익계정 대변에 대체		상품매출이익 ××× 임 대 료 ×××	손 익 ×××
비용계정을 손익계정 차변에 대체		손 익 ×××	급 여 ××× 복리후생비 ×××
당기순손익을 자본금 계정에 대체	순이익 발생시	손 익 ×××	자 본 금 ××
	순손실 발생시	자 본 금 ×××	손 익 ×××

예제 4-3 수익·비용계정의 마감

01. [예제 3-6] 자료에 의하여 아래의 수익·비용계정을 12월 31일자로 마감하고 수익·비용계정의 대체분개 및 당기순이익을 자본금계정에 대체하는 분개, 총계정원장에 전기하시오.

(1) 상품매출이익	
	4/12 외상매출금 100,000

(2) 급여	
4/25 현금 80,000	

1) 수익 · 비용계정의 대체분개

번호	차변과목	금액	대변과목	금액

2) 순손익을 자본금계정에 대체분개

번호	차변과목	금액	대변과목	금액

3) 총계정원장 전기

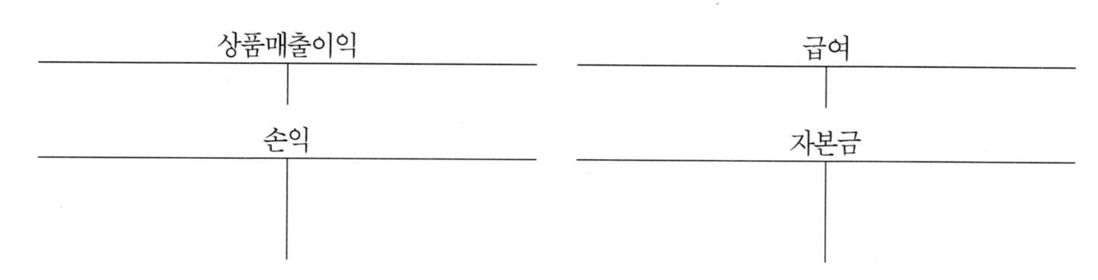

풀이

1) 수익·비용계정의 대체분개

번호	차변과목	금액	대변과목	금액
(1)	상품매출이익	100,000	손 익	100,000
(2)	손 익	80,000	급 여	80,000

2) 순손익을 자본금계정에 대체분개

번호	차변과목	금액	대변과목	금액
	손 익	20,000	자 본 금	20,000

3) 총계정원장 전기

상품매출이익

차변	금액	대변	금액
12/31 손 익	100,000	4/12 외상매출금	100,000

급여

차변	금액	대변	금액
4/25 현금	80,000	12/31 손익	80,000

손익

차변	금액	대변	금액
12/31 급 여	80,000	12/31 상품매출이익	100,000
12/31 자본금	20,000		
	100,000		100,000

자본금

차변	금액	대변	금액
		4/ 1 현금	800,000
		12/31 손익	20,000
			820,000

2) 재무상태표계정 마감

재무상태표계정인 자산, 부채, 자본계정의 마감은 영미식과 대륙식의 두 가지 방법이 있다.

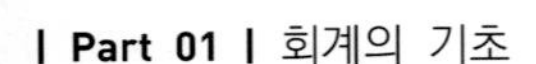

영미식은 자산, 부채, 자본 계정에 잔액이 발생하므로 부족한 변에 '차기이월'이라 기입하고 차변합계액과 대변합계액의 일치함을 확인한 후 마감한 후 차기이월액을 모아 이월시산표를 작성함으로서 결산이 정확하게 이루어졌는지를 확인한다.

예제 4-4 자산·부채·자본계정의 마감

01. [예제 3-6] 자료에 의하여 아래의 자산·부채·자본계정을 12월 31일자로 영미식으로 마감한 후 이월시산표를 작성하시오.

이 월 시 산 표

차변	계정과목	대변
	합 계	

풀이

현금

차변	금액	대변	금액
4/ 1 자 본 금	800,000	4/ 3 상품	100,000
4/20 외상매출금	200,000	4/ 6 비품	100,000
		4/25 급여	80,000
		12/31 차기이월	720,000
	1,000,000		1,000,000
1/1 전기이월	720,000		

외상매출금

차변	금액	대변	금액
4/12 제좌	200,000	4/20 현금	200,000
	200,000		200,000

상품

차변	금액	대변	금액
4/3 제좌	200,000	4/12 외상매출금	100,000
		12/31 차 기 이 월	100,000
	200,000		200,000
1/1 전기이월	100,000		

비품

차변	금액	대변	금액
4/6 현금	100,000	12/31 차기이월	100,000
	100,000		100,000
1/1 전기이월	100,000		

외상매입금

차변	금액	대변	금액
12/31 차기이월	100,000	4/3 상 품	100,000
	100,000		100,000
		1/1 전기이월	100,000

자본금

차변	금액	대변	금액
12/31 차기이월	820,000	4/1 현금	800,,000
		12/31 손익	20,000
	820,000		820,000
		1/1 전기이월	820,000

이 월 시 산 표

차변	계정과목	대변
720,000	현　　금	
100,000	상　　품	
100,000	비　　품	
	외상매입금	100,000
	자 본 금	820,000
920,000	합　　계	920,000

3) 기타 제 장부의 마감

총계정원장의 마감이 완료되면 기타 보조부 등의 제 장부를 마감하여 당기의 회계기록을 최종적으로 종결시킨다.

5 재무제표의 작성

재무제표는 재무보고의 핵심수단이다. 재무제표는 일정시점의 재무상태를 나타내는 재무상태표와 일정기간의 경영성과를 나타내는 손익계산서 그리고 같은 기간 동안의 현금흐름정보를 나타내는 현금흐름표 및 자본변동내역을 나타내는 자본변동표, 주석으로 구성된다. 본서에는 제14장 재무제표에서 상세하게 다루도록 한다.

연습문제

주관식 연습문제

01. 설봉상사의 연속된 거래를 분개하고 총계정원장에 전기한 후 합계잔액시산표를 작성하시오.

5/ 2 현금 ₩2,000,000(단기차입금 ₩500,000 포함)을 출자하여 상품매매업을 개시하다.
5/ 5 영업용 비품 ₩200,000을 현금으로 구입하다.
5/10 무갑상사에서 상품 ₩600,000을 매입하고 대금은 외상으로 하다.
5/12 태화상사에 상품 ₩800,000(원가 ₩400,000)을 매출하고 대금은 외상으로 하다.
5/15 단기차입금 ₩200,000과 차입금이자 ₩10,000을 현금으로 지급하다.
5/20 태화상사의 외상매출금 중 ₩500,000을 현금으로 회수하다.
5/23 무갑상사의 외상매입금 중 ₩400,000을 현금으로 지급하다.
5/25 종업원급여 ₩100,000을 현금으로 지급하다.
5/30 사무실 임차료 ₩100,000을 현금으로 지급하다.

번호	차변과목	금액	대변과목	금액

총 계 정 원 장

현금		외상매출금		상품	

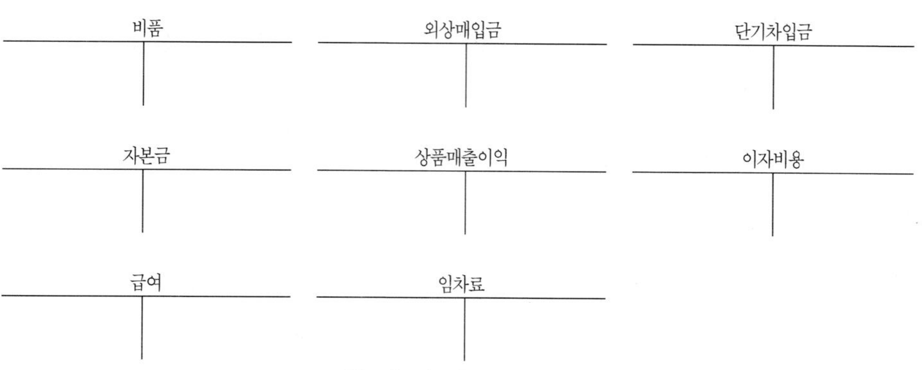

합 계 잔 액 시 산 표

차변		계정과목	대변	
잔액	합계		합계	잔액
		합 계		

02. 다음의 백마상사의 20××년 12월 31일자 정산표를 완성하시오.

정 산 표

백마상사 20××. 12. 31. (단위:원)

계정과목	잔액시산표		손익계산서		재무상태표	
	차변	대변	차변	대변	차변	대변
현 금	600,000					
외 상 매 출 금	250,000					
받 을 어 음	250,000					
상 품	400,000					
비 품	200,000					
외 상 매 입 금		250,000				

미 지 급 금		150,000				
단 기 차 입 금		200,000				
자 본 금		( )				
상품매출이익		300,000				
급 여	100,000					
보 험 료	100,000					
( )						
합 계						

객관식 연습문제

01. 다음 중 결산의 본 절차에 해당하지 않는 것은?

① 시산표 작성
② 총계정원장 마감
③ 분개장 마감
④ 손익계정 설정

02. 아래의 내용을 보고 결산의 절차를 바르게 나타낸 것은?

> A. 정산표 작성
> B. 총계정원장 각 계정 마감
> C. 손익계산서와 재무상태표 작성

① A→B→C
② A→C→B
③ B→A→C
④ B→C→A

03. 다음 설명 중 옳지 않은 것은?

① 시산표에 차변,대변의 합계액이 일치하면 기중 계정기록에 오류가 전혀 없는 것이다
② 분개장은 거래를 발생 순서대로 기록하는 장부를 말한다.
③ 자산의 증가와 비용의 발생은 차변에 기록한다.
④ 자산과 부채의 증가 또는 감소, 비용과 수익의 발생들을 거래의 요소라 한다.

04. 다음 중 시산표를 작성하면 발견할 수 있는 오류로 옳은 것은?

① 전기를 전혀 하지 않은 오류
② 거래 자체를 분개하지 않은 오류
③ 차변과 대변의 오류가 우연히 상계된 오류
④ 분개를 한 후 차변금액만 전기를 한 오류

05. 다음 잔액시산표등식을 완성하기 위해 빈칸에 들어갈 말은?(단, 당기 중에 자본거래는 없었다고 가정함)

기말자산 + 총비용 = (가) + (나) + 총수익

① (가) 기초자본 (나) 당기순이익
② (가) 기말자산 (나) 당기순이익
③ (가) 기말부채 (나) 기초자본
④ (가) 기말자산 (나) 기초자본

06. 무갑상사는 결산 결과 당기순이익 500,000원으로 계상되었으나, 다음과 같은 정리 사항이 누락되었음을 발견하였다. 수정 후 당기순이익은 얼마인가?

· 급여 미지급분 : 50,000원 · 단기대여금 이자 미수분 : 70,000원

① 480,000원 ② 500,000원
③ 520,000원 ④ 570,000원

07. 다음 중 기중에 발생한 차입금에 대한 이자 10,000원을 결산시점까지 지급하지 못한 경우 결산분개로 올바른 것은?

① (차) 이자비용 10,000원 (대) 외상매입금 10,000원
② (차) 이자비용 10,000원 (대) 미지급이자 10,000원
③ (차) 미수이자 10,000원 (대) 이자수익 10,000원
④ (차) 이자비용 10,000원 (대) 현금 10,000원

08. 다음 백마상사의 결산 결과 아래의 내용을 반영하여 수정하면 당기순이익이 얼마나 변동하는가?

· 손익계산서에 계상된 보험료 중 80,000원은 차기의 비용이다.
· 손익계산서에 계상된 임대료 중 50,000원은 차기의 수익이다.

① 20,000원 증가
② 30,000원 증가
③ 40,000원 감소
④ 50,000원 감소

09. 백마상사는 20××년 10월 1일에 1년분 보험료 162,000원을 선급하고 전액 비용으로 처리하였다. 이 경우 백마상사가 20××년 12월 31일 선급비용으로 계상될 금액은 얼마인가? (단, 선급비용은 월할계산한다.)

① 40,500원
② 81,000원
③ 108,000원
④ 121,500원

10. 다음 내용에 따른 결산분개시 재무상태표상에 계상되는 선수임대료는?(단, 월할계산으로 가정한다)

백마상사는 20××년 4월 1일에 상가건물의 1년분 임대료 2,400,000원을 현금으로 받고 전부 수익계정으로 처리하였다.

① 600,000원
② 800,000원
③ 1,000,000원
④ 1,200,000원

11. 다음 자료에서 결산 후 당기순이익 금액은?

(가) 결산 정리 전 당기순이익 500,000원
(나) 결산 정리 사항
· 이자 미수액 150,000원 : 당초 회계처리 하지 않음
· 급여 미지급액 100,000원 : 당초 회계처리 하지 않음
· 보험료 선급액 50,000원 : 당초 전액 비용처리 함

① 500,000원
② 550,000원
③ 600,000원
④ 650,000원

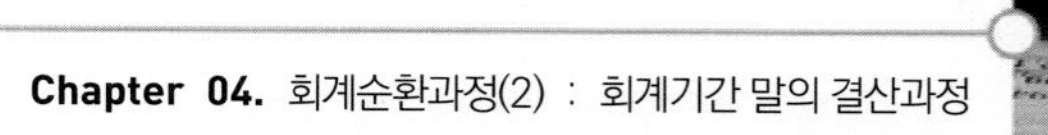

12. 결산 시 이자수익계정의 마감 분개로 옳은 것은?

① (차) 자본금 ××× (대) 이자수익 ×××

② (차) 이자수익 ××× (대) 자본금 ×××

③ (차) (집합)손익 ××× (대) 이자수익 ×××

④ (차) 이자수익 ××× (대) (집합)손익 ×××

PART 02

계정과목별 회계처리

Chart Title

| Chapter 05 |

현금·예금 및 단기매매증권

현금및현금성자산

1) 현금및현금성자산

현금및현금성자산은 재무상태표에 표시하는 통합 자산계정이다. 실무에서는 현금, 예금, 현금성자산을 개별계정과목으로 사용하며, 결산시 재무제표를 작성하며 재무상태표에 통합계정인 현금및현금성자산으로 표시한다. 현금은 통화 및 통화대용증권을 받으면 차변에 기록하고, 통화 및 통화대용증권을 지급하면 대변에 기록한다. 예금 및 현금성자산은 기업이 투자하면 차변에 기록하고, 투자한 금액을 회수하면 대변에 기록한다.

통합계정	개별계정	내 용	
현금 및 현금성자산	현 금	통 화	한국은행이 발행한 지폐나 주화
		통화대용증권	타인(동점)발행수표, 자기앞수표, 가계수표, 송금수표, 우편환증서, 공·사채 만기이자표, 배당금수령증, 국고지급통지서, 일람출급어음 등
	보통예금	기업의 요구가 있을 경우 언제든지 인출이 가능한 예금	
	당좌예금	기업이 자금결제수단으로서 수표를 사용하기 위하여 예금을 예입하고 당좌수표를 발행하여 결제하는 방식으로 이용하는 예금	
	현금성자산	① 큰 거래비용없이 현금으로 전환이 용이하고 ② 이자율 변동에 따른 가치변동의 위험이 중요하지 않으며 ③ 취득당시 만기가 3개월 이내에 도래하는 금융상품	

2) 현금

현금은 통화뿐만 아니라 통화대용증권을 포함하는 계정으로 수령시 현금계정 차변에 기록하고, 지급시 대변에 기록한다.

구분	차변	대변
상품을 판매하고 통화 또는 통화대용증권 등을 받은 경우	현금 ×××	상품매출 ×××
상품을 판매하고 타인(동점)발행의 당좌수표를 받은 경우	현금 ×××	상품매출 ×××
상품을 구입하면서 소유하고 있던 현금 또는 통화대용증권을 타인에게 지급한 경우	상품 ×××	현금 ×××

3) 현금과부족

회계기간중에 현금의 장부잔액과 실제잔액이 일치하지 않을 경우, 그 원인이 판명될 때까지 일시적으로 처리하는 임시계정이며, 과부족의 원인이 판명되면 해당계정으로 대체한다.

(1) 현금의 부족(장부잔액>실제잔액)

구분	차변	대변
현금이 실제로 부족한 경우	현금과부족 ×××	현 금 ×××
원인이 판명된 경우	비 용 ×××	현금과부족 ×××
결산일까지 원인이 불명인 경우	잡 손 실 ×××	현금과부족 ×××
결산일 현재 현금이 부족한 경우	잡 손 실 ×××	현 금 ×××

(2) 현금의 과잉(장부잔액<실제잔액)

구분	차변	대변
현금이 실제로 많은 경우	현 금 ×××	현금과부족 ×××
원인이 판명된 경우	현금과부족 ×××	수 익 ×××
결산일까지 원인이 불명인 경우	현금과부족 ×××	잡 이 익 ×××
결산일 현재 현금이 부족한 경우	현 금 ×××	잡 이 익 ×××

예제 5-1 현금과부족

01. 현금 부족시(장부잔액>실제잔액)

(1) 현금출납부상 장부잔액이 ₩100,000원인데, 현금시재액을 조사한 결과 ₩80,000원 이었다.
(2) 위의 불일치 원인을 조사한 결과 ₩15,000은 통신비 지급액의 기장이 누락되다.
(3) 결산일까지 현금과부족 ₩5,000원은 원인이 불명되다.

02. 현금 과잉시(장부잔액<실제잔액)

(4) 현금출납부상 장부잔액이 ₩100,000원인데, 현금시재액을 조사한 결과 ₩130,000원 이었다.
(5) 위의 불일치 원인을 조사한 결과 ₩20,000은 은행에서 받은 이자에 대한 기장이 누락되다.
(6) 결산일까지 현금과부족 ₩10,000원은 원인이 불명되다.

03. 결산시 현금부족 및 초과시

(7) 결산일에 현금의 장부잔액은 ₩200,000이지만, 실제 금고의 잔액은 ₩185,000이었는데, 그 원인을 알 수 없다.
(8) 결산일에 현금의 장부잔액은 ₩200,000이지만, 실제 금고의 잔액은 ₩220,000이었는데, 그 원인을 알 수 없다.

번호	차변과목	금액	대변과목	금액
(1)				
(2)				
(3)				
(4)				
(5)				
(6)				
(7)				
(8)				

풀이

1.

번호	차변과목	금액	대변과목	금액
(1)	현금과부족	20,000	현 금	20,000
(2)	통 신 비	15,000	현금과부족	15,000
(3)	잡 손 실	5,000	현금과부족	5,000
(4)	현 금	30,000	현금과부족	30,000
(5)	현금과부족	20,000	이 자 수 익	20,000
(6)	현금과부족	10,000	잡 이 익	10,000
(7)	잡 손 실	15,000	현 금	15,000
(8)	현 금	20,000	잡 이 익	20,000

4) 현금출납장(보조기입장)

현 금 출 납 장

월일		적요	수입	지출	잔액

2 소액현금제도

1) 소액현금계정의 의의

기업에서 도난이나 분실 등의 위험으로 인하여 최소한의 현금만을 보유하게 된다. 그러나 일상적으로 일어나는 소액의 지출에 수표를 발행할 수는 없으므로 소액의 지출을 직접 담당하는 부서에 매월 또는 매주 일정액을 선급하여 지급하는데 이를 소액현금(전도금)이라고 한다.

2) 소액현금제도

(1) 정액자금전도제

정액자금전도제도는 일정액의 자금을 전도하고 해당 부서로부터 사용액을 보고받은 후

실제 사용액과 동일한 금액을 선급하여 항상 소액현금을 일정하게 정액으로 유지해주는 방법이다.

(2) 부정액자금전도제

부정액자금전도제는 해당 부서의 사용액과 무관하게 부서에서 요청하는 금액을 보급해주는 방법이다.

3) 소액현금의 회계처리

구 분	차변		대변	
최초 소액자금 전도시	소 액 현 금	×××	당 좌 예 금	×××
해당 부서 사용시	회계처리 없음			
월말에 사용내역 보고시	통 신 비 소 모 품 비 수 도 광 열 비	××× ××× ×××	소 액 현 금	×××
다음달 초 전도시	소 액 현 금	×××	당 좌 예 금	×××

예제 5-2 소액현금

01. 다음의 연속된 거래에 대하여 분개하시오.

5/ 1 비서실에 소액현금자금으로 수표 ₩500,000을 발행하여 전도하다.
5/31 비서실에서 지출한 경비지급내역을 제출받았다.

소모품비	110,000	접 대 비	90,000	여비교통비	200,000
식 대	50,000	합 계	450,000	집행 잔액	50,000

6/ 1 6월분 소액자금을 정액자금전도제에 의거 수표를 발행하여 보급하다.

번호	차변과목	금액	대변과목	금액

풀이

1.

번호	차변과목	금액	대변과목	금액
5/ 1	소액현금	500,000	당좌예금	500,000
5/31	소모품비 접 대 비 여비교통비 복리후생비	110,000 90,000 200,000 50,000	소액현금	450,000
6/ 1	소액현금	450,000	당좌예금	450,000

3 요구불예금과 단기금융상품

1) 보통예금

구 분	차변	대변
현금을 보통예금시	보통예금 ×××	현 금 ×××
보통예금통장에서 현금 인출시	현 금 ×××	보통예금 ×××
보통예금통장에서 당좌예금통장으로 예금대체시	당좌예금 ×××	보통예금 ×××

2) 당좌예금

기업이 은행과 당좌거래 약정을 맺고 현금 등을 당좌예입하고, 필요에 따라 당좌수표를 발행하여 예금을 인출하는 자산계정으로 예입액은 차변에 수표발행 인출은 대변에 기록한다. 당좌거래 개설보증금 특정현금과 예금계정으로 처리한다.

구 분	차변	대변
현금을 당좌예입시	당좌예금 ×××	현 금 ×××
상품을 매입하고 수표를 발행하여 지급시	상 품 ×××	당좌예금 ×××

3) 당좌차월

당좌수표의 발행은 당좌예금 한도 내에서 발행하는 것이 원칙이나 사전에 은행에 토지, 건물 등을 담보로 제공하고 근저당을 설정한 후 당좌차월계약을 체결한 경우, 당좌예금잔액을 초과하여 수표를 발행할 수 있는데, 그 초과금액을 당좌차월이라고 한다. 재무상태표에는 단기차입금계정에 포함하여 표기한다.

구 분	차변	대변
현금을 당좌예입시	당좌예금 ×××	현 금 ×××
상품을 매입하고 수표를 발행하여 지급시	상 품 ×××	당좌예금 ××× 당좌차월 ×××
현금을 당좌예입시	당좌차월 ××× 당좌예금 ×××	현 금 ×××

예제 5-3 당좌차월거래

(1) 거래은행과 당좌거래 계약을 맺고 현금 ₩3,000,000을 당좌예입하다. 또한 당좌차월 계약을 맺고 소유 건물 ₩20,000,000을 근저당 설정하다.(당좌차월한도는 ₩5,000,000)
(2) 마름상사에서 상품 ₩2,000,000을 매입하고 대금은 수표를 발행하여 지급하다.
(3) 사무실에서 사용할 복사기 2,000,000을 구입하고 대금은 수표를 발행하여 지급하다.
(4) 백마상사의 외상매출금 ₩2,500,000을 동점발행수표로 회수하여 즉시 당좌예입 하다.

번호	차변과목	금액	대변과목	금액
(1)				
(2)				
(3)				
(4)				

풀이

1.

번호	차변과목	금액	대변과목	금액
(1)	당좌예금	3,000,000	현 금	3,000,000
(2)	상 품	2,000,000	당좌예금	2,000,000
(3)	비 품	2,000,000	당좌예금 당좌차월	1,000,000 1,000,000
(4)	당좌차월 당좌예금	1,000,000 1,500,000	외상매출금	2,500,000

4) 단기금융상품

단기적인 투자에 따른 이자수익 등을 목적으로 하는 정기예금, 정기적금, 사용이 제한되어 있는 예금 및 기타 정형화된 금융상품으로 결산일로부터 1년 이내에 만기가 도래하는 것을 처리하는 자산계정이다. 기업이 금융상품에 투자하면 차변에 기록하고, 투자한 금액을 회수하면 대변에 기록한다. 만기가 1년 이후에 도래하는 경우에는 장기금융상품으로 분류한다.

4 단기매매증권

1) 유가증권의 뜻

유가증권이란 지분증권(주식)과 채무증권(국채, 사채, 공채)을 말한다. 유가증권은 기업이 취득하여 보유하는 목적에 따라서 단기매매증권, 만기보유증권, 매도가능증권, 지분법적용투자주식으로 분류한다.

구분		내용	취득수수료
유동자산 (당좌자산)	단기매매증권	매수와 매도가 적극적이고 빈번하게 이루어져야 함. 지분증권과 채무증권	영업외비용
비유동자산 (투자자산)	만기보유증권	만기까지 보유할 적극적인 의도와 능력이 있는 경우. 채무증권	취득원가에 포함
	매도가능증권	단기매매증권, 만기보유증권으로 분류되지 아니하는 유가증권. 시장성 없음	
	지분법적용 투자주식	중대한 영향력행사(지배, 통제) 목적, 지분증권	

2) 단기매매증권의 취득 및 처분

단기매매증권은 단기투자목적으로 시장성 있는 지분증권이나 채무증권을 구입하였을 때 취득원가를 단기매매증권계정 차변에 기록하고, 이것을 처분하였을 때는 장부가액을 단기매

매증권계정 대변에 기록하는 자산계정으로 잔액은 차변에 남는다. 구입시 매입수수료, 증권 거래세 등 제비용은 수수료비용으로 기록하고, 처분시 제비용은 처분가액에서 직접 차감하여 기록한다. 단기매매증권을 처분시는 처분가액과 장부가액을 비교하여 차액을 영업외손익인 단기매매증권처분손익계정으로 회계처리한다.

구 분		차변	대변
구입시		단기매매증권 ××× 수수료비용 ×××	현금 ×××
처분시	처분가액 > 장부가액	현금 ×××	단기매매증권 ××× 단기매매증권처분이익 ×××
	처분가액 < 장부가액	현금 단기매매증권처분손실 ×××	단기매매증권 ×××

3) 단기매매증권의 공정가치 평가

단기매매증권은 결산시 취득원가 또는 장부가액과 공정가치(재무상태표일 현재의 종가)가 다른 경우에는 공정가치를 재무상태표가액으로 한다. 이 때 공정가치가 장부가액보다 하락한 경우에는 단기매매증권평가손실을 계상하고 공정가치가 장부가액보다 상승한 경우에는 단기매매증권평가이익을 계상한다.

구 분	차변	대변
증가시 (장부가액 < 공정가치)	단기매매증권 ×××	단기매매증권평가이익 ×××
감소시 (장부가액 > 공정가치)	단기매매증권평가손실 ×××	단기매매증권 ×××

4) 단기매매증권의 이자와 배당금 수익

소유하고 있는 국·공채, 사채 등의 이자를 받으면 이자수익계정으로 기록하고, 주식에 대한 배당금을 받는 경우에는 배당금수익계정으로 기록한다.

구 분	차변	대변
채무증권의 이자를 받으면	현금 ×××	이자수익 ×××
지분증권의 배당금을 받으면	현금 ×××	배당금수익 ×××

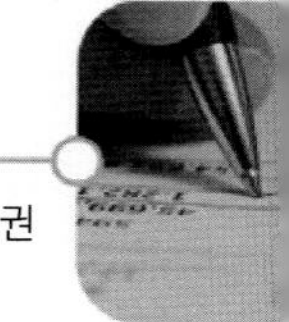

예제 5-4 단기매매증권거래

(1) 단기 시세차익을 목적으로 상장사인 ㈜더블드림의 주식 1,000주(액면 @₩5,000)를 주당 ₩7,000에 취득하고 대금은 수수료 100,000원과 함께 수표를 발행하여 지급하다.
(2) 위의 당사보유 주식 중 300주를 ₩5,000에 처분하고 대금은 현금으로 받다.
(3) 위의 당사보유 주식 중 200주를 ₩10,000에 처분하고 대금은 자기앞수표로 받다.
(4) 결산시 위의 당사 보유 주식 500주를 공정가액 @₩6,000으로 평가하다.
(5) 결산시 위의 당사 보유 주식 500주를 공정가액 @₩8,000으로 평가하다.
(6) ㈜더블드림으로부터 소유하고 있는 주식에 대한 배당금 ₩100,000이 당사 보통예금 계좌로 입금되다.
(7) 소유하고 있는 사채에 대한 1년분 이자 ₩200,000을 현금으로 받다.

번호	차변과목	금액	대변과목	금액
(1)				
(2)				
(3)				
(4)				
(5)				
(6)				
(7)				

풀이

번호	차변과목	금액	대변과목	금액
(1)	단기매매증권 수수료비용	7,000,000 100,000	당좌예금	7,100,000
(2)	현금 단기매매증권처분손실	1,500,000 600,000	단기매매증권	2,100,000
(3)	현금	2,000,000	단기매매증권 단기매매증권처분이익	1,400,000 600,000
(4)	단기매매증권평가손실	500,000	단기매매증권	500,000
(5)	단기매매증권	500,000	단기매매증권평가이익	500,000
(6)	보통예금	100,000	배당금수익	100,000
(7)	현금	200,000	이자수익	200,000

(1) 1,000주 × @₩7,000 = 7,000,000
주식을 취득하면 액면금액이 아닌 취득금액으로 계상하여야 하고, 취득시 부대비용은 별도의 비용계정으로 처리한다.

연습문제

주관식 연습문제

01. 다음 연속된 거래를 분개하시오.

(1) 현금의 실제잔액이 ₩50,000 부족한 것을 발견하고 그 원인을 조사중이다.
(2) 위의 부족액의 일부는 시내출장여비 지급액 ₩30,000을 ₩3,000으로 착오로 회계처리한 것으로 판명되었다.
(3) 결산일까지 위의 부족액 잔액에 대하여 원인불명이다.

번호	차변과목	금액	대변과목	금액
(1)				
(2)				
(3)				

02. 다음 거래를 일자별로 분개하시오.

(1) 6/ 1 용도계에 소액자금으로 ₩300,000을 수표를 발행하여 지급해 주다.
(2) 6/30 용도계로부터 다음과 같이 지급내역을 보고받다.
소모품비 80,000 여비교통비 100,000 통신비 30,000
(3) 7/ 1 7월분 소액자금은 6월분 지급액 만큼 현금으로 보급하다.

번호	차변과목	금액	대변과목	금액
(1)				
(2)				
(3)				

03. 다음 연속된 거래를 분개하시오.

(1) 현금 ₩1,000,000을 거래은행에 연 10%의 이자를 받기로 하고 1년 만기 정기예금에 가입하다.
(2) 위의 정기예금이 만기가 되어 이자 ₩100,000과 함께 당좌예입하다.
(3) 은행에서 6개월 후 만기가 도래하는 양도성예금증서(CD) 액면 ₩20,000,000을 구입하고, 선이자 ₩500,000을 차감한 나머지는 보통예금에서 이체하여 지급하다.
(4) 위의 양도성예금증서가 만기가 되어 인출하여 보통예금으로 예입하다.

번호	차변과목	금액	대변과목	금액
(1)				
(2)				
(3)				
(4)				

04. 다음 연속된 거래를 분개하시오.

(1) 상품 ₩1,000,000을 매출하고 ₩500,000은 동점발행수표로 받아 즉시 당좌예입하고 잔액은 외상으로 하다(당좌예금 전월이월액 ₩100,000).
(2) 상품 ₩800,000을 매입하고 수표를 발행하여 지급하다.
(3) 외상매출금 ₩500,000을 현금으로 즉시 당좌예입하다.

번호	차변과목	금액	대변과목	금액
(1)				
(2)				
(3)				
(4)				

05. 다음 연속된 거래를 분개하시오.

(1) 기업은행과 당좌계약을 맺고 현금 ₩1,000,000을 예입하다.
(2) 상품 ₩500,000을 매입하고 대금 중 ₩300,000은 수표를 발행하여 지급하고 잔액은 외상으로 하다.
(3) 상품 ₩800,000을 매출하고 대금은 현금으로 받아 즉시 은행에 당좌예입하다.

번호	차변과목	금액	대변과목	금액
(1)				
(2)				
(3)				

06. 다음 거래를 분개하시오.

(1) 단기적인 자금운용을 목적으로 ㈜백마의 주식 2,000주를 ₩@12,000원(액면 @10,000)에 구입 하고, 수수료 50,000원과 함께 현금으로 지급하다.
(2) 위 주식 중 500주를 주당 ₩10,000원에 처분하고 대금은 현금으로 받다.
(3) 위 주식 중 500주를 주당 ₩15,000원에 처분하고 대금은 현금으로 받다.
(4) 결산시 위 주식을 공정가액 주당 10,000원으로 평가하다.(1,000주)
(5) 결산시 위 주식을 공정가액 주당 15,000원으로 평가하다.(1,000주)
(6) 소유주식에 대한 배당금 ₩200,000을 현금으로 받다.

번호	차변과목	금액	대변과목	금액
(1)				
(2)				
(3)				
(4)				
(5)				
(6)				

07. 다음 연속된 거래를 분개하시오.

(1) 단기적인 자금운용을 목적으로 ㈜태화의 사채 액면 ₩6,000,000을 @₩10,000에 대하여 @₩12,000으로 매입하고 대금은 수수료 ₩50,000과 함께 수표를 발행하여 지급하다.
(2) 위의 사채 액면 ₩2,000,000을 @₩10,000에 대하여 @₩11,000으로 매각처분하고 수수료 ₩30,000을 차감한 잔액을 보통예금통장으로 입금받다.
(3) 사채 액면 ₩3,000,000을 @₩10,000에 대하여 @₩13,000으로 매각처분하고 수수료 ₩40,000을 차감한 잔액을 보통예금통장으로 입금받다.
(4) 소유하고 있는 사채에 대한 이자 ₩30,000을 현금으로 받다.

번호	차변과목	금액	대변과목	금액
(1)				
(2)				
(3)				
(4)				

객관식 연습문제

01. 다음 설명 중 틀린 것은?

① 기업이 통화, 통화대용증권을 회사에 보관하고 있을 때 현금이라 한다.
② 단기금융상품 중 취득당시 만기가 3개월 미만인 것은 현금성자산으로 본다.
③ 사용이 제한되어 있는 예금으로 기간이 1년이내 도래하는 것은 단기금융자산으로 표시한다.
④ 당좌차월은 기말 재무상태표에 예금계정에서 차감하여 표시한다.

02. 다음 중 회계상 현금으로 처리할 수 없는 것은?

① 자기앞수표
② 타인발행수표
③ 일람출급어음
④ 당점발행수표

03. 현금으로 처리할 수 있는 것만 모두 고르면?

ㄱ. 타인발행수표
ㄴ. 송금수표
ㄷ. 약속어음(만기 : 6개월)
ㄹ. 우표
ㅁ. 우편환증서
ㅂ. 정기적금(만기 : 1년)
ㅅ. 주식
ㅇ. 수입인지

① ㄱ,ㄴ,ㅁ
② ㄱ,ㄴ,ㄹ,ㅁ
③ ㄱ,ㄴ,ㅇ
④ ㄱ,ㄴ,ㅁ,ㅇ

04. 다음 중 결산시 재무상태표에 현금및현금성자산으로 통합하여 표시할 내용으로 옳은 것을 고른 것은?

ㄱ. 통화 및 통화대용증권
ㄴ. 보통예금과 당좌예금 등 요구불 예금
ㄷ. 거래처로부터 받은 3개월 후 만기의 약속어음
ㄹ. 단기매매차익을 얻기 위해 취득한 시장성 있는 주식

① ㄱ, ㄴ
② ㄱ, ㄷ
③ ㄴ, ㄷ
④ ㄴ, ㄹ

05. 다음 중 현금및현금성자산이 아닌 것은?

① 통화 및 타인발행수표 등 통화대용증권
② 즉시 인출 가능한 보통예금
③ 배당금지급통지표
④ 취득당시 만기가 4개월이나 결산일로부터 3개월 이내에 만기가 도래하는 금융상품

06. ㈜백마가 결산시 기말 재무상태표에 계상할 현금및현금성자산은 얼마인가?

현　　　　금	50,000원	타인발행수표	100,000원
당 좌 예 금	150,000원	급 여 가 불 금	200,000원
타인발행약속어음	300,000원		

① 300,000원　　② 350,000원

③ 500,000원　　④ 600,000원

07. ㈜백마의 20××년도 중 현금과부족에 대한 회계처리 과정이다. 원인분석에 대한 회계처리 거래로 옳은 것은?

- 5월 11일 : 현금계정 잔액 70,000원인데 실제잔액은 50,000원임을 발견하다.
- 6월 28일 : 원인을 발견하고 다음과 같이 회계처리하다.
  (차) ××× (대) 현금과부족 20,000

① 상품을 외상으로 매입하고 기장을 누락하였다.

② 미수금을 현금으로 회수하고 기장을 누락하였다.

③ 상품을 매출하고 현금으로 받은 것을 기장 누락하였다.

④ 사무용품을 구입하고 현금으로 지급한 것을 기장 누락하였다.

08. 다음 대화의 거래를 분개할 때 밑줄 친 (가), (나)의 계정과목으로 옳은 것은?

- 팀장 : 어제 ㈜세무에서 (가)현금으로 받은 배당금 3천만원은 어떻게 처리했죠?
- 팀원 : 2천만원은 (나)3개월 만기의 양도성예금증서를 구입하고 나머지는 6개월 후에 받기로 하고 빌려 주었습니다.

	(가)	(나)		(가)	(나)
①	배당금수익	단기대여금	②	당좌예금	현금성자산
③	배당금수익	현금성자산	④	미수금	단기대여금

09. 다음 중 은행과의 약정에 의해 당좌예금 잔액을 초과하여 당좌수표를 발행하였을 때, 대변에 기입하여야 하는 계정과목으로 가장 적절한 것은?

① 단기차입금 ② 미지급금 ③ 선수금 ④ 사채

10. 다음 중 단기매매증권에 대한 설명으로 틀린 것은?

① 단기간 매매차익을 얻을 목적으로 보유하는 유가증권을 말한다.

② 취득 시 부대비용은 취득원가에 포함시킨다.

③ 결산일을 기준으로 공정가액으로 평가하여 영업외손익항목에 반영한다.

④ 취득 시 부대비용은 당기비용(지급수수료)으로 처리한다.

11. 단기시세차익 목적으로 시장성 있는 주식을 취득하는 경우 가장 적합한 계정과목은?

① 사채 ② 단기매매증권 ③ 매도가능증권 ④ 만기보유증권

12. 백마상사는 20××년 10월 5일 ㈜한국의 주식 100주를 1주당 6,000원(액면금액 5,000원)에 현금으로 구입하고, 취득부대비용 30,000원을 별도로 추가 지급하였다. 단기매매증권의 취득원가는 얼마인가?

① 500,000원 ② 530,000원 ③ 600,000원 ④ 630,000원

13. 일반기업회계기준에 따라 다음 거래를 분개한 것으로 옳은 것은?

- 단기시세차익을 얻을 목적으로 시장성 있는 ㈜무갑 주식 300주를 1주당 6,000원(액면금액 1주당 5,000원)에 취득하고, 증권 회사의 수수료 50,000원과 함께 현금으로 지급하다.

①	(차변) 자본금	1,500,000원	(대변) 현 금	1,850,000원
	주식발행초과금	350,000원		
②	(차변) 자본금	1,500,000원	(대변) 현 금	1,850,000원
	주식발행초과금	300,000원		
	수수료비용	50,000원		
③	(차변) 단기매매증권	1,850,000원	(대변) 현 금	1,850,000원
④	(차변) 단기매매증권	1,800,000원	(대변) 현 금	1,850,000원
	수수료비용	50,000원		

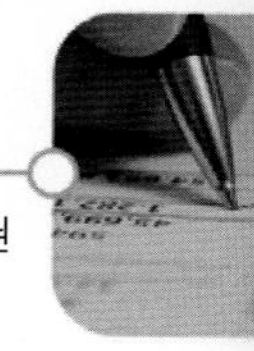

14. ㈜용마의 단기매매증권(A주식)의 내용은 다음과 같다. 처분시 처분손익은 얼마인가?

> 가. 20×1년 7월 1일 A주식 10주를 1주당 300,000원에 취득하였다.
> 나. 20×1년 12월 31일 현재 A주식 1주당 시가는 420,000원이다.
> 다. 20×2년 3월 30일 A주식 10주를 1주당 430,000원에 처분하였다.

① 단기매매증권처분이익 100,000원
② 단기매매증권처분손실 100,000원
③ 단기매매증권처분이익 10,000원
④ 단기매매증권처분손실 10,000원

15. 다음은 ㈜백마의 단기매매증권에 대한 내용이다. 틀린 것은?

> • 20×1년도 중 취득가액 : 5,000,000원 • 20×2년도 말 공정가치 : 4,000,000원
> • 20×3년도 말 공정가치 : 7,000,000원

① 20×2년 말 재무상태표상 단기매매증권은 4,000,000원이다.
② 20×2년 말 단기매매증권평가손실은 1,000,000원이다.
③ 20×3년 말 단기매매증권평가이익은 2,000,000원이다.
④ 20×3년 말 재무상태표상 단기매매증권은 7,000,000원이다.

16. 다음의 유가증권거래로 인하여 당기손익에 미치는 영향을 바르게 설명한 것은?

> • 백마상사는 9월 26일에 시장성 있는 단기매매증권 2,000주를 주당 10,000원에 취득하면서 현금으로 결제하였다. 12월 7일에 500주를 주당 12,000원에 매각하고 수수료비용 100,000원을 차감한 후 현금으로 받았다.

① 당기순이익이 1,000,000원 증가한다.
② 당기순이익이 900,000원 증가한다.
③ 당기순이익이 800,000원 증가한다.
④ 당기순이익이 700,000원 증가한다.

| Chapter 06 |

재고자산

1 재고자산

1) 재고자산의 의의

재고자산이란 정상적인 영업활동과정에서 판매하기 위하여 보유하는 자산(상품, 제품)이나 또는 판매를 목적으로 제조과정 중에 있는 자산(재공품), 판매에 이용될 제품이나 용역의 생산에 현실적으로 소비하기 위하여 보유하고 있는 자산(원재료, 반제품, 저장품)을 말한다.

재고자산의 종류

구분	내용
상 품	판매를 목적으로 외부에서 구입한 재화
제 품	판매할 목적으로 기업이 생산한 재화
반제품	자가제조한 중간제품과 부분품
재공품	생산공정 중에 있는 미완성 상태의 재화
원재료	생산공정에 사용될 재화
저장품	소모품, 소모공구비품, 수선용 부분품 등

2) 재고자산의 취득원가

재고자산의 취득원가는 매입가액에 매입부대비용을 포함하고, 매입환출 및 에누리와 매입할인을 차감하여 계산한다. 매입부대비용이란 상품매매에 따른 매입운반비, 하역비, 매입수수료, 보관료 등의 제비용을 말한다. 이중 운반비는 계약조건에 따라 부담자가 달라진다. 선적지인도조건은 구매자가 부담하고, 도착지인도조건이면 판매자가 부담한다. 상품매매에 따른 제비용의 부담자가 구매자일 때에는 상품의 취득원가로 처리하고, 판매자의 부담일 때는 별도의 비용계정으로 처리한다.

3) 재고자산의 조정항목

구분	내용 (차이점)	공통점
매입에누리	매입한 상품 등에 경미한 하자가 있어 값을 깎은 것	매입에 대한 차감항목
매 입 환 출	매입한 상품 등에 중대한 하자가 있어 돌려보낸 것	
매 입 할 인	외상매입금을 약정기일 이전에 지급으로 할인받은 금액	
매출에누리	매출한 상품 등에 경미한 하자가 있어 값을 깎아준 것	매출에 대한 차감항목
매 출 환 입	매출한 상품 등에 중대한 하자가 있어 되돌아온 것	
매 출 할 인	외상매출금을 약정기일 이전에 회수함으로써 할인해 준 금액	

4) 상품매매등식

- 총매입액 - (매입에누리 + 매입환출 + 매입할인) = 순매입액
- 총매출액 - (매출에누리 + 매출환입 + 매출할인) = 순매출액
- 기초재고액 + 순매입액 − 기말재고액 = 매출원가
- 순매출액 − 매출원가 = 매출총이익

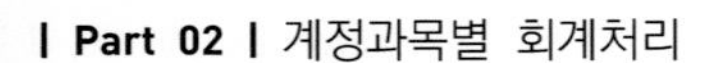

예제 6-1 재고자산 원가계산

01. 다음의 자료로 매출원가는 얼마인가?

• 기초재고	200,000원	• 매 입	500,000원
• 매입운임	30,000원	• 기말재고	100,000원
• 매입할인	10,000원		

02. 백마상사의 재고자산에 관한 다음 자료에 의해 매출원가를 계산하면 얼마인가?

• 기초상품재고액	300,000원	• 당기총매입액	600,000원
• 매 입 할 인	30,000원	• 기말상품재고액	200,000원

03. 다음은 백마상사의 상품과 관련한 자료이다. 상품 순매입수량이 1,000개일 때 단위당 취득원가는 얼마인가?

• 매입금액	600,000원	• 매입운임	50,000원
• 매입환출	30,000원	• 매출환입	30,000원
• 매입에누리	20,000원	• 매출에누리	20,000원

풀이

1. 매출원가 = (기초재고 + 당기순매입) – 기말재고
   620,000 = 200,000 + 520,000 – 100,000
2. 670,000 = 300,000 + 570,000 – 200,000
3. @600원 = (600,000+50,000–30,000–20,000) ÷ 1,000

2 상품매매거래의 기록(회계처리)

상품계정은 재무상태표의 자산계정으로 상품의 매입 등으로 인한 증가는 차변에 기록하고 상품의 매출 등으로 인한 감소는 대변에 기록한다. 상품매매에 대한 기록은 단일상품계정을 사용하는 방법과 상품계정을 분할하여 회계처리하는 방법이 있다.

1) 단일상품계정 처리

(1) 순수상품계정법

순수계정법(분기법)은 상품을 매입하면 상품계정의 차변에 기입하고, 상품을 판매하면 상품계정의 대변에 판매된 상품의 원가를 기입한다. 그리고 상품의 매출액과 판매된 상품의 원가와의 차액을 상품매출이익계정에 기록한다.

분기법은 상품매출이익계정에 의해 상품매매이익을 쉽게 알 수 있다는 장점이 있으나 상품판매시마다 상품의 원가를 확인하여 상품매매이익을 계산하여야 하고, 일정기간의 매출액을 파악하기 곤란한 단점이 있다.

구분	차변		대변	
상품매입시	상 품	×××	현 금	×××
상품판매시	현 금	×××	상 품 상품매출이익	××× ×××
결 산 시	별도 수정분개 없음			

예제 6-2 순수상품계정법 회계처리

01. 다음의 연속된 거래를 순수상품계정법에 의하여 분개하시오.

- 12/10 무갑상사로부터 상품 1,000개를 개당 ₩500원에 외상으로 매입하다.
- 12/20 설봉상사에 상품 600개를 개당 ₩800에 현금으로 판매하다.
- 12/31 상품매출이익을 손익계정에 대체하다.

날짜	차변과목	금액	대변과목	금액
12/10				
12/20				
12/31				

풀이

1.

날짜	차변과목	금액	대변과목	금액
12/10	상 품	500,000	외상매입금	500,000
12/20	현 금	480,000	상 품 상품매출이익	300,000 180,000
12/31	상품매출이익	180,000	손 익	180,000

(2) 혼합상품계정법

혼합상품계정법(총기법)은 상품을 매입하면 상품계정의 차변에 기입하고, 상품을 판매하면 상품 계정의 대변에 매출액을 기입한다. 때문에 순수상품계정법처럼 상품이 판매될 때마다 판매된 상품의 원가를 일일이 확인하여 상품매매이익을 계산할 필요가 없다. 그러나 상품매매 거래를 혼합상품계정으로 처리하면 상품계정의 잔액이 무엇을 나타내는지 의미를 알 수 없다.

구분	차변	대변
상품매입시	상 품 ×××	현 금 ×××
상품판매시	현 금 ×××	상 품 ×××
결 산 시	상 품 ××× 상품매출이익 ×××	상품매출이익 ××× 손 익 ×××

예제 6-3 혼합상품계정법 회계처리

01. 다음의 연속된 거래를 혼합상품계정법에 의하여 분개하시오.

- 12/10 무갑상사로부터 상품 1,000개를 개당 ₩500에 외상으로 매입하다.
- 12/20 설봉상사에 상품 600개를 개당 ₩800에 현금으로 판매하다.
- 12/31 상품매출이익을 손익계정에 대체하다.

날짜	차변과목	금액	대변과목	금액
12/10				
12/20				
12/31				

풀이

1.

날짜	차변과목	금액	대변과목	금액
12/10	상 품	500,000	외 상 매 입 금	500,000
12/20	현 금	480,000	상 품	480,000
12/31	상 품 상품매출이익	180,000 180,000	상품매출이익 손 익	180,000 180,000

2) 분할상품계정

상품을 매출할 때마다 매출원가를 파악하여 차액을 상품매출손익으로 처리하는 분기법이나 매입과 매출을 구분없이 단일계정으로 처리하는 총기법은 매우 불편할 뿐만 아니라 총매출액과 매출원가를 파악하기 어렵다. 이러한 단점을 보완하기 위하여 매입과 매출을 바로 파악할 수 있도록 상품계정을 분할하여 회계처리하는 방법이 널리 사용되고 있다. 상품계정의 분할기록은 2분법, 3분법, 5분법, 7분법, 9분법 등이 있는데 일반적으로 사용하는 2분법(전산회계법)과 3분법에 대하여 설명한다.

(1) 2분법(전산회계법)

2분법은 상품계정을 매입계정과 매출계정으로 분할하여 기록하는 방법이나, 여기서는 산업실무와 전산회계에서 사용되고 있는 상품계정과 상품매출계정으로 분할하여 설명한다.

① 상품계정의 차변에는 전기이월액과 매입액을 대변에는 매입상품의 환출액과 매입에누리액, 매입할인액을 기입한다. 따라서 상품계정의 차변잔액은 전기이월액과 순매입액의 합계액을 표시한다.

② 상품매출계정의 대변에는 매출액을 차변에는 매출상품의 환입액과 매출에누리액, 매출할인액을 기입한다. 따라서 상품매출계정의 대변잔액은 순매출액을 표시한다.

2분법에 있어서 상품계정은 자산계정이며, 상품매출계정은 수익계정이다. 따라서 상품이 판매되더라도 장부상에는 상품이라는 자산이 그대로 남아있게 된다. 그렇기 때문에 결산시에 반드시 결산정리분개가 필요하게 된다.

상 품 (차변)	상 품 (대변)
전기이월(기초잔액)	매입에누리
총매입액 (상품가액+부대비용)	매입환출액 매입할인액 순매입액

상품매출 (차변)	상품매출 (대변)
매출에누리 매출환입액 매출할인액 순매출액	총매출액

예제 6-4 2분법 회계처리

01. 다음의 연속된 거래를 2분법에 의하여 분개하시오(전기이월상품 ₩30,000).

- 12/ 5 무갑상사로부터 상품 1,000개를 개당 ₩500에 외상으로 매입하다.
- 12/10 매입한 상품 중 불량품 20개가 있어 ₩10,000을 반품하다.
- 12/15 설봉상사에 상품 600개를 개당 ₩800에 외상으로 판매하다.
- 12/20 판매한 상품 중 파손품 20개가 있어 ₩16,000이 반품되다.

날짜	차변과목	금액	대변과목	금액
12/ 5				
12/10				
12/15				
12/20				

풀이

날짜	차변과목	금액	대변과목	금액
12/ 5	상 품	500,000	외상매입금	500,000
12/10	외상매입금	10,000	상 품	10,000
12/15	외상매출금	480,000	상 품 매 출	480,000
12/20	상 품 매 출	16,000	외상매출금	16,000

(2) 3분법

3분법은 상품계정을 이월상품, 매입, 매출의 3계정으로 분할하여 기록하는 방법이며, 회계처리 및 계정기입 방법은 다음과 같다.

이월상품

전기이월(기초잔액)	

① 이월상품계정은 자산계정으로 기초상품재고액과 기말상품재고액을 전기이월과 차기이월로 처리한다.

② 매입계정은 상품의 매입에 관한 거래를 기입하는 비용계정으로 총매입액과 매입제비용은 차변에 기입하고 매입환출 및 에누리, 매입할인액은 대변에 기입한다. 잔액은 순매입액을 의미하며 차변잔액으로 나타낸다.

매 입	
총매입액 (상품가액+부대비용)	매입에누리 매입환출액 매입할인액
	순매입액

③ 매출계정은 상품매출에 관한 거래를 기입하는 수익계정으로 대변에 기입하고 매출환입 및 에누리, 매출할인액은 차변에 기입한다. 잔액은 순매출액을 대변잔액으로 나타낸다.

상품매출	
매출에누리 매출환입액 매출할인액	총매출액
순매출액	

예제 6-5 3분법 회계처리

01. 다음의 연속된 거래를 3분법에 의하여 분개하시오(전기이월상품 ₩30,000)

- 12/ 5 무갑상사로부터 상품 1,000개를 개당 ₩500에 외상으로 매입하다.
- 12/10 매입한 상품 중 불량품 20개가 있어 ₩10,000을 반품하다.
- 12/15 설봉상사에 상품 600개를 개당 ₩800에 외상으로 판매하다.
- 12/20 판매한 상품 중 파손품 20개가 있어 ₩16,000이 반품되다.

날짜	차변과목	금액	대변과목	금액
12/ 5				
12/10				
12/15				
12/20				

3분법에서 매입은 비용계정이며, 매출은 수익계정이다. 3분법에서는 결산시에 전기에서 이월된 상품에 대하여 매입계정으로, 기말에 차기로 이월되는 상품에 대하여는 이월상품계정으로 대체해주는 결산정리분개가 필요하다.

풀이

날짜	차변과목	금액	대변과목	금액
12/ 5	매입	500,000	외상매입금	500,000
12/10	외상매입금	10,000	매입	10,000
12/15	외상매출금	480,000	매출	480,000
12/20	매출	16,000	외상매출금	16,000

3) 매출총손익계산

(1) 2분법

2분법에 의한 상품매출총손익을 계산하는 방법은 기초상품재고액과 순매입액을 더한 판매가능재고액에서 기말상품재고액을 차감하여 매출원가를 계산한다. 매출원가와 순매출액을 총액으로 손익계정에 대체하여 매출총손익을 계산한다.

구분		차변		대변	
결산정리	매출원가계산	매출원가	×××	상품	×××
손익대체	매출원가	손익	×××	매출원가	×××
	순매출액	상품매출	×××	손익	×××

* 매출원가 = 기초상품재고액 + 순매입액 - 기말상품재고액

예제 6-6 2분법 결산시 결산정리분개 및 손익대체분개

01. [예제 6-4] 사례를 이용하여 결산시 2분법에 의한 결산정리분개 및 손익대체분개를 하시오.(기말상품재고액은 ₩230,000이다)

구분		차변과목	금액	대변과목	금액
결산정리	매출원가계산				
손익대체	매출원가				
	순매출액				

풀이

구분		차변과목	금액	대변과목	금액
결산정리	매출원가계산	상품매출원가	290,000	상품	290,000
손익대체	매출원가	손익	290,000	상품매출원가	290,000
	순매출액	상품매출	464,000	손익	464,000

* 매출원가 = 30,000(기초상품재고액) + 490,000(순매입액) - 230,000(기말상품재고액)
= 290,000

** 순매출액 = 480,000(총매출액) - 16,000(매출환입액)
= 464,000

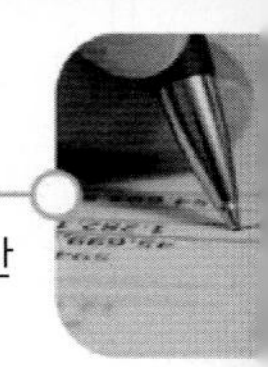

(2) 3분법

3분법에 의한 상품매출총손익을 계산하는 방법으로 총액법과 순액법이 있으나 총액법을 원칙으로 한다.

① 총액법은 기초상품재고액을 이월상품계정에서 매입계정에 대체(+)하고 기말상품재고액을 매입계정에서 이월상품계정으로 대체(-)하여 매입계정에서 매출원가를 산출하고 매출계정에서 순매출액을 산출한다. 이렇게 구한 매출원가와 순매출액을 각각 총액으로 손익계정에 대체하여 매출총손익을 계산하는 방법이다.

구분		차변		대변	
결산정리	기초상품재고액	매입	×××	이월상품	×××
	기말상품재고액	이월상품	×××	매입	×××
손익대체	매출원가	손익	×××	매입	×××
	순매출액	매출	×××	손익	×××

② 순액법은 매입계정에서 산출한 매출원가를 매출계정에 대체하여 매출계정에서 매출총손익을 구한 후 손익계정에는 순액인 매출총손익만 대체하는 방법이다.

예제 6-7 3분법 결산시 결산정리분개 및 손익대체분개

01. [예제 6-5] 사례를 이용하여 결산시 3분법에 의한 결산정리분개 및 손익대체분개를 하시오.

구분	차변과목	금액	대변과목	금액
기초상품재고액				
기말상품재고액				
매출원가				
순매출액				

풀이

구분	차변과목	금액	대변과목	금액
기초상품재고액	매입	30,000	이월상품	30,000
기말상품재고액	이월상품	230,000	매입	230,000
매출원가	손익	290,000	매입	290,000
순매출액	매출	464,000	손익	464,000

* 기말상품재고액 = 30,000(기초재고액) + 490,000(순매입액) - 290,000(순판매원가)
= 230,000

** 순매출액 = 480,000(총매출액) - 16,000(매출환입액)
= 464,000

3 상품매매활동과 보조기록

상품매매에 대한 기록을 분개와 해당 계정에 전기하는 것으로는 거래내용을 파악하기에 충분하지 않기 때문에 매입과 매출에 대한 상세한 기록을 위한 보조장부로 매입장과 매출장이 있다.

1) 매입장

매입장은 상품매입에 대한 명세를 기록하는 보조기입장으로 날짜, 매입처명, 대금의 지급방법, 품명, 수량, 단가, 금액 등의 내용을 매입액은 검은색으로 매입에누리와 환출액 및 매입할인은 붉은글씨로 기입한다. 마감할 때에는 총매입액에서 매입에누리와 환출액 및 매입할인액을 차감하여 순매입액을 계산한다.

예제 6-8 매입장 작성

01. 다음의 연속된 거래를 분개하고 매입장에 기입하시오.

- 6/10 무갑상사로부터 A상품 1,000개를 개당 ₩500원에 현금으로 매입하다.(송장번호610)
- 6/15 태화상사로부터 B상품 600개를 개당 ₩800원에 외상으로 매입하고, 매입운임 ₩60,000을 현금으로 지급하다.(송장번호615)
- 6/17 태화상사로부터 구입한 B상품 10개가 중대한 하자가 있어 반품하다.(송장번호 반-12)

날짜	차변과목	금액	대변과목	금액
6/10				
6/15				
6/17				

<u>매 입 장</u>

(단위:원)

일자		송장번호	적 요		금액

풀이

날짜	차변과목	금액	대변과목	금액
6/10	상 품	500,000	현 금	500,000
6/15	상 품	540,000	외상매입금 현 금	480,000 60,000
6/17	외상매입금	8,000	상 품	8,000

<u>매 입 장</u>

(단위:원)

일자		송장번호	적 요		금액
6	10	610	(무갑상사) (현금)		
			A상품 1,000개 @₩500		500,000
	15	615	(태화상사) (외상)		
			B상품 600개 @₩800	480,000	
			운임지급	60,000	540,000
	17	반-12	(태화상사) (환출)		
			B상품 10개 @₩800		8,000
			총매입액		1,040,000
			환출액		8,000
			순매입액		1,032,000

2) 매출장

매출장은 상품매출에 대한 명세를 기록하는 보조기입장으로 날짜, 매출처명, 대금의 수취방법, 품명, 수량, 단가, 금액 등의 내용을 매출액은 검은색으로 매출에누리와 환입액

및 매출할인은 붉은글씨로 기입한다. 마감할 때에는 총매출액에서 매출에누리와 환입액 및 매출할인액을 차감하여 순매출액을 계산한다.

예제 6-9 매출장 작성

01. 다음의 연속된 거래를 분개하고 매출장에 기입하시오.

- 7/3 마름상사에 A상품 200개를 개당 ₩5,000씩 현금으로 판매하다.(송장번호 710)
- 7/7 정광상사로부터 B상품 50개를 개당 ₩10,000씩 외상으로 판매하다.(송장번호 711)
- 7/9 정광상사에 판매한 B상품 5개에 중대한 하자가 있어 개당 ₩2,000씩 에누리 해 주다. (송장번호 반-13)

날짜	차변과목	금액	대변과목	금액
7/3				
7/7				
7/9				

매 출 장

(단위:원)

일자		송장번호	적 요		금액

풀이

날짜	차변과목	금액	대변과목	금액
7/3	현 금	1,000,000	상 품 매 출	1,000,000
7/7	외 상 매 출 금	500,000	상 품 매 출	500,000
7/9	상 품 매 출	10,000	외 상 매 출 금	10,000

매 출 장

(단위:원)

일자		송장번호	적 요			금액
7	3	710	(마름상사)	(현금)		
			A상품 200개 @₩5,000			1,000,000
	7	711	(정광상사)	(외상)		
			B상품 50개 @₩10,000			500,000
	9	반-13	(정광상사)	(에누리)		
			B상품 5개 @₩2,000			10,000
				총매출액		1,500,000
				에누리액		10,000
				순매출액		1,490,000

3) 상품재고장

상품재고장은 상품의 입고와 출고를 빠짐없이 기록하여 기말재고를 파악하게 하는 보조원장으로 상품의 종류별로 작성한다. 상품은 항상 동일한 가격으로 매입하는 것이 아니기 때문에 출고한 상품이 어떤 가격인지를 결정하여야 한다. 그러나 실제로 어떤 가격의 상품이 출고되었는지 파악하는 것은 어렵기 때문에 이를 무시하고 물량흐름의 가정에 따라 상품재고장을 작성한다. 물량흐름의 가정에 따른 작성방법에는 선입선출법, 후입선출법, 이동평균법, 총평균법 등이 있다, 그 내용은 다음 절에서 설명한다.

예제 6-10 상품재고장 작성

01. 백마상사의 A상품 거래내역이다. 선입선출법과 후입선출법, 이동평균법, 총평균법으로 상품재고장을 작성하여 마감하고 순매출액, 매출원가, 매출총이익을 계산하시오.

- 8/ 1 월초재고액 : 10개 @500원
- 8/ 8 매입액 : 30개 @600원
- 8/ 9 8/8 매입분 중 환출 : 3개
- 8/20 매출액 : 20개 @1,000원
- 8/21 8/20 매출분 중 환입 : 2개
- 8/25 매입액 : 30개 @800원
- 8/28 매출액 : 20개 @1,200

상 품 재 고 장

선입선출법 품명 : A상품 (단위:원)

일자		적 요	인 수			인 도			잔 액		
			수량	단가	금액	수량	단가	금액	수량	단가	금액

상 품 재 고 장

후입선출법 품명 : A상품 (단위:원)

일자		적 요	인 수			인 도			잔 액		
			수량	단가	금액	수량	단가	금액	수량	단가	금액

상 품 재 고 장

이동선출법 품명 : A상품 (단위:원)

일자	적 요	인 수			인 도			잔 액		
		수량	단가	금액	수량	단가	금액	수량	단가	금액

상 품 재 고 장

총평균법 품명 : A상품 (단위:원)

일자	적 요	인 수			인 도			잔 액		
		수량	단가	금액	수량	단가	금액	수량	단가	금액

풀이

상 품 재 고 장

선입선출법 품명 : A상품 (단위:원)

일자		적 요	인 수			인 도			잔 액		
			수량	단가	금액	수량	단가	금액	수량	단가	금액
8	1	전 월 이 월	10	500	5,000				10	500	5,000
	8	매 입	30	600	18,000				10 30	500 600	5,000 18,000
	9	환 출	△3	600	△1,800				10 27	500 600	5,000 16,200
	20	매 출				10 10	500 600	5,000 6,000	17	600	10,200
	21	환 입				△2	600	△1,200	19	600	11,400
	25	매 입	30	800	24,000				19 30	600 800	11,400 24,000
	28	매 출				19 1	600 800	11,400 800	29	800	23,200
	31	차 월 이 월				29	800	23,200			
			67		45,200	67		45,200			
9	1	전 월 이 월	29	800	23,200				29	800	23,200

① 순매출액 : 20×1,000 - 2×1,000 + 20×1,200 = 42,000

② 매출원가 : 45,200 - 23,200 = 22,000

③ 매출총이익 : 42,000 - 22,000 = 20,000

상 품 재 고 장

후입선출법 품명 : A상품 (단위:원)

일자		적 요	인 수			인 도			잔 액		
			수량	단가	금액	수량	단가	금액	수량	단가	금액
8	1	전 월 이 월	10	500	5,000				10	500	5,000
	8	매 입	30	600	18,000				10 30	500 600	5,000 18,000
	9	환 출	△3	600	△1,800				10 27	500 600	5,000 16,200
	20	매 출				20	600	12,000	10 7	500 600	5,000 4,200
	21	환 입				△2	600	△1,200	10 9	500 600	5,000 5,400
	25	매 입	30	800	24,000				10 9 30	500 600 800	5,000 5,400 24,000
	28	매 출				20	800	16,000	10 9 10	500 600 800	5,000 5,400 8,000
	31	차 월 이 월				10 9 10	500 600 800	5,000 5,400 8,000			
			67		45,200	67		45,200			
9	1	전 월 이 월	10 9 10	500 600 800	5,000 5,400 8,000				10 9 10	500 600 800	5,000 5,400 8,000

① 순매출액 : 20×1,000 - 2×1,000 + 20×1,200 = 42,000

② 매출원가 : 45,200 - 18,400 = 26,800

③ 매출총이익 : 42,000 - 16,800 = 15,200

상 품 재 고 장

이동평균법 품명 : A상품 (단위:원)

일자		적 요	인 수			인 도			잔 액		
			수량	단가	금액	수량	단가	금액	수량	단가	금액
8	1	전 월 이 월	10	500	5,000				10	500	5,000
	8	매 입	30	600	18,000				40	575	23,000
	9	환 출	△3	600	△1,800				37	573	21,200
	20	매 출				20	573	11,459	17	573	9,741
	21	환 입				△2	573	△1,146	19	573	10,887
	25	매 입	30	800	24,000				49	712	34,887
	28	매 출				20	712	14,240	29	712	20,647
	31	차 월 이 월				29	712	20,647			
			67		45,200	67		45,200			
9	1	전 월 이 월	29	712	20,647				29	712	20,647

① 순매출액 : 20×1,000 - 2×1,000 + 20×1,200 = 42,000

② 매출원가 : 45,200 - 20,647 = 24,553

③ 매출총이익 : 42,000 - 24,553 = 17,447

상 품 재 고 장

총평균법 품명 : A상품 (단위:원)

일자		적 요	인 수			인 도			잔 액		
			수량	단가	금액	수량	단가	금액	수량	단가	금액
8	1	전 월 이 월	10	500	5,000				10	500	5,000
	8	매 입	30	600	18,000				40		
	9	환 출	△3	600	△1,800				37		
	20	매 출				20	675	13,492	17		
	21	환 입				△2	675	△1,349	19		
	25	매 입	30	800	24,000				49		
	28	매 출				20	675	13,492	29		
	31	차 월 이 월				29	675	19,565			
			67		45,200	67		45,200			
9	1	전 월 이 월	29	675	19,565				29	675	19,565

총평균단가 계산

$$총평균단가 = \frac{기초재고액 + 매입총액}{기초재고수량 + 매입총수량}$$

$$= \frac{5,000 + 40,200}{10 + 57} = 674.6$$

① 순매출액 : 20×1,000 - 2×1,000 + 20×1,200 = 42,000

② 매출원가 : 45,200 - 19,565 = 25,635

③ 매출총이익 : 42,000 - 25,635 = 16,365

4 재고자산의 평가

재고자산의 경우에는 기중 매입과 매출이 수시로 일어나기 때문에 기중 자산관리는 수량을 위주로 관리하고, 기말에 단가를 결정하여 기말재고원가와 매출원가를 산정한다. 즉 기말재고자산의 평가는 자산기록방법에 따라 산정된 기말재고수량에 기말에 결정된 단가를 곱하여 기말재고원가를 결정하고 매출원가를 계산한다.

> 기말재고원가 = 기말재고수량 × 단가
> 매출원가 = 기초재고원가 + 당기매입원가 - 기말재고원가

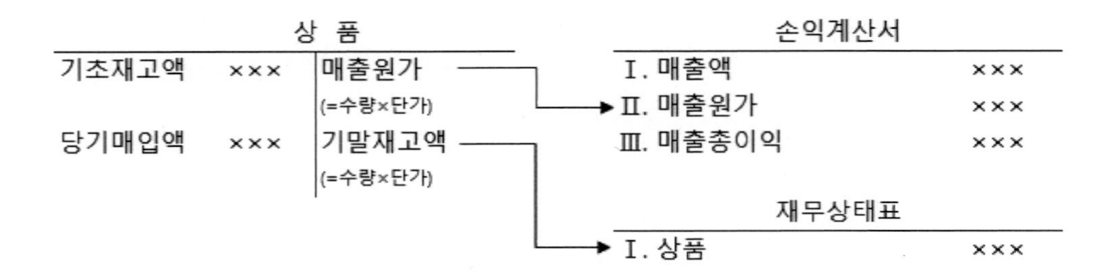

1) 수량결정방법

재고자산의 수량결정을 위한 기록방법은 장부상에서 수량파악이 이루어지는 계속기록법과 상품창고에서 직접 재고조사를 통하여 수량이 확정되는 실지재고조사법, 이 두 방법을 병행하여 사용하는 혼합법이 있다.

(1) 계속기록법

계속기록법은 상품매입시 매입수량, 단가, 금액을 모두 기입하고 상품판매시에도 판매수량을 기록하는 방법이다. 계속기록법은 매입과 판매수량을 장부에 계속기록함으로써 언제라도 장부를 확인하면 매입과 판매수량을 알 수 있는 장점이 있으나, 도난 · 증발 · 파손 · 기타의 원인에 의해서 발생된 감손량이 기말재고에 포함되는 단점이 있다.

기초재고수량 + 당기매입수량 - 당기판매수량 = 기말재고수량

(2) 실지재고조사법

실지재고조사법(실사법)이란 상품매입시 매입수량, 단가, 금액을 모두 기입하지만 상품판매시 판매수량을 기록하지 않는 방법이다. 실사법은 기말에 재고조사를 통하여 기말재고의 수량과 금액을 확정짓고 매출수량 및 매출원가를 다음 산식에 따라 사후적으로 계산하는 방법이다. 이 방법은 당기판매수량에 도난 · 증발 · 파손 · 기타의 원인에 의해서 발생된 감손량이 포함되는 단점이 있다.

기초재고수량 + 당기매입수량 - 기말재고수량 = 당기판매수량

(3) 혼합법

혼합법이란 계속기록법과 실지재고조사법을 모두 사용하는 방법이다. 오늘날에는 혼합법을 가장 많이 사용하며 이 방법을 사용하게 되면 재고자산감모손실의 금액을 파악할 수 있는 장점이 있다.

2) 단가결정방법

상품의 구입단가는 구입하는 시점에 따라 단가가 다른 것이 일반적이다. 이 경우 어떤 구입단가의 상품이 판매되어 출고되었는지를 결정하는 것은 매우 중요하다. 그 이유는 어떤 방법에 의하여 단가를 결정하느냐에 따라 기말상품재고액이 달라지고 기간손익이 달라지기 때문이다. 상품의 단가결정방법은 개별법, 선입선출법, 후입선출법, 이동평균법, 총평균법 등이 있다.

(1) 개별법

상품에 가격표 등을 붙여 두었다가 매입가격별로 판매된 것과 기말재고로 남은 것을 구별하여 매출원가와 기말재고를 구분하는 방법이다.

개별법은 원가의 흐름과 실제 물량흐름이 일치하기 때문에 이론상 가장 이상적인 방법이지만, 재고자산의 종류와 수량이 많고 거래가 빈번한 경우에는 실무에 적용하기 어려운 방법이다. 따라서 개별법은 귀금속이나 자동차매매업, 특별주문품 등과 같이 상대적으로 고가품목에 적용되는 방법이다.

(2) 선입선출법

상품의 물량흐름에 대하여 먼저 입고된 상품을 먼저 출고한다는 가정하에 출고단가를 결정하는 방법이다. 이 경우 매출원가는 오래된 원가로 표시되고 기말상품재고액은 최근의 원가로 표시된다.

(3) 후입선출법

상품의 물량흐름에 대하여 나중에 입고된 상품이 먼저 출고된다는 가정하에 출고단가를 결정하는 방법이다. 이 경우 매출원가는 최근의 원가로 표시되고 기말상품재고는 오래된 원가로 표시된다.

(4) 이동평균법

상품을 매입할 때마다 매입액과 재고액을 더한 금액을 매입수량과 재고수량을 더한 수량으로 나누어 평균단가를 새로이 산정하여 출고하는 상품에 적용하는 방법이다.

(5) 총평균법

상품을 출고할 때에는 출고란과 잔액란에는 단지 수량만 기록하고 기말에 기초재고액과 매입총액을 더한 금액을 기초재고수량과 매입총수량의 합으로 나누어 총평균단가를 계산하여 출고된 상품과 기말재고에 적용하는 방법이다.

- 물가상승시 기말재고액과 매출총이익의 크기
  선입선출법 > 이동평균법 > 총평균법 > 후입선출법
- 물가상승시 매출원가의 크기
  선입선출법 < 이동평균법 ≤ 총평균법 < 후입선출법

5 재고자산감모손실과 평가손실

1) 재고자산감모손실

재고자산감모손실이란 재고자산의 수량부족으로 발생한 손실로서 재고자산의 장부재고액에 비해 실제재고액이 부족할 경우에 발생하는 손실이다. 이러한 손실은 재고자산의 분실, 도난, 파손, 오류 등으로 나타난다.

(장부재고수량 - 실제재고수량) × 단위당 원가 = 재고자산감모손실

재고자산감모손실은 정상적으로 발생하여 원가성이 있는 경우에는 매출원가로 분류하며, 비정상적으로 발생하여 원가성이 없는 경우에는 영업외비용으로 분류한다.

2) 재고자산평가손실

재고자산평가손실은 재고자산의 취득원가보다 순실현가능가치가 하락하는 경우에 발생하는 손실이며 매출원가에 가산한다. 또한 재고자산을 저가로 평가한 차액은 재고자산평가충당금으로 하여 재무상태표에 재고자산의 차감항목으로 표시한다. 취득원가보다 순실현가능가치가 상승하는 경우에는 평가이익을 계상하지 않는다.

(단위당 원가 - 단위당 순실현가능가치) × 실제재고수량 = 재고자산평가손실

재고자산평가손실을 인식한 이후에 재고자산의 가치가 다시 상승할 수도 있다. 이때에는 최초의 장부금액을 초과하지 않는 범위내에서 평가손실을 환입하는데 재고자산평가손실환입이라는 계정을 사용하여 재고자산평가충당금을 줄여준다. 환입액이 발생하면 그만큼 당기 매출원가가 감소하게 된다.

예제 6-11 재고자산감모손실과 평가손실 계산

01. 다음 기말 상품과 관련된 자료를 이용하여 (1)재고자산감모손실과 (2)재고자산평가손실을 계산하여 분개하시오.

상품재고장의 기말상품수량은 100개이나 창고의 실제 기말상품수량은 90개임이 파악되어 감모수량의 원인을 조사한 결과 4개는 정상적이고, 나머지는 비정상적으로 확인되었다. 또한 상품재고장의 기말상품재고액은 단위당 ₩1,000이나 기말 현재 순실현가능가치는 단위당 ₩900이다.

구분	차변과목	금액	대변과목	금액
(1)				
(2)				

풀이

구분	차변과목	금액	대변과목	금액
(1)	재고자산감모손실	4,000	상　　품	6,000
(2)	재고자산평가손실	9,000	재고자산평가충당금	9,000

* 재고자산감모손실 = (100개(장부수량) − 90개(실제수량) × ₩1,000
= ₩10,000중 비정상감모손실 ₩6,000원

** 재고자산평가손실 = (₩1,000(당위당 원가) − ₩900(순실현가능가치)) × 90개(실제재고수량)
= ₩9,000

연습문제

주관식 연습문제

01. 다음 자료에서 기초상품재고액을 계산하면?

• 당기매출액	3,000,000원	• 매출총이익	800,000원
• 당기상품매입액	2,300,000원	• 기말상품재고액	500,000원

02. 다음 자료에 의하여 상품 매출원가를 계산하면 얼마인가?

• 기초상품재고액	70,000원	• 총매입액	500,000원
• 매입할인액	40,000원	• 매입에누리액	10,000원
• 매출환입액	150,000원	• 기말상품재고액	100,000원

03. 다음 세무유통의 4월 매출관련 자료이다. 기업회계기준에 따른 순매출액은 얼마인가?

• 총매출액	900,000원	• 매출할인액	70,000원
• 매출환입액	20,000원	• 매출운임	30,000원
• 매출에누리	50,000원		

04. 다음의 연속된 거래를 2분법에 의하여 분개하고, 결산정리분개 및 손익대체분개를 하시오.(전기이월상품 ₩50,000)

- 12/ 8 원적상사로부터 상품 2,000개를 개당 ₩400에 외상으로 매입하다.
- 12/12 매입한 상품 중 불량품 50개가 있어 ₩20,000을 반품하다.
- 12/16 태화상사에 상품 1,000개를 개당 ₩700에 외상으로 판매하다.
- 12/22 태화상사에 판매한 상품 중 파손품 30개가 있어 ₩21,000이 반품되다.

날짜	차변과목	금액	대변과목	금액
12/ 8				
12/12				
12/16				
12/22				
12/31				
12/31				

05. 다음의 연속된 거래를 3분법에 의하여 분개하고, 결산정리분개 및 손익대체분개를 하시오.(전기이월상품 ₩50,000)

- 12/ 8 원적상사로부터 상품 2,000개를 개당 ₩400에 외상으로 매입하다.
- 12/12 매입한 상품 중 불량품 50개가 있어 ₩20,000을 반품하다.
- 12/16 태화상사에 상품 1,000개를 개당 ₩700에 외상으로 판매하다.
- 12/22 태화상사에 판매한 상품 중 파손품 30개가 있어 ₩21,000이 반품되다.

날짜	차변과목	금액	대변과목	금액
12/ 8				
12/12				
12/16				
12/22				
12/31				
12/31				

06. 다음의 연속된 거래를 분개하고 매입장에 기입하시오(2분법 적용).

- 5/ 6 마름상사로부터 A상품 500개를 개당 ₩1,000원에 현금으로 매입하다.(송장번호506)
- 5/10 정광상사로부터 B상품 300개를 개당 ₩1,500원에 외상으로 매입하고, 매입운임 ₩100,000을 현금으로 지급하다.(송장번호510)
- 5/13 정광상사로부터 구입한 B상품 20개가 중대한 하자가 있어 반품하다.(송장번호 반-13)

날짜	차변과목	금액	대변과목	금액
5/ 6				
5/10				
5/13				

매 입 장

(단위: 원)

일자		송장번호	적 요		금액

07. 다음의 연속된 거래를 분개하고 매출장에 기입하시오(2분법 적용).

- 6/10 화담상사에 A상품 300개를 개당 ₩10,000씩 현금으로 판매하다.(송장번호 610)
- 6/12 해룡상사로부터 B상품 200개를 개당 ₩15,000씩 외상으로 판매하다.(송장번호 612)
- 6/15 해룡상사에 판매한 B상품 10개에 중대한 하자가 있어 개당 ₩3,000씩 에누리해 주다. (송장번호 반-15)

날짜	차변과목	금액	대변과목	금액
6/10				
6/12				
5/13				

매 출 장

(단위:원)

일자		송장번호	적 요		금액

08. 용마상사의 A상품 거래내역이다. 선입선출법으로 상품재고장을 작성하여 마감하고 순매출액, 매출원가, 매출총이익을 계산하시오.

- 7/ 1 월초재고액 : 20개 @500원
- 7/ 6 매입액 : 50개 @600원
- 7/ 8 7/6 매입분 중 환출 : 5개
- 7/12 매출액 : 30개 @1,000원
- 7/15 7/12 매출분 중 환입 : 3개
- 7/20 매입액 : 50개 @800원
- 7/25 매출액 : 40개 @1,200

상 품 재 고 장

선입선출법 품명 : A상품 (단위:원)

일자		적 요	인 수			인 도			잔 액		
			수량	단가	금액	수량	단가	금액	수량	단가	금액

① 순매출액 :

② 매출원가 :

③ 매출총이익 :

09. 기말재고자산의 자료가 다음과 같을 때 (1)재고자산감모손실과 (2)재고자산평가손실을 계산하여 분개하시오.

상품재고장 재고 1,000개 원가 @₩2,000　실제재고 950개 순실현가능가치 @₩1,500

구분	차변과목	금액	대변과목	금액
(1)				
(2)				

객관식 연습문제

01. 다음 중 제조업을 영위하는 기업의 재고자산으로 분류되지 않은 계정은?

① 원재료　② 제품

③ 시장성 유가증권　④ 재공품

02. 다음 중 재고자산으로 분류되지 않는 것은?

① 분양을 목적으로 공사 중에 있는 건물

② 도착지 인도기준으로 판매한 운송중인 상품

③ 컴퓨터 제조회사의 재공품

④ 컴퓨터 제조회사에서 업무용으로 사용하고 있는 컴퓨터

03. 다음 중 매입원가에 포함시킬 수 없는 것은?

① 매입수수료　② 수입관세

③ 매입할인　④ 매입운임

04. 다음은 ㈜백마의 20×1년 기말 재고자산 관련 자료이다. 다음의 자료를 확인 후 ㈜백마의 기말재고자산을 모두 고른 것은?

> 가. 당기 중 시용판매를 하였고 판매된 제품 모두 고객이 구입의사를 표시하지 않았다.
> 나. 당기 중 위탁판매를 하였는데 수탁자는 모든 제품을 판매하였다.
> 다. 거래처에 대한 담보로 제공한 재고자산이 타처에 보관중이다.

① 가　　② 가, 나
③ 가, 다　　④ 가, 나, 다

05. 다음의 산식으로 올바른 매출원가를 구할 수 없는 것은?

① 매출액 - 당기매입액
② 매출액 - 매출총이익
③ 기초재고액 + 당기매입액 - 기말재고액
④ 판매가능액 – 기말재고액

06. 상품매출이익 계산을 위한 등식 중 틀린 것은?

① 상품매출이익 = 당기순매출액 – 매출원가
② 총매입액 = 순매입액 - (매입환출 + 매입에누리 + 매입할인)
③ 총매출액 = 순매출액 + 매출환입 + 매출에누리 + 매출할인
④ 매출원가 = 기초상품재고액 + 당기순매입액 – 기말상품재고액

07. 기말 재고자산을 과소평가 하였을 때 나타나는 현상으로 옳은 것은?

① 매출원가가 과대 계상된다.
② 판매비와관리비가 과소 계상되다
③ 영업이익이 과대 계상된다.
④ 당기순이익이 과대 계상된다.

08. 기말재고액이 과대계상 되는 오류가 발생된 경우 재무제표에 미치는 효과로 올바르지 않은 것은?

① 당기의 매출원가가 과대계상 된다.

② 당기의 순이익이 과대계상 된다.

③ 당기의 매출총이익이 과대계상 된다.

④ 차기에는 순이익이 과소계상되어 자동조정된다.

09. 다음 상품재고장에 의한 9월 말 기말상품재고액을 이동평균법으로 계산하면 얼마인가?

- 9월 1일 : 전월이월 100개 300원/개
- 9월 3일 : 매 입 100개 400원/개
- 9월 10일 : 매 출 100개 800원/개
- 9월 20일 : 매 입 100개 500원/개

① 65,000원 ② 75,200원

③ 85,000원 ④ 88,000원

10. 다음은 4월 A상품의 매매 자료와 상품재고장이다. 선입선출법에 의할 경우 4월의 매출원가와 매출총이익은?(단, 이외의 자료는 없음)

구분	날짜	수량	단가	금액
매입액	4월 10일	400개	300원	120,000원
매출액	4월 20일	300개	500원	150,000원

상 품 재 고 장

(선입선출법) 품명:A상품 (단위:개)

20××년		적 요	인 수			인 도			잔 액		
			수량	단가	금액	수량	단가	금액	수량	단가	금액
4	1	전월이월	100	200원	20,000원				100	200원	20,000원

	매출원가	매출총이익
①	50,000원	60,000원
②	50,000원	70,000원
③	80,000원	60,000원
④	80,000원	70,000원

11. 다음 중 상품재고장에 관한 설명으로 옳지 않은 것은?

① 상품의 종류별로 인수, 인도 및 잔액을 알 수 있도록 기입하는 보조 원장이다.

② 상품재고장의 인수, 인도 및 잔액란의 모든 단가와 금액은 매입원가로 기입한다.

③ 매출한 상품에 불량품이 있어 에누리하여 준 금액은 인도란에 붉은 글씨로 기입한다.

④ 매입상품 중 불량품이 있어 반품한 경우 인수란에 붉은 글씨로 기입하고 잔액에서 차감한다.

12. 다음 중 실물흐름에 따른 기말재고자산의 단가결정방법으로서 수익과 비용의 대응이 가장 정확하게 이루어지는 재고자산 평가방법은?

① 개별법 ② 선입선출법 ③ 후입선출법 ④ 총평균법

13. 다음의 정보를 통해 재고자산감모손실은 얼마인지 구하시오.

1. 기말재고 수량 : 2,000개
2. 실사수량 : 1,950개
3. 재고자산 취득원가 : 1,000원

① 50,000원 ② 47,500원

③ 45,000원 ④ 42,500원

14. 다음 중 인플레이션시 기말재고 금액을 가장 크게 만드는 평가방법은?

① 개별법 ② 선입선출법

③ 이동평균법 ④ 후입선출법

15. 기말 재고실사시 정상적인 재고자산의 감모손실이 발생되었을 경우 올바른 회계처리는?

① 재고자산감모손실로 매출원가에 산입한다.

② 재고자산감모손실로 기타비용으로 처리한다.

③ 재고자산감모손실로 영업외비용으로 처리한다.

④ 재고자산감모손실로 판매비와관리비로 처리한다.

16. 다음은 재고자산의 원가흐름에 대한 가정에 관한 설명이다. 틀린 것은?

① 선입선출법은 일반기업회계기준에서는 인정되지 않는 방법이다.

② 후입선출법은 재고자산이 최근에 구입한 것부터 팔린 것으로 가정하는 방법이다.

③ 총평균법은 실지재고조사법인 경우에 적용되며 총원가/총수량으로 재고자산의 단가를 계산한다.

④ 저가법은 시가가 취득원가보다 낮은 경우 시가를 장부금액으로 하는 것을 말한다.

17. 다음 중 한국채택국제회계기준에서 인정하는 재고자산의 단가결정방법으로서 먼저 매입 또는 생산된 재고자산이 먼저 판매되고, 결과적으로 기말에 재고로 남아 있는 항목은 가장 최근에 매입 또는 생산된 항목이라고 가정하는 원가배분방법은?

① 후입선출법　② 개별법　③ 이동평균법　④ 선입선출법

18. 다음 A상품에 관한 자료를 보고, 선입선출법에 의한 6월 15일의 매출원가와 매출총이익을 계산한 금액으로 옳은 것은?

• 매 입 액 : 6월 12일, 50개, 한 개당 110원, 5,500원
• 매 출 액 : 6월 15일, 40개, 한 개당 150원, 6,000원

상 품 재 고 장

(선입선출법)　품명:A상품　(단위:원, 개)

20××년		적 요	인 수			인 도			잔 액		
			수량	단가	금액	수량	단가	금액	수량	단가	금액
6	1	전월이월	10	100	1,000				10	100	1,000

	〈매출원가〉	〈매출총이익〉
①	4,300원	1,500원
②	4,300원	1,700원
③	4,500원	1,500원
④	4,500원	1,700원

| Chapter 07 |

수취채권과 지급채무

1 외상채권과 외상채무

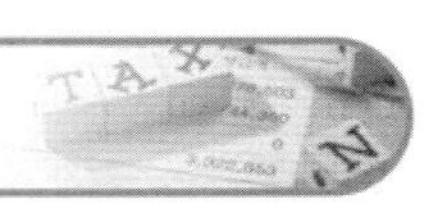

1) 외상매출금과 외상매입금

상품을 외상으로 매출하고 받을 권리가 생기는 것을 외상매출금이라 하고 자산의 증가로 처리한다. 반대로 상품을 거래처에서 외상매입으로 인하여 지급하여야 할 의무를 외상매입금이라고 하고 부채의 증가로 기록한다.

외상매출금

차변	대변
전기이월(기초잔액)	• 회수액 • 대손발생액
외상매출액	차기이월(기말잔액)

외상매입금

차변	대변
지급액	전기이월(기초잔액)
차기이월(기말잔액)	외상매입액

2) 통제계정과 인명계정

(1) 통제계정

통제계정은 거래처 수가 많을 경우 상품의 외상매출금의 채권은 외상매출금, 상품 외상매입의 채무는 외상매입금 계정으로 처리하는 방법이다. 통제계정인 외상매출금은 보조원장

으로 매출처원장, 외상매입금 계정은 매입처원장을 만들어 각 거래처별로 명세를 기록한다. 보조원장의 각 인명계정의 합계액은 외상매출금 또는 외상매입금 계정의 금액과 일치한다.

(2) 인명계정

인명계정이란 외상채권, 외상채무를 기록 관리할 때 외상매출금 계정과 외상매입금 계정을 사용하지 않고, 각 거래처의 상호 또는 성명을 계정과목으로 사용하여 관리하는 방법이다. 개별 거래처에 대한 외상매출금과 외상매입금 내역을 파악하기는 좋으나 거래처가 많게 되면 전체를 파악하는 것이 불편하다.

<u>**통제계정과 인명계정 차이**</u>

구분	통제계정	인명계정
외상매출시	(차)외상매출금 ××× (대)상품매출 ×××	(차)심곡상점 ××× (대)상품매출 ×××
외상매입시	(차)상품 ××× (대)외상매입금 ×××	(차)상품 ××× (대)원미상점 ×××

3) 신용카드채권·채무

신용카드에 의하여 상품매매 거래하였을 때는 외상매출금과 외상매입금 계정으로 회계처리한다. 즉, 일반적 상거래에서 발생한 카드상의 채권 · 채무는 미수금, 미지급금 계정을 사용하지 않는다.

구분	매출자	매입자
상품매매시	(차)외상매출금 ××× (대)상품매출 ×××	(차)상품 ××× (대)외상매입금 ×××
카드대금 회수(인출)	(차)보통예금 ××× (대)외상매출금 ××× 수수료비용 ×××	(차)외상매입금 ××× (대)보통예금 ×××

예제 7-1 통제계정과 인명계정

01. 다음 거래를 통제계정과 인명계정으로 각각 분개하시오.

(1) 무갑상사에서 상품 ₩800,000을 매입하고 대금 중 반액은 수표를 발행하여 지급하고 나머지 잔액은 1개월 후에 지급하기로 하다.
(2) 설봉상사에 상품 ₩500,000을 판매하고 대금 중 ₩200,000은 동점발행의 수표로 받고, 잔액은 외상으로 하다.
(3) 용마상사에 대한 외상대금 ₩400,000을 현금으로 받아 즉시 당좌예입하다.

[통제계정]

날짜	차변과목	금액	대변과목	금액
(1)				
(2)				
(3)				

[인명계정]

날짜	차변과목	금액	대변과목	금액
(1)				
(2)				
(3)				

풀이

[통제계정]

날짜	차변과목	금액	대변과목	금액
(1)	상 품	800,000	당 좌 예 금 외상매입금	400,000 400,000
(2)	현 금 외상매출금	200,000 300,000	상 품 매 출	500,000
(3)	당 좌 예 금	400,000	외상매출금	400,000

[인명계정]

날짜	차변과목	금액	대변과목	금액
(1)	상 품	800,000	당좌예금 무갑상사	400,000 400,000
(2)	현 금 설봉상사	200,000 300,000	상품매출	500,000
(3)	당좌예금	400,000	용마상사	400,000

2 어음채권과 어음채무

1) 어음의 의의 및 분류

(1) 어음의 의의

어음이란 발행인이 일정한 시간에 일정한 금액을 일정한 장소에서 무조건 지급할 것을 약속하거나 제3자로 하여금 지급할 것을 위탁하는 증서를 말한다.

(2) 어음의 분류

어음은 법률상으로는 약속어음과 환어음, 발행목적상 상업어음(진성어음)과 융통어음(금융어음), 회계처리과목상 받을어음과 지급어음으로 분류한다.

회계상	받을어음	상품의 외상거래에서 발생한 채권에 대하여 어음을 수취한 것
	지급어음	상품의 외상거래에서 발생한 채무에 대하여 어음을 교부한 것
법률상	약속어음	어음의 발행인이 일정한 금액을 일정한 일자에 지급할 것을 약속한 증서(발행인=채무자, 수취인=채권자)
	환 어 음	어음의 발행인이 일정한 금액을 일정한 일자에 수취인에게 지급할 것을 인수인에게 위탁하는 증서(지명인=채무자, 수취인=채권자)
발 행 목적상	상업어음	일반거래에서 거래의 지급수단으로 발행한 어음
	융통어음	일반상거래 없이 자금을 조달하기 위한 목적으로 발행한 어음

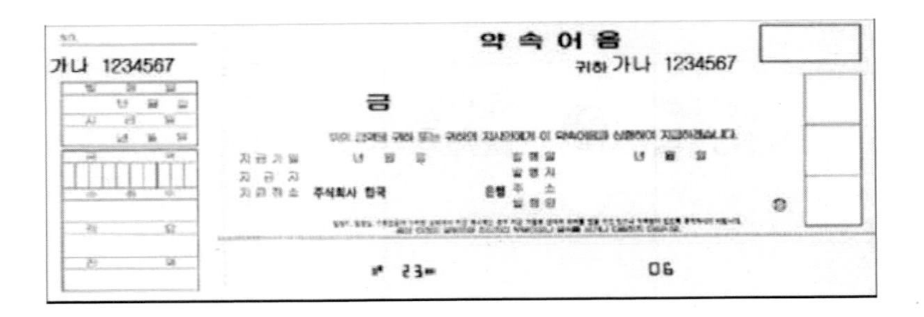

약 속 어 음

가나 1234567

귀하 가나 1234567

금

주식회사 한국

2) 받을어음과 지급어음

(1) 받을어음계정

받을어음계정은 상품을 매출하고 어음을 수취하거나 외상매출금을 회수하기 위하여 어음을 수취하면 차변에 기입하고 어음대금을 추심하면 대변에 기입한다. 어음의 배서양도, 어음의 할인, 어음의 개서에 의한 구어음의 반환 등은 자산인 받을어음이 감소하는 사유이므로 받을어음계정 대변에 기록한다. 기업이 어음을 수령하게 되면 받을어음기입장이라는 보조기입장에 날짜 순서대로 기록하여 관리한다. 받을어음은 재무상태표상 유동자산 중 당좌자산으로 분류하고 외상매출금과 함께 매출채권으로 표시한다.

(2) 지급어음계정

지급어음계정은 상품의 매입대금 또는 외상매입금을 지급하기 위하여 약속어음을 발행하거나, 환어음을 인수하면 지급어음계정 대변에 기입하고 어음대금을 만기일에 지급하면 지급어음계정 차변에 기록한다. 기업이 어음을 발행하게 되면 지급어음기입장이라는 보조기입장에 날짜 순서대로 기록하여 관리한다. 지급어음은 재무상태표상 유동부채로 분류하며 외상매입금과 함께 매입채무로 표시한다.

받을어음

차변	대변
전기이월(기초잔액)	• 어음의 추심 • 어음의 배서양도 • 어음의 할인 • 어음의 개서에 의한 구어음의 반환
• 어음의 수취 • 어음의 개서에 의한 신어음의 수취	차기이월(기말잔액)

지급어음

차변	대변
• 어음대금 지급 • 자기발행 약속어음 회수 • 어음개서에 의한 구어음의 회수	전기이월(기초잔액)
차기이월(기말잔액)	• 약속어음 발행 • 환어음 인수 • 어음개서에 의한 신어음의 발행

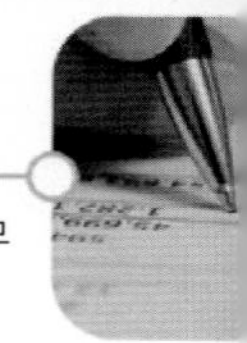

(3) 받을어음기입장과 지급어음기입장

받을어음기입장은 받을어음계정에 대하여 지급어음기입장은 지급어음계정에 대하여 날짜 순서대로 기입하는 어음거래에 대한 보조장부이다.

3) 어음의 추심과 지급

구분	수취인	발행인
상품매매시 약속어음 수수시	(차)받을어음 ××× (대)상품매출 ×××	(차)상품 ××× (대)지급어음 ×××
만기일에 어음대금추심시	(차)당좌예금 ××× (대)받을어음 ×××	(차)지급어음 ××× (대)당좌예금 ×××

어음의 수취인은 어음의 지급기일이 도래하면 거래은행에 어음대금을 받아줄 것을 의뢰하는 것을 추심의뢰하고, 어음대금을 회수하는 것을 추심이라 한다. 어음대금의 추심을 의뢰하는 것은 거래가 아니므로 회계처리를 할 필요가 없고, 추심을 하면 받을어음계정의 대변에 기록한다. 어음의 지급인은 어음대금을 지급하면 지급어음계정 차변에 기록한다.

4) 어음의 배서와 할인

(1) 어음의 배서

어음의 배서란 수취한 어음을 어음의 만기가 되기 전에 상품의 매입대금이나 외상매입금을 지급하기 위하여 어음의 뒷면에 양도자의 인적사항을 기재하여 제3자에게 양도하는 것을 말한다.

(2) 어음의 할인

기업은 자금이 필요한 경우 소유하고 있는 어음을 만기일 이전에 은행에 배서양도하고 자금의 융통을 받게 되는데 이를 어음의 할인이라고 한다. 어음의 할인은 만기에 추심할 어음의 액면금액을 담보로 미리 지급받는 것이므로 은행수수료와 만기일까지의 이자를 공제하고 잔액만 받게 되는데, 이때 차감되는 이자 등을 할인료라고 한다.

구분	차변		대변	
어음의 배서양도시	상품(외상매입금)	×××	받을어음	×××
어음의 할인시	당좌예금 매출채권처분손실	××× ×××	받을어음	×××

※ 할인료 = 어음의 액면 × 할인율 × (할인일수 ÷ 365(윤년은 366))

(3) 어음의 개서

어음의 만기일에 어음대금을 지급할 수 없는 경우 어음소지인에게 어음대금의 지급연기를 요청하고 만기가 연장된 신어음을 발행하여 만기가 된 구어음과 교환하는 것을 어음의 개서라고 한다. 어음소지인과 지급인 사이에는 구어음에 의한 채권 · 채무는 소멸하고 신어음에 의한 채권 · 채무가 발생한다.

구분	수취인	발행인
어음의 개서시	(차)받을어음(신) ××× 현　　금 ××× (대)받을어음(구) ××× 이자수익 ×××	(차)지급어음(구) ××× 이자비용 ××× (대)지급어음(신) ××× 현　　금 ×××

예제 7-2 어음거래

01. 다음의 어음거래를 분개하시오.

(1) 원적상사에 상품 ₩600,000을 매출하고 대금은 동점발행 약속어음을 받다.
(2) 벌떡상사에서 상품 ₩500,000을 매입하고 대금은 약속어음을 발행하여 지급하다.
(3) 해룡상사에 대한 외상매입금 ₩400,000을 지급하기 위하여 약속어음을 발행하여 지급하다.
(4) 화담상사에 대한 외상매출금 ₩500,000을 동점발행 약속어음으로 받다.
(5) 정광상사에 대한 외상매입금 ₩600,000을 지급하기 위하여 원적상사로부터 받은 약속어음을 배서양도하다.
(6) 벌떡상사에 발행 교부한 약속어음 ₩500,000이 만기가 되어 현금으로 지급하다.
(7) 화담상사에서 받은 약속어음 ₩500,000을 거래은행에서 할인받고 할인료 ₩30,000을 차감한 실수금은 당좌예입되다.

날짜	차변과목	금액	대변과목	금액
(1)				
(2)				
(3)				
(4)				
(5)				
(6)				
(7)				

풀이

날짜	차변과목	금액	대변과목	금액
(1)	받을어음	600,000	상품매출	600,000
(2)	상품	500,000	지급어음	500,000
(3)	외상매입금	400,000	지급어음	400,000
(4)	받을어음	500,000	외상매출금	500,000
(5)	외상매입금	600,000	받을어음	600,000
(6)	지급어음	500,000	현금	500,000
(7)	당좌예금 매출채권처분손실	470,000 30,000	받을어음	500,000

3 대손상각비와 대손충당금

1) 대손의 회계처리

외상매출금, 받을어음 등의 채권이 채무자의 파산 등의 사유로 회수가 불가능하게 된 경우를 대손이라고 한다. 대손이 발생하거나 확정되면 외상매출금 또는 받을어음계정의 대변에 기입한다. 매출채권의 대손발생액은 대손상각비 계정(판매비와관리비)으로 처리하고, 대여금이나 미수금 등 기타 채권의 대손발생액은 기타의 대손상각비 계정(영업외비용)으로 처리한다.

구분	차변		대변	
외상매출금이 회수불능된 경우	대손상각비	×××	외상매출금	×××
기타채권이 회수불가능된 경우	기타의 대손상각비	×××	미수금	×××

2) 결산시 대손충당금의 처리

기말 결산시에 매출채권의 기말잔액 중 회수가 불가능하다고 예상되는 부분을 합리적인 방법에 의하여 추정하여 당기의 비용으로 처리하고 대손충당금을 설정한다. 대손충당금을 설정하는 때에 기말결산 전의 대손충당금 잔액이 있으면 대손충당금 잔액과 대손예상액을 비교하여 차액만 회계처리하여야 한다. 결산 전 대손충당금 잔액이 대손예상액보다 적으면 부족분을 대손상각비 계정으로 처리하고 결산전 대손충당금잔액이 대손예상액보다 많으면 초과분을 대손충당금환입 계정으로 처리한다.

대손예상액 : (매출채권 잔액 × 대손예상율) - 대손충당금 잔액 = (+)추가설정, (-)환입

구분	차변		대변	
대손충당금 잔액이 없을 경우	대손상각비	×××	대손충당금	×××
대손예상액 〉 대손충당금 잔액	대손상각비	×××	대손충당금	×××
대손예상액 = 대손충당금 잔액	분개없음			
대손예상액 〈 대손충당금 잔액	대손충당금	×××	대손충당금환입	×××

예제 7-3 대손충당금 설정

01. 기말결산시 매출채권 잔액 ₩10,000,000에 대하여 1%의 대손을 설정하다.

No	대 손 예상액	대손충당금 잔 액	차변		대변	
			계정과목	금액	계정과목	금액
(1)	₩100,000	없음				
(2)	₩100,000	₩50,000				
(3)	₩100,000	₩100,000				
(4)	₩100,000	₩120,000				

풀이

No	대 손 예상액	대손충당금 잔 액	차변		대변	
			계정과목	금액	계정과목	금액
(1)	₩100,000	없음	대 손 상 각 비	100,000	대 손 충 당 금	100,000
(2)	₩100,000	₩50,000	대 손 상 각 비	50,000	대 손 충 당 금	50,000
(3)	₩100,000	₩100,000	분개없음			
(4)	₩100,000	₩120,000	대 손 충 당 금	20,000	대손충당금환입	20,000

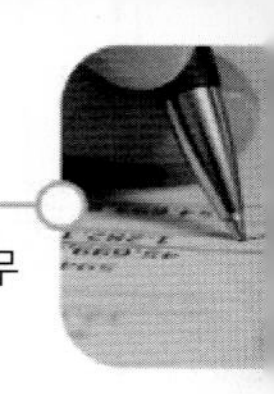

[대손충당금의 재무상태표 표시방법]

자 산	차변		부채 · 자본	대변	
매출채권	10,000,000				
대손충당금	(100,000)	9,900,000			

3) 매출채권의 대손발생

매출채권에 대하여 대손이 발생하는 때에 대손충당금 잔액이 있으면 먼저 대손충당금의 감소로 처리하고 부족액을 대손상각비로 처리한다.

구분	차변		대변	
대손충당금 잔액 없음	대손상각비	×××	외상매출금	×××
대손충당금 잔액 〈 대손발생액	대손충당금 대손상각비	××× ×××	외상매출금	×××
대손충당금 잔액 ≧ 대손발생액	대손충당금	×××	외상매출금	×××

예제 7-4 대손발생거래

01. 외상매출금 ₩200,000이 회수불가능하여 대손처리하다.

No	대손충당금 계정 잔액	차변		대변	
		계정과목	금액	계정과목	금액
(1)	없음				
(2)	₩100,000				
(3)	₩200,000				
(4)	₩300,000				

풀이

No	대손충당금 계정 잔액	차변		대변	
		계정과목	금액	계정과목	금액
(1)	없음	대손상각비	200,000	외상매출금	200,000
(2)	₩100,000	대손충당금 대손상각비	100,000 100,000	외상매출금	200,000
(3)	₩200,000	대손충당금	200,000	외상매출금	200,000
(4)	₩300,000	대손충당금	200,000	외상매출금	200,000

4) 대손처리한 채권의 회수

이미 대손처리하였던 채권을 다시 회수할 때의 회계처리는 언제 대손이 발생하였는지에 관계없이 대손충당금으로 처리한다.

구분	차변		대변	
전기에 대손처리한 채권의 회수	현금	×××	대손충당금	×××
당기에 대손처리한 채권의 회수	현금	×××	대손충당금	×××

예제 7-5 대손 처리한 채권의 회수거래

01. 대손처리하였던 외상매출금 ₩200,000을 현금으로 회수하다.

차변과목	금액	대변과목	금액

풀이

차변과목	금액	대변과목	금액
현금	200,000	대손충당금	200,000

4 기타의 채권과 채무

1) 기타채권·채무의 종류

기타채권과 채무란 일반적 상거래 이외의 거래[1]에서 발생한 채권과 채무로 다음과 같은 것들이 있다.

1) 일반적 상거래란 기업의 영업활동을 목적으로 보유하고 있는 자산(재고자산)인 상품 등의 매입과 매출을 말하며, 일반적 상거래 이외의 거래란 상품 등 재고자산 외의 모든 거래를 말한다.

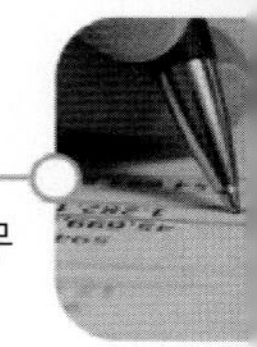

구분	채권	채무
상품외의 자산을 외상 거래한 경우	미수금	미지급금
상품 등을 인수·인도 전 대금을 주고 받은 경우	선급금	선수금
금전을 빌려주거나 빌려온 경우	대여금	차입금
가불금·세금과공과금 등에 대하여 사용하는 임시계정	주·임·종 단기채권	예수금
계정과목과 금액이 확정되지 않아 사용하는 임시계정	가지급금	가수금

2) 미수금과 미지급금

일반적 상거래 이외의 거래에서 발생하는 채권이 미수금이며, 채무가 미지급금이다.

구분	차변		대변	
건물을 외상으로 매각한 경우	미수금	×××	건 물	×××
비품을 외상으로 구입한 경우	비 품	×××	미지급금	×××

3) 선급금과 선수금

상품 등의 매매거래에서 대상 물건을 인도하거나 인수하기 전에 거래대금의 일부를 미리 지급한 것이 선급금이라 하며, 선급금계정 차변에 기록한다. 상품을 인수하였을 때는 선급금계정을 상품계정으로 대체한다.

반대로 상품 등의 거래 대금의 일부를 미리 받은 것을 선수금이라 하며, 선수금을 받은 경우에는 선수금계정 대변에 기입한다. 그 후 상품을 인도하였을 때에는 선수금계정을 매출계정으로 대체시킨다.

구분	채권	채무
계약금 수수시	(차) 선급금 ××× (대) 현 금 ×××	(차) 현 금 ××× (대) 선수금 ×××
상 품 인수·인도시	(차) 상품 ××× (대) 선급금 ××× 현 금 ×××	(차) 현 금 ××× (대) 상품매출 ××× 선수금 ×××

4) 대여금과 차입금

차용증서 또는 약속어음을 받고 금전을 빌려주거나 차용증서를 발행하고 금전을 빌리는 경우 발생하는 채권이 대여금이고 차입자의 입장에서 채무가 차입금이다. 이때 대여기간

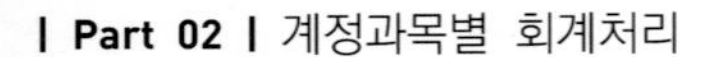

또는 차입기간이 보고기간 말로부터 1년 이내이면 단기대여금, 단기차입금으로 기록하고, 1년 이상이면 장기대여금, 장기차입금으로 기록한다.

구분	대여자	차입자
현금을 단기간 대차하는 경우	(차)단기대여금 ××× (대)현금 ×××	(차)현금 ××× (대)단기차입금 ×××
대여금과 이자를 현금으로 회수·상환하는 경우	(차)현금 ××× (대)단기대여금 ××× 이자수익 ×××	(차)단기차입금 ××× (대)현금 ××× 이자비용 ×××

5) 주·임·종 단기채권과 예수금

기업의 임원이나 직원의 요청에 의하여 급여지급시 차감하는 조건으로 지급해주거나 금전을 단기간 대여한 경우에 주 · 임 · 종 단기채권계정으로 처리한다.

예수금이란 장차 제3자에게 지출하여야할 금액을 미리 거래처나 종업원으로부터 원천징수하여 일시적으로 보관하는 경우 이를 처리하는 부채 계정이다. 예컨대 기업이 종업원의 급여에서 근로소득세, 지방소득세, 건강보험료, 국민연금, 고용보험료 등을 미리 공제하였다가 추후 납부시 처리할 때 예수금계정으로 회계처리한다.

구분	차변	대변
종업원에게 가불금을 지급한 경우	주 · 임 · 종 단기채권 ×××	현금 ×××
종업원 급여를 지급한 경우	급 여 ×××	주 · 임 · 종 단기채권 ××× 예 수 금 ××× 현 금 ×××
원천징수한 소득세 납부	예 수 금 ×××	현 금 ×××

6) 가지급금과 가수금

현금의 지출이나 수입은 있었지만 그 거래내용이 확정되지 않아서 계정과목이나 금액을 확정할 수 없는 경우가 있는데, 이때 일시적으로 처리하는 계정이 가지급금계정이나 가수금계정이다. 가지급금이나 가수금은 거래내용이 확정될 때까지 일시적으로 설정되는 계정이므로 차후 그 내용이 확정되면 해당 계정과목으로 정산처리하여야 한다.

구분		차변	대변
종업원에게 출장비를 개산 지급		가 지 급 금 ×××	현 금 ×××
출장비 정산	여비 잔액 반환	여비교통비 현 금 ×××	가 지 급 금 ×××
	여비 부족액 지급	여비교통비 ×××	가 지 급 금 현 금 ×××
내용불명의 금액이 보통예입된 경우		보 통 예 금 ×××	가 수 금 ×××
가수금의 내용이 판명된 경우		가 수 금 ×××	외상매출금 ×××

연습문제

주관식 연습문제

01. 다음 연속된 거래를 분개하시오.

(1) 삼태기상사에 상품 ₩500,000을 매입하고 대금 중 ₩200,000은 수표를 발행하여 지급하고 나머지 잔액은 1개월 후에 지급하기로 하다.
(2) 마구상사에 상품 ₩600,000을 판매하고 대금 중 반액은 동점발행의 수표로 받고, 잔액은 외상으로 하다.
(3) 마구상사에 판매한 상품 중 품질불량으로 30,000원을 반품하다.
(4) 마구상사에 대한 외상대금 잔액을 현금으로 받아 즉시 당좌예입하다.
(5) 삼태기상사에 대한 외상매입금 잔액을 현금으로 지급하다.

날짜	차변과목	금액	대변과목	금액
(1)				
(2)				
(3)				
(4)				
(5)				

02. 다음의 어음거래를 분개하시오.

(1) 원적상사에 상품 ₩1,000,000을 매출하고 대금은 동점발행 약속어음을 받다.
(2) 원적상사 발행 당점 소유의 약속어음 ₩1,000,000원이 만기가 되어 추심하여 당좌예금하다.

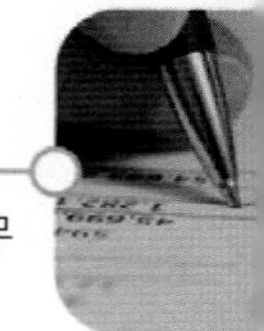

(3) 마락상사에서 상품 ₩800,000을 매입하고 대금은 약속어음을 발행하여 지급하다.
(4) 양화상사에 대한 외상매입금 ₩500,000을 지급하기 위하여 약속어음을 발행하여 지급하다.
(5) 마름상사에 대한 외상매출금 ₩700,000을 동점발행 약속어음으로 받다.
(6) 용마상사에 대한 외상매입금 ₩700,000을 지급하기 위하여 마름상사로부터 받은 약속어음을 배서양도하다.
(7) 마락상사에 발행 교부한 약속어음 ₩800,000이 만기가 되어 당좌예금에서 인출 지급되다.
(8) 무갑상사에서 받은 약속어음 ₩1,000,000을 거래은행에서 할인받고 할인료 ₩50,000을 차감한 실수금은 현금으로 받다.

날짜	차변과목	금액	대변과목	금액
(1)				
(2)				
(3)				
(4)				
(5)				
(6)				
(7)				
(8)				

03. 다음 각 경우의 거래를 분개하시오.

공통 : 기말결산시 외상매출금 잔액 ₩3,000,000에 대하여 2%의 대손을 설정하다.
(1) 대손충당금계정 잔액이 없는 경우
(2) 대손충당금계정 잔액이 ₩30,000이 있는 경우
(3) 대손충당금계정 잔액이 ₩60,000이 있는 경우
(4) 대손충당금계정 잔액이 ₩80,000이 있는 경우

날짜	차변과목	금액	대변과목	금액
(1)				
(2)				
(3)				
(4)				

04. 다음 각 경우의 거래를 분개하시오.

공통 : 백마상점에 대한 외상매출금 ₩300,000을 동점의 파산으로 대손처리하다.
(1) 대손충당금계정 잔액이 없는 경우
(2) 대손충당금계정 잔액이 ₩200,000이 있는 경우
(3) 대손충당금계정 잔액이 ₩500,000이 있는 경우

날짜	차변과목	금액	대변과목	금액
(1)				
(2)				
(3)				

05. 다음 거래를 분개하시오.

(1) 거래처 미역상사에 현금 ₩5,000,000을 단기대여하다.
(2) 미역상사의 대여금에 대한 이자 ₩60,000을 현금으로 받다.
(3) 화담상사와 상품 매입계약을 체결하고 계약금으로 ₩300,000을 현금으로 지급하다.
(4) 화담상사로부터 매입계약한 상품 ₩3,000,000이 도착되어 이미 지급한 계약금 ₩300,000을 차감한 잔액은 1개월 후에 지급하기로 하다.
(5) 마구상사에 사무용으로 사용하던 컴퓨터를 ₩200,000에 매각하고 대금은 나중에 받기로 하다.
(6) 마구상사로부터 위 컴퓨터 매각대금을 현금으로 받다.
(7) 종업원 홍길남에게 출장을 명하고 여비개산액 300,000원을 현금으로 지급하다.
(8) 출장을 다녀온 홍길남이 출장비 잔액 30,000원을 현금으로 반납하다.
(9) 종업원 급여 ₩1,000,000중 소득세 30,000 및 건강보험료 ₩50,000을 차감한 잔액을 현금으로 지급하다.
(10) (9)의 소득세를 현금으로 납부하다.
(11) 회사의 보통예금통장에 내용을 알 수 없는 ₩200,000이 입금되다.
(12) (11)의 내용을 확인한 결과 거래처에서 외상대금을 송금한 것으로 확인되다.

날짜	차변과목	금액	대변과목	금액
(1)				
(2)				

날짜	차변과목	금액	대변과목	금액
(3)				
(4)				
(5)				
(6)				
(7)				
(8)				
(9)				
(10)				
(11)				
(12)				

객관식 연습문제

01. 백마상사는 화장품을 판매하는 회사이다. 다음 중 백마상사의 매출채권 또는 매입채무가 발생되지 않는 거래는?

① 화장품을 판매하고 받을어음을 수령하였다.

② 화장품 원재료를 외상으로 매입하였다.

③ 화장품 배달용 승용차를 외상으로 구입하였다.

④ 화장품을 외상으로 판매하였다.

02. 백마상사의 외상매출금 계정 차변에 기입될 수 있는 거래로 적합한 것은?

① 상품 500,000원을 외상으로 매출하다.

② 외상매출한 상품 중 30,000원이 반품되어오다.

③ 외상매출한 상품에 대하여 10,000원을 에누리해 주다.

④ 거래처의 파산으로 외상매출금 800,000원을 대손처리하다.

03. 백마상사에서 거래처로부터 상품을 매입하고 대금은 3개월 후에 지급하기로 하였다. 이 때 발생하는 부채계정으로 올바른 것은?

① 미지급금
② 매입채무
③ 미지급비용
④ 가지급금

04. 다음 중 외상매출금 계정 대변에 기록되는 내용으로 틀린 것은?(단, 모든 거래는 외상거래임.)

① 매출할인액
② 외상매출금 회수액
③ 매출환입 및 에누리액
④ 외상매출금 전기이월액

05. 다음 백마상사의 20×1년 12월 31일 외상매출금 잔액은 얼마인가?(단, 상품매매는 외상거래로 이루어진다.)

- 1월 1일 외상매출금 잔액 : 10,000원
- 당기외상매출액 : 200,000원
- 당기 외상매출금 회수액 : 90,000원
- 당기 외상매출금 회수 불능 처리액 : 20,000원

① 60,000원
② 80,000원
③ 100,000원
④ 120,000원

06. 다음 자료에 의해 백마상사의 기말 외상매입금 잔액을 계산하면 얼마인가?(단, 상품매입은 모두 외상 거래이다.)

- 외상매입금 기초 잔액 : 400,000원
- 당기총매입액 : 1,200,000원
- 매입환출액 : 200,000원
- 외상매입금 어음 지급액 : 600,000원

① 500,000원
② 600,000원
③ 700,000원
④ 800,000원

07. 상품판매대금으로 받은 약속어음 100,000원을 은행에서 할인하고, 할인료 10,000원을 차감한 90,000원을 당좌예금에 입금 받았을 때 할인료를 처리할 적절한 계정과목은? (단, 매각거래로 처리할 것).

① 이자비용 ② 단기매매증권처분손실
③ 매출채권처분손실 ④ 지급수수료

08. 다음 결산일의 대손충당금 설정 분개로 옳은 것은?

계정과목	기초잔액	기말잔액
외상매출금	1,000,000원	1,200,000원
(대손충당금)	10,000원	12,000원

	차변	대변
①	대손상각비 2,000원	대손충당금 2,000원
②	대손상각비 10,000원	대손충당금 10,000원
③	대손충당금 2,000원	대손상각비 2,000원
④	대손충당금 12,000원	대손상각비 12,000원

09. 다음 자료를 통해 당기 손익계산서에 기록될 대손상각비는 얼마인가?

- 당기의 기초 대손충당금 50,000원, 기중 대손발생액은 30,000원이다.
- 기말 재무상태표의 매출채권은 5,000,000원, 대손충당금은 100,000원이다.

① 30,000원 ② 50,000원 ③ 80,000원 ④ 100,000원

10. 다음 중 대손충당금과 관련된 설명으로 올바르지 않은 것은?

① 대손충당금은 채권에 대한 차감적 평가계정이다.
② 대손충당금은 수익과 비용의 기간적 대응을 위해 설정한다.
③ 상거래상 매출채권 외에 미수금에 대해서는 대손충당금을 설정할 수 없다.
④ 실제 대손이 발생하면 대손충당금과 우선상계하고 대손충당금잔액을 초과하는 대손액을 대손상각비로 처리한다.

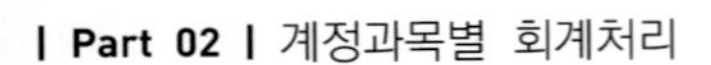

11. 다음 자료에 의할 때 기말 재무상태표상 대손충당금 잔액은 몇 원인가?(단, '대손예상율 = 기초대손충당금/기초매출채권'으로 한다.)

• 기초 매출채권	5,000,000원	• 기초 대손충당금	50,000원
• 당기 대손발생액	30,000원	• 기말 매출채권	7,500,000원

① 25,000원　　② 55,000원
③ 75,000원　　④ 105,000원

12. 다음 자료에 의하여 결산정리분개 후 손익계산서에 기입될 대손상각비는?

• 매출채권 잔액	800,000원	• 대손충당금 계정 잔액	10,000원
• 매출채권 잔액의 2% 대손 예상			

① 4,000원　　② 6,000원
③ 8,000원　　④ 16,000원

13. 7월 18일 거래처에 매출하여 받은 약속어음 1,000,000원이 거래처의 파산으로 회수불가능하게 되었다. 7월 18일 분개로 적절한 것은? (단, 7월 18일 현재 장부상 대손충당금 500,000원이 설정되어 있다.)

①	(차) 대손상각비	1,000,000원	(대) 받을어음	1,000,000원
②	(차) 대손충당금	1,000,000원	(대) 받을어음	1,000,000원
③	(차) 대손충당금	500,000원	(대) 받을어음	500,000원
④	(차) 대손충당금	500,000원	(대) 받을어음	1,000,000원
	대손상각비	500,000원		

14. 전기에 대손이 확정되어 대손처리 한 채권을 당기에 회수한 경우 대변에 계상되는 계정으로 올바른 것은?

① 대손충당금　　② 매출채권
③ 대손상각비　　④ 잡이익

15. 다음 각 거래의 분개 시 대변 계정과목을 바르게 짝지은 것은?

> (가) 무갑상사에서 판매용 컴퓨터 100,000원을 매입하고 대금은 1개월 후에 지급하기로 하다.
> (나) 용마상사에서 사무용 컴퓨터를 구입하고 대금 100,000원은 10일 후에 지급하기로 하다.

	(가)	(나)		(가)	(나)
①	미지급금	미지급금	②	미지급금	외상매입금
③	외상매입금	미지급금	④	외상매입금	외상매입금

16. 백마상사에서 상품운반용 차량운반구를 매입하고 대금은 12개월 할부로 하였다. 이 때 발생하는 부채계정으로 올바른 것은?

① 미지급금　　② 외상매입금
③ 미지급비용　　④ 예수금

17. 다음 (가)와 (나)의 계정과목으로 옳은 것은?

> (가) 기업이 종업원의 소득세, 건강보험료를 일시적으로 보관하는 경우
> (나) 현금은 입금되었으나 계정과목이 확정되지 않은 경우

	(가)	(나)		(가)	(나)
①	예수금	가수금	②	선수금	가지급금
③	예수금	가지급금	④	선수금	가수금

18. 업무용 소모품을 구입하고 대금을 신용카드로 결제한 경우, 이를 회계처리시 대변 계정과목으로 옳은 것은?

① 외상매입금　　② 미지급금
③ 미수금　　④ 외상매출금

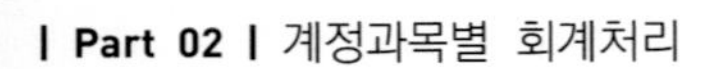

19. 다음의 거래를 분개할 때 차변에 기입되는 계정과목으로 옳은 것은?

> 상품(갑상품 100개, 개당 30,000원, 총 3,000,000원)을 주문하고, 계약금 10%를 수표로 발행하여 지급하였다.

① 선수금　② 선급금　③ 미수금　④ 예수금

20. 백마상사가 다음 거래를 분개할 때, 대변에 기입될 계정과목으로 옳은 것은?

> 백마상사는 대한물류와 냉장창고 신축 공사계약을 맺고 계약금 1억원을 당좌예금으로 받다.

① 공사미수금　② 선수금　③ 예수금　④ 선급금

21. 다음 중 기말재무상태표에 표시될 수 없는 계정과목은?

① 가지급금　② 예수금　③ 미수금　④ 선급금

22. 가지급금으로 회계처리한 400,000원 중 150,000원은 매입 상품의 계약금으로 확인된 경우 회계처리로 올바른 것은?

① (차) 가지급금 150,000원　(대) 선급금 150,000원
② (차) 미지급금 150,000원　(대) 가지급금 150,000원
③ (차) 가지급금 150,000원　(대) 미지급금 150,000원
④ (차) 선급금 150,000원　(대) 가지급금 150,000원

| Chapter 08 |

유형자산

1 유형자산의 의의와 취득

1) 유형자산의 의의

유형자산은 정상적인 영업활동과정에서 사용을 목적으로 취득한 자산으로 여러 회계기간에 걸쳐 사용되는 물리적 실체가 있는 자산으로, 토지, 건물, 기계장치, 차량운반구, 비품 등을 포함한다.

구분	내용
토 지	영업활동에 사용하는 대지, 임야, 전답 등의 토지
건 물	영업활동에 사용되는 건축물
기 계 장 치	영업활동에 사용하는 기계 및 설비
차 량 운 반 구	영업활동에 사용하는 차량과 운반구
비 품	영업활동에 사용하는 컴퓨터, 복사기 등의 집기
건설중인자산	유형자산의 건설을 위한 제비용, 도급금액, 취득한 기계(완성되기 직전까 지의 모든 제비용)

2) 유형자산의 취득

유형자산의 구입시 취득가액과 구입취득세, 등록세, 취득수수료, 운반비, 설치비, 시운전비 등을 포함하여 취득원가를 산정한다. 예컨대 새 건물을 신축하기 위하여 기존 건물이 있는 토지를 취득하고 건물을 철거하는 경우 기존 건물의 철거 관련 비용에서 그 건물의 부산물을 판매하여 수취한 금액을 차감한 금액은 토지의 취득원가에 포함한다.

구분	차변	대변
유형자산 취득시	건 물 ×××	미지급금 ×××

예제 8-1 유형자산의 취득

01. 다음 거래를 분개하시오.

(1) 사무실에서 사용할 책상과 의자 ₩200,000을 구입하고 대금은 월말에 지급하기로 하다. 단, 구입시 운반비 ₩15,000은 현금으로 지급하다.
(2) 본사 사옥 ₩5,000,000을 취득하고 대금은 수표를 발행하여 지급하다. 단, 중개수수료 ₩100,000과 취득세 ₩200,000은 현금으로 지급하다.

No	차변과목	금액	대변과목	금액
(1)				
(2)				

풀이

No	차변과목	금액	대변과목	금액
(1)	비 품	215,000	미지급금 현 금	200,000 15,000
(2)	건 물	5,300,000	당좌예금 현 금	5,000,000 300,000

2 유형자산의 취득 후 지출

1) 자본적 지출과 수익적 지출의 의의

자본적 지출이란 유형자산에 대한 특정 지출의 효익이 당해 기간에 그치지 않고 미래 일정기간에 지속되는 지출을 말한다. 따라서 자본적 지출액은 자산으로 계상한 후 감가상각을 통하여 비용화되어야 한다.

수익적 지출이란 특정 지출의 효과가 당해 연도에 한정되어 발생연도의 기간비용으로 처리하는 지출을 의미한다.

자본적 지출과 수익적 지출

구분	자본적 지출	수익적 지출
분류요건	• 자산가치의 증대를 가져오는 지출 • 내용연수 증가나 능률향상을 가져오는 지출	• 자산의 현상유지를 위한 지출 • 자산의 능률유지를 위한 지출
사　례	• 본래의 용도를 변경하기 위한 개조 • 계단식 건물에 엘리베이터 또는 에스컬레이터 설치 • 냉 · 난방장치의 설치나 내용연수 연장	• 파손된 유리나 기와의 교체 • 오래된 건물 또는 벽의 도색 • 자동차의 타이어, 배터리 등 교체 • 건물내부의 조명기구 교체 등

2) 자본적 지출과 수익적 지출의 회계처리

자산을 취득한 후 지출한 금액이 자본적 지출에 해당하는 경우에는 해당 자산을 증가시켜야 하며 수익적 지출에 해당하는 경우에는 당기의 비용인 수선비(차량운반구의 경우 차량유지비)로 처리하여야 한다.

구분	차변		대변	
자본적 지출	해당 자산	×××	현　금	×××
수익적 지출	수 선 비	×××	현　금	×××

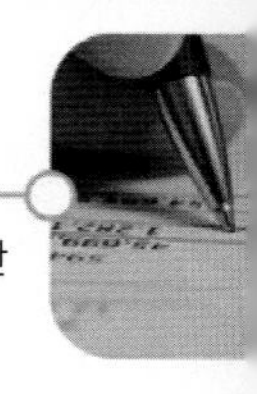

예제 8-2 유형자산의 취득후 지출

01. 다음 거래를 분개하시오,

(1) 본사 건물내부 페인트 도색을 하고 그 비용 ₩200,000을 현금으로 지출하다.
(2) 상가건물에 대해 수선하고 그 비용 ₩3,000,000을 수표를 발행하여 지급하다. 단, 수선비 중 ₩2,500,000은 자산처리 대상이고 잔액은 단순한 파손 복구를 위한 비용이다.

No	차변과목	금액	대변과목	금액
(1)				
(2)				

풀이

No	차변과목	금액	대변과목	금액
(1)	수 선 비	200,000	현 금	200,000
(2)	건 물 수 선 비	2,500,000 500,000	당좌예금	3,000,000

3) 오류시 효과

자본적 지출로 처리하면 자산이 증가하고 수익적 지출로 처리하면 이익이 감소하게 된다. 만약 자본적 지출로 처리할 것을 수익적 지출로 처리하게 되면 장부의 자산과 이익이 낮게 표시되어 자본이 과소계상되며, 수익적 지출로 처리할 것을 자본적 지출로 처리하면 자산과 이익이 실제보다 과대표시되기 때문에 자본이 과대계상된다.

구분	자산	비용	이익	자본
자본적 지출을 수익적 지출로 처리한 경우	과소	과대	과소	과소
수익적 지출을 자본적 지출로 처리한 경우	과대	과소	과대	과대

3 유형자산의 감가상각

1) 감가상각의 의의

토지와 건설중인자산을 제외한 건물, 기계장치, 차량운반구, 비품 등의 유형자산은 시간의 경과 및 진부화로 인해 물리적, 경제적 가치가 하락하게 된다. 이때 발생하는 유형자산에서 감소되는 가치를 비용으로 해당 연도에 부담시키는 회계상의 처리나 절차를 감가상각이라 한다. 감가상각에 의해 계산된 비용으로 특정 연도의 비용이 되는 유형자산의 가치가 감소되는 금액을 감가상각비라 한다.

2) 감가상각의 3요소

감가상각비를 계산하기 위하여 필요한 자료들로 취득원가, 잔존가액, 내용연수로 구분할 수 있다.

(1) 취득원가

취득원가는 유형자산의 구입가격에 사용시점까지 발생한 부대비용과 취득후에 발생한 자본적 지출액을 가산한 금액이다.

(2) 잔존가액

잔존가액은 내용연수 경과 후의 처분가치에서 처분비용을 차감한 금액을 말한다.

(3) 내용연수

내용연수는 유형자산이 사용불능이 되어 폐기될 때까지의 예정사용연수를 말한다.

3) 감가상각의 계산방법

(1) 정액법

유형자산의 취득원가에서 잔존가액을 차감한 감가상각 대상액을 내용연수로 나누어 매기 균등하게 감가상각비를 계산하는 방법이다.

(취득원가 - 잔존가액) / 내용연수 = 감가상각비

(2)정률법

유형자산의 취득원가에서 감가상각누계액을 차감한 매기말 장부가액에 일정한 상각률(정률)을 곱하여 해당 연도의 감가상각비를 계산하는 방법이다.

(취득원가 - 감가상각누계액) × 정률 = 감가상각비

$$정률 = 1 - \sqrt[n]{\frac{잔존가치}{취득원가}} \; (n: 내용연수)$$

(3) 연수합계법

유형자산의 내용연수 합계를 분모하고 잔여 내용연수를 분자로 하는 상각률을 감가상각 대상액에 곱해 감가상각비를 계산하는 방법이다.

(취득원가 - 잔존가액) × (잔여 내용연수 / 내용연수의 합계) = 감가상각비

(4) 생산량비례법

생산량 또는 작업시간에 비례하여 감가상각비를 계산하는 방법으로 특정기간 동안에 실제 생산된 수량 또는 작업시간을 기준으로 매기 감가상각비를 계산한다.

(취득원가 - 잔존가액) × (실제생산량 / 추정생산량) = 감가상각비

4) 감가상각의 회계처리

감가상각비가 계산되면 그 금액을 감가상각비란 비용으로 계산하는 동시에 해당 유형자산의 장부가액을 감소시키는 회계처리를 해야 하는데, 직접법과 간접법이 있다.

구분	차변		대변	
직접법	감가상각비	×××	유 형 자 산	×××
간접법	감가상각비	×××	감가상각누계액	×××

예제 8-3 유형자산의 감가상각

다음의 자료에 의하여 3년간의 감가상각비를 정액법과 정률법에 의하여 계산하시오.

취득원가	₩1,000,000	내용연수	5년
잔존가액	없음	상각률(정률)	40%

구분	정액법	정률법
1차년도		
2차년도		
3차년도		

풀이

구분	정액법	정률법
1차년도	(1,000,000-0)×1/5 = 200,000	1,000,000 ×0.4 = 400,000
2차년도	(1,000,000-0)×1/5 = 200,000	(1,000,000-400,000)×0.4=240,000
3차년도	(1,000,000-0)×1/5 = 200,000	(1,000,000-640,000)×0.4=144,000

유형자산의 처분

유형자산을 처분하는 경우 해당 유형자산의 처분가액과 장부가액과의 차이가 발생하는 경우 그 차액을 유형자산처분손익 계정으로 처리한다. 장부금액은 취득금액에서 감가상각누계액을 차감한 금액을 말한다.

구분	매출자		매입자	
처분가액 〉 장부가액*	(차) 감가상각누계액 미 수 금	××× ×××	(대) 건 물 유형자산처분이익	××× ×××
처분가액 〈 장부가액	(차) 감가상각누계액 미 수 금 유형자산처분손실	××× ××× ×××	(대) 건 물	×××

* 장부가액 = 취득원가 − 감가상각누계액

예제 8-4 유형자산의 처분

다음의 연속되는 거래를 분개하시오(회계처리는 간접법으로 한다).

- 20×1년 1/ 1 비품 ₩1,000,000을 현금으로 구입하다.
  12/31 결산일에 위 비품에 대하여 감가상각을 하다.(내용연수는 5년, 잔존가액 ₩0, 정액법)
- 20×2년 12/31 결산일에 위 비품에 대하여 정액법으로 감가상각을 하다.
- 20×3년 1/ 1 동 비품을 ₩300,000에 처분하고 대금은 한달 후에 받기로 하다.

날짜		차변과목	금액	대변과목	금액
20×1	1/ 1				
	12/31				
20×2	12/31				
20×3	1/ 1				

풀이

날짜		차변과목	금액	대변과목	금액
20×1	1/ 1	비 품	1,000,000	현 금	1,000,000
	12/31	감 가 상 각 비	200,000	감가상각누계액	200,000
20×2	12/31	감 가 상 각 비	200,000	감가상각누계액	200,000
20×3	1/ 1	감가상각누계액 미 수 금 유형자산처분손실	400,000 300,000 300,000	비 품	1,000,000

연습문제

주관식 연습문제

01. 다음 거래를 분개하시오.

(1) 사무실에서 사용할 컴퓨터를 ₩800,000원에 구입하고, 대금 중 ₩100,000원은 현금으로 지급하고, 잔액은 2개월 후에 지급하기로 하다.
(2) 업무용 토지를 취득하고 그 대금 ₩50,000,000원을 당좌수표를 발행하여 지급하다. 또한 부동산 중개수수료 ₩500,000원과 취득세 ₩600,000원은 현금으로 지급하다.
(3) 업무용 승용차를 ₩20,000,000원에 구입하고 대금은 무이자할부 10개월의 조건에 지급하기로 하다. 취득시 등록세와 취득세 ₩1,000,000은 현금으로 납부하다.
(4) 본사 사옥으로 사용할 건물을 ₩80,000,000원에 구입하고, 대금 중 ₩20,000,000원은 현금으로 지급하고, 잔액은 한달 후에 지급하기로 하다. 또한 건물 등록세 ₩1,500,000원을 현금으로 납부하다.
(5) 사무실용 책상과 의자를 ₩300,000에 취득하고 그 대금은 보통예금 통장에서 계좌이체하여 지급하다.

날짜	차변과목	금액	대변과목	금액
(1)				
(2)				
(3)				
(4)				
(5)				

02. 다음 거래를 분개하시오(간접법).

(1) 취득원가 ₩500,000(내용연수 5년, 잔존가액 ₩0)의 기계장치를 감가상각하다(정액법).

(2) 결산시 비품 ₩300,000(감가상각누계액 ₩60,000)에 대하여 감가상각하다(정률 20%).

(3) 건물을 ₩5,000,000에 취득하였으며, 1차년도 결산시 연수합계법으로 감가상각하다(내용연수 3년, 잔존가치 ₩500,000).

날짜	차변과목	금액	대변과목	금액
(1)				
(2)				
(3)				

03. 다음 거래를 분개하시오.

(1) 취득원가 ₩3,000,000의 업무용 토지를 ₩5,000,000에 매각하고, 대금은 외상으로 하다.

(2) 취득원가 ₩600,000(감가상각누계액 ₩300,000)의 컴퓨터를 ₩100,000에 매각하고 대금은 현금으로 받다.

(3) 취득원가 ₩2,000,000의 승용차를 ₩1,500,000에 매각하고 대금은 자기앞수표로 받아 즉시 당좌예입하다(감가상각누계액은 ₩800,000).

(4) 취득원가 ₩1,000,000(감가상각누계액 ₩600,000)의 건물을 ₩700,000에 매각하고 중개수수료 ₩20,000을 차감한 잔액을 현금으로 받다.

날짜	차변과목	금액	대변과목	금액
(1)				
(2)				
(3)				
(4)				

객관식 연습문제

01. 다음 중 유형자산으로 분류하기 위한 조건으로서 가장 적절하지 않은 것은?

① 1년을 초과하여 사용할 것이 예상되어야 한다.

② 물리적인 형체가 있어야 한다.

③ 자체적으로 사업에 사용할 목적으로 보유하여야 한다.

④ 식별가능하여야 한다.

02. 세무상사가 보유하고 있는 다음 자산에 대한 설명으로 옳은 것을 모두 고른 것은?(단, 아래 항목은 재고자산이 아니다.)

• 건물 • 비품 • 기계장치 • 차량운반구

ㄱ. 재무상태표에 비유동자산으로 분류하여 기재한다.
ㄴ. 1년 이상 장기간 영업활동에 사용할 목적으로 취득한 자산이다.
ㄷ. 사용함에 따라 가치가 감소하므로 결산시 정액법 또는 정률법 등을 적용하여 감가상각을 계상하여야 한다.

① ㄱ ② ㄱ, ㄷ ③ ㄴ, ㄷ ④ ㄱ, ㄴ, ㄷ

03. 다음 중 영업활동에 사용할 목적으로 건물을 보유하는 경우 회계처리하는 계정은?

① 재고자산 ② 유형자산 ③ 투자자산 ④ 자본금

04. 유형자산의 취득원가에 대한 설명으로 틀린 것은?

① 지상 건물이 있는 토지를 일괄취득하여 기존 건물을 계속 사용할 경우 일괄구입가격을 토지와 건물의 공정가치에 따라 배분한다.

② 토지의 취득시 중개수수료는 토지의 취득원가에 포함한다.

③ 기계장치를 설치한 후 발생한 기계장치 시운전비는 기계장치의 취득원가에 포함한다.

④ 건물 신축을 목적으로 건물이 있는 토지를 일괄취득한 경우, 기존 건물의 철거비용은 신축 건물의 취득원가에 가산한다.

05. 다음 중 자산의 취득원가에 해당하지 않는 것은?

① 차량 취득시 납부한 취득세
② 소프트웨어 창출을 위한 개발비
③ 사업용토지에 대한 재산세
④ 내용연수가 증가하는 대규모 건물 수선비

06. 창고를 신축할 목적으로 토지와 건물을 취득한 후 구건물을 철거하는데 비용이 발행한 경우 회계처리는?

① 토지 취득원가로 처리한다.
② 신축 건물 취득원가로 처리한다.
③ 당기 수선비로 처리한다.
④ 비품으로 처리한다.

07. 다음 중 유형자산의 취득원가에 포함되지 않는 것은?

① 시운전비
② 중개수수료
③ 취득시 운송비용 및 수수료
④ 재산세액

08. 다음 중 자본적 지출에 해당되는 것은?

① 건물도색비
② 건물구조변경비
③ 건물재산세
④ 건물화재보험료

09. 다음 중 자산의 경제적 효익을 증가시키는 자본적 지출에 가장 해당하지 않는 것은?

① 물류창고의 증축 공사
② 공장건물의 발전기 설치
③ 상가건물의 엘리베이터 설치
④ 기숙사의 보일러 교체

10. 다음 중 차량의 엔진오일을 교체하고 자본적 지출로 잘못된 회계처리를 한 경우 나타나는 결과로 옳은 것은?

① 자산이 과대 계상된다.
② 비용이 과대 계상된다.
③ 영업이익이 과소 계상된다.
④ 당기순이익이 과소 계상된다.

11. 다음과 같은 결과가 재무상태 또는 경영성과에 미치는 영향으로 바르게 설명한 것은?

> 본사 건물의 외벽 도색 및 깨어진 유리창을 교체하고, 그 비용 500,000원을 현금으로 지출한 것에 대하여 수익적 지출을 자본적 지출로 잘못 회계 처리하였다.

① 자산이 과소 계상 되었다.
② 자본이 과소 계상 되었다.
③ 비용이 과소 계상 되었다.
④ 수익이 과소 계상 되었다.

12. 유형자산의 감가상각에 대한 설명으로 틀린 것은?

① 감가상각 계산의 요소에는 취득원가, 내용연수, 잔존가치, 상각방법이 있다.
② 유형자산 중 토지, 건물, 기계장치는 감가상각 대상이다.
③ 감가상각 방법에는 정액법, 정률법, 연수합계법 등이 있다.
④ 건설중인 자산은 아직 건설이 완료되지 않았으므로 감가상각을 하지 않는다.

13. 다음 중 유형자산의 취득 초기에 많은 감가상각비를 인식하고 시간이 경과함에 따라 감가상각비가 적어지는 방법에 해당하지 않는 것은?

① 정액법　　② 정률법
③ 이중체감잔액법　　④ 연수합계법

14. 감가상각을 하지 않는 자산을 〈보기〉에서 고른 것은?

> 〈보기〉 ㄱ. 토지 ㄴ. 기계장치 ㄷ. 비품 ㄹ. 건설중인자산

① ㄱ, ㄴ　　② ㄱ, ㄹ
③ ㄴ, ㄷ　　④ ㄷ, ㄹ

15. 다음의 자료를 이용하여 20×1년도 12월 31일 손익계산서에 계상할 감가상각비를 계산하면 얼마인가?

- 20×1년 7월 1일에 기계장치를 5,000,000원에 구입하였다.
- 내용연수는 5년이고 잔존가치는 취득원가의 10%이다.
- 회계기간은 1월 1일에서 12월 31일까지이고, 정액법으로 상각한다.
- 단, 감가상각은 월할상각을 가정한다.

① 450,000원　　② 500,000원
③ 900,000원　　④ 1,000,000원

16. 다음은 세무상사의 기계장치에 관한 내용이다. 이에 대하여 20×2년 12월 31일 결산시 감가상각비를 계산하면 얼마인가?

- 취득시기 : 20×1년 7월 1일
- 취득원가 : 1,000,000원
- 내용연수 : 5년
- 상각률 : 연 40%
- 감가상각방법 : 정률법
- 잔존가치 : 50,000원

① 200,000원　　② 225,000원
③ 240,000원　　④ 320,000원

17. 백마상사는 20×1년 1월 1일 건물을 2,000,000원에 취득하였으며, 연수합계법(내용연수 3년, 잔존가치 200,000원)으로 상각한다. 건물에 대해 20×2년에 인식할 감가상각비는? (단, 감가상각비는 월할 상각한다.)

① 300,000원　　② 450,000원
③ 600,000원　　④ 900,000원

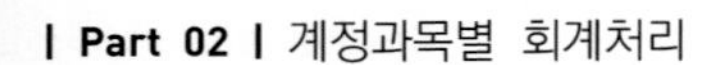

18. ㈜백마가 보유하고 있는 유형자산 중 차량운반구를 당기에 처분하였지만 아직 처분대금을 지급받지 못하였다. 이 때 발생한 채권을 처리할 계정과목은?

① 미지급금 ② 미수금 ③ 단기대여금 ④ 외상매출금

19. 다음의 자료로 유형자산 처분손익을 계산한 금액으로 옳은 것은?

- 20×1.01.01. 업무용 컴퓨터 구입 1,000,000원 (내용연수 5년, 잔존가치 없음, 감가상각 방법 정액법)
- 20×3.07.01. 처분 300,000원 (단, 당기분 감가상각비 월할 계산함)

① 처분이익 200,000원 ② 처분이익 100,000원
③ 처분손실 200,000원 ④ 처분손실 300,000원

20. 다음 거래의 분개 시 유형자산의 매매차손익은 얼마인가?

화담상사는 10,000,000원에 구입하여 영업용으로 사용하던 차량운반구를 1,000,000원에 매각 처분하고 대금은 1개월 후에 받기로 하다.(단, 감가상각누계액은 8,700,000원이다)

① 유형자산처분이익 300,000원 ② 유형자산처분이익 900,000원
③ 유형자산처분손실 300,000원 ④ 유형자산처분손실 970,000원

| Chapter 09 |

무형자산과 투자자산

1 무형자산

1) 무형자산의 의의

무형자산이란 기업이 장기간 영업활동에 사용할 목적으로 보유하고 있는 물리적 실체가 없는 자산이다. 무형자산의 특징은 물리적인 형태는 없으나 사실상의 가치를 가지며, 식별가능하고 기업이 통제하고 있으며 미래의 경제적 효익이 기업에 유입되리라고 기대되는 자산이다.

2) 무형자산의 종류

무형자산은 경제적 자산으로 영업권이 있고, 법률상의 권리를 갖는 자산으로 산업재산권, 개발비, 광업권, 어업권, 소프트웨어 등이 있다.

구분	내용
영 업 권	합병, 영업양수 등으로 유상취득한 독립적·배타적인 권리
산 업 재 산 권	일정기간 독립적·배타적으로 이용할 수 있는 권리로 특허권, 실용신안권, 의장권, 상표권 등
개 발 비	신제품, 신기술 등의 개발과 관련하여 발생한 비용으로 개별적으로 식별가능하고 미래의 경제적 효익을 확실하게 기대할 수 있는 것
광 업 권	일정한 광구에서 등록을 한 광물과 동 광산 중에서 부존하는 다른 광물을 채굴

	하여 취득할 수 있는 권리
기타무형자산	라이센스, 프랜차이즈, 소프트웨어, 어업권, 차지권, 저작권 등

3) 무형자산의 취득원가

무형자산은 기업이 자체개발하거나 외부로부터 구입할 수 있다. 외부로부터 구입할 경우에는 당해 자산의 매입가액뿐만 아니라 취득과 관련하여 발생되는 등록비, 법률수수료 등의 취득부대비용까지 취득원가에 계상한다. 자체개발의 경우에는 개발된 권리가 미래에 경제적 효익을 가져와 줄 것이 확실하고, 무형자산을 창설하는데 소요된 원가를 명확히 구분할 수 있는 경우에만 취득원가로 계상한다.

구분	차변	대변
산업재산권을 취득한 경우	산업재산권 ×××	현 금 ×××

4) 무형자산의 상각

무형자산은 당해 자산의 취득을 위하여 소요된 가액을 취득원가로 하며 상각한다. 상각방법에는 정액법, 체감잔액법과 생산량비례법이 있는데 자산의 경제적 효익이 소비되는 형태를 반영한 방법을 사용한다. 다만, 소비되는 형태를 신뢰성 있게 결정할 수 없을 경우에는 정액법을 사용한다. 무형자산의 상각은 자산이 사용가능한 때부터 시작되며, 상각기간은 독립적·배타적인 권리를 부여하고 있는 관계법령이나 계약에 정해진 경우를 제외하고는 20년을 초과할 수 없다.

무형자산은 내용연수가 유한한 무형자산과 영업권과 같이 비한정적인 무형자산으로 구분하고, 비한정적인 무형자산은 상각하지 않되 매년 손상검사를 한다. 내용연수가 유한한 무형자산의 잔존가치는 특별한 경우를 제외하고 영(0)으로 본다.

구분	차변	대변
무형자산 상각시	무형자산상각비 ×××	무형자산 ×××

예제 9-1 무형자산 거래

01. 다음 거래를 분개하시오.

(1) (주)더존에서 ERP시스템 소프트웨어프로그램을 구입하고 대금 ₩10,000,000원은 한달 후에 지급하기로 하였다.
(2) 결산시 위의 소프트웨어를 상각하다. 결산은 연 1회이고 상각 내용연수는 5년이다.

No	차변과목	금액	대변과목	금액
(1)				
(2)				

02. 다음과 같은 재무상태의 무갑상사를 인수하고 인수대금 ₩2,500,000을 수표를 발행하여 지급하였다. 적정한 분개를 하고 영업권으로 계상될 금액을 계산하시오.

외상매출금	₩300,000	상 품	₩700,000
건 물	₩1,500,000	차량운반구	₩500,000
외상매입금	₩300,000	장기차입금	₩500,000

풀이

1.

No	차변과목	금액	대변과목	금액
(1)	소프트웨어	10,000,000	미지급금	10,000,000
(2)	무형자산상각비	2,000,000	소프트웨어	2,000,000

2.

차변과목	금액	대변과목	금액
외상매출금	300,000	외상매입금	300,000
상 품	700,000	장기차입금	500,000
건 물	1,500,000	당좌예금	2,500,000
차량운반구	500,000		
영 업 권	300,000		

* 영업권의 계산 : 자산총액 3,000,000 – 부채총액 800,000 = 순자산 2,200,000
인수금액 2,500,000 – 순자산 2,200,000 = 영업권 300,000

2 투자자산

1) 투자자산의 의의

투자자산이란 기업이 정상적인 영업활동과는 무관하게 타회사를 지배하거나 통제할 목적 또는 장기적인 투자이윤을 얻기 위해 장기적으로 투자된 자산을 말한다. 투자자산은 기업의 고유사업의 사업목적 달성과는 관련이 없다는 점에서 유형자산과 다르며, 장기적으로 보유하고 있다는 점에서 단기매매증권이나 단기금융상품 등과 구별된다.

2) 투자자산의 종류

투자부동산	영업활동과는 무관하게 투자목적으로 취득하여 보유하는 토지나 건물 등
매도가능증권	단기매매증권이나 만기보유증권 및 지분법적용투자주식으로 분류되지 아니하거나 시장성이 없는 국·공·사채 및 주식
만기보유증권	만기가 확정된 채무증권으로 상환금액이 확정되었거나 확정이 가능한 채무증권을 만기까지 보유할 적극적인 의도와 능력이 있는 경우
지분법적용투자주식	투자회사가 피투자회사에 중대한 영향력을 행사할 수 있는 의결권이 있는 주식으로서 지분법으로 평가하는 것
장기금융상품	유동자산에 속하지 않은 금융상품으로 결산일 기준으로 1년 이후에 만기가 도래하는 사용이 제한되어 있는 예금 및 기타 정형화된 장기금융상품
장기대여금	이자수익을 창출할 목적으로 유동자산에 속하지 아니한 대여금으로서 1년 이상 타인에게 장기의 자금을 대여한 경우

예제 9-2 투자자산

다음 거래를 분개하시오.

(1) 장기투자목적으로 토지를 취득하면서 ₩6,000,000을 수표를 발행하여 지급하다.
(2) 장기차입금 상환을 위하여 현금 ₩2,000,000을 3년 만기의 정기예금을 하다.
(3) 설봉상사에 3년 기한으로 현금 ₩500,000을 대여하다.

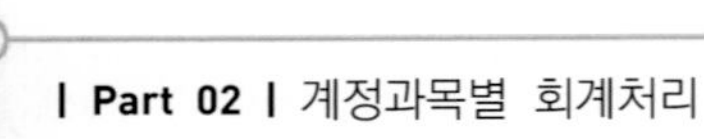

No	차변과목	금액	대변과목	금액
(1)				
(2)				
(3)				

풀이

No	차변과목	금액	대변과목	금액
(1)	투자부동산	6,000,000	당좌예금	6,000,000
(2)	장기금융상품	2,000,000	현금	2,000,000
(3)	장기대여금	500,000	현금	500,000

3 기타비유동자산

1) 기타비유동자산의 의의

기타비유동자산이란 투자자산, 유형자산, 무형자산에 속하지 않는 비유동자산으로서 투자 수익을 얻을 수 없고, 다른 자산으로 분류하기 어려운 자산을 말한다.

2) 기타비유동자산의 종류

임차보증금	건물 등을 임차하면서 전세금 혹은 월세보증금을 지급한 것
장기매출채권	회수기간이 1년 이상인 매출채권(외상매출금, 받을어음)
장기미수금	회수기간이 1년 이상인 영업활동 이외의 채권
이연법인세대	일시적 차이 등으로 인하여 미래에 경감될 법인세부담액으로서 유동자산으로 분류되는 이연법인세자산을 제외한 부분을 말함

예제 9-3 기타비유동자산

다음 거래를 분개하시오.

(1) 지점에서 사용하기 위하여 영업용 사무실의 임차계약을 체결하고 보증금 ₩5,000,000과 1개월 간의 월세 ₩200,000을 수표를 발행하여 지급하다.
(2) 원적상사에 상품 ₩600,000을 매출하고 18개월 만기의 약속어음으로 받다.

No	차변과목	금액	대변과목	금액
(1)				
(2)				

풀이

No	차변과목	금액	대변과목	금액
(1)	임 차 보 증 금 임 차 료	5,000,000 200,000	당 좌 예 금	5,200,000
(2)	장기외상매출금	600,000	상 품 매 출	600,000

연습문제

주관식 연습문제

01. 다음 거래를 분개하시오.

(1) 신제품 개발을 위해 비경상적(자산의 인식요건 모두 충족) 비용으로 ₩2,000,000을 수표를 발행하여 지출하다.
(2) 결산시 위 (1)의 개발비를 상각하다. 상각 내용연수는 5년이다.
(3) 특허취득을 위한 비용으로 ₩500,000원을 현금으로 지출하다.
(4) 결산시 위 '(3)'의 특허권을 상각하다. 상각 내용연수는 5년이다.

No	차변과목	금액	대변과목	금액
(1)				
(2)				
(3)				
(4)				

02 다음 거래를 분개하시오,

(1) 장기투자목적으로 건물을 취득하면서 ₩10,000,000을 현금으로 지급하다.
(2) 현금 ₩5,000,000을 3년 만기의 정기예금을 하다.
(3) 무갑상사에 2년 기한으로 현금 ₩3,000,000을 대여하다.

No	차변과목	금액	대변과목	금액
(1)				
(2)				
(3)				

03. 다음 거래를 분개하시오.

(1) 사무실의 임차계약을 체결하고 보증금 ₩10,000,000과 1개월 간의 월세 ₩200,000을 현금으로 지급하다.
(2) 미역상사에 상품 ₩800,000을 매출하고 24개월 만기의 약속어음으로 받다.

No	차변과목	금액	대변과목	금액
(1)				
(2)				

객관식 연습문제

01. 다음 중 무형자산에 대한 설명으로 틀린 것은?

① 무형자산에는 임차보증금, 특허권, 상표권, 저작권 등이 해당된다.
② 물리적형체는 없지만 식별가능하다.
③ 무형자산의 상각비는 원가에서 직접 차감한 후 장부금액을 재무제표에 보고한다.
④ 영업권은 다른 무형자산과 다르게 자산으로서의 식별가능성이 없다.

02. 다음 중 무형자산에 대한 설명이다. 옳지 않은 것은?

① 물리적 형태가 없는 화폐성자산이다.
② 무형자산은 상각누계액과 손상차손누계액을 취득원가에서 직접 차감한 잔액으로 표시한다.
③ 지식재산권, 개발비, 컴퓨터소프트웨어, 광업권은 무형자산에 해당한다.
④ 미래의 경제적효익을 가져다 줄 수 있는 자산이다.

03. 다음 중 기업회계기준상 무형자산에 해당하지 않는 것은?

① 광업권　　② 특허권
③ 전세권　　④ 영업권

04. 다음 설명이 공통적으로 적용되는 계정과목으로만 짝지어진 것은?

- 구체적인 존재 형태를 가지고 있지 않다.
- 법률상의 권리 또는 경제적 가치를 나타내는 자산이다.
- 미래에 기업의 수익 창출에 기여할 것으로 예상되는 자산이다.

① 건물, 비품
② 영업권, 임차보증금
③ 저작권, 산업재산권
④ 투자부동산, 임차보증금

05. 다음 중 무형자산에 해당하는 계정과목이 아닌 것은?

① 연구비 ② 개발비 ③ 산업재산권 ④ 소프트웨어

06. 물리적 실체는 없지만 식별가능한 비화폐성자산의 종류가 아닌 것은 무엇인가?

① 특허권
② 영업권
③ 컴퓨터소프트웨어
④ 매출채권

07. 다음 거래를 분개할 때 차변에 기입되는 계정과목과 같은 항목으로 분류되는 계정과목이 아닌 것은?

- ㈜세무상사는 업무용 Office프로그램 10세트를 1,000,000원에 구입하고 대금은 신용카드로 결제하였다.

① 라이선스
② 산업재산권
③ 구축물
④ 프랜차이즈

08. 무형자산의 상각에 대한 설명 중 틀린 것은?

① 무형자산의 잔존가치는 없는 것을 원칙으로 한다.
② 무형자산의 상각은 자산이 식별가능한 때부터 시작한다.
③ 일반기업회계기준에서는 무형자산의 상각기간은 독점적 · 배타적인 권리를 부여하고 있는 특수한 경우를 제외하고는 20년을 초과할 수 없다.
④ 무형자산이 소비되는 형태를 신뢰성 있게 결정할 수 없는 경우에는 정액법을 이용한다.

09. 다음 ㈜세무상사가 취득한 특허권과 관련된 회계 처리 내용으로 옳은 것은?

> • 20×1년 1월 1일 특허권을 제비용 포함하여 1,000,000원에 현금 지급하고 취득하였다.
>
> • 내용연수 : 5년 • 상각방법 : 정액법
>
> • 잔존가치 : 0원 • 기장방법 : 직접법

① 20×1년 결산시 영업외비용 200,000원이 발생한다.

② 20×2년 1월 1일 특허권의 장부금액은 600,000원이다.

③ 20×1년 결산 후 재무상태표에 표시되는 특허권은 600,000원이다.

④ 20×1년 결산 후 손익계산서에 표시되는 무형자산상각비는 200,000원이다.

10. 다음 거래의 분개시 차변 계정과목을 투자자산으로 분류할 수 없는 것은?

① 거래처에 현금 100,000원을 대여하고, 4개월 후에 받기로 하다.

② 거래은행에 2년 만기의 정기예금을 가입하고, 현금 1,000,000원을 예입하다.

③ 투자를 목적으로 대지 500평을 500,000,000원에 취득하고, 수표를 발행하여 지급하다.

④ 3년 만기의 사채 10,000,000원을 만기까지 보유할 목적으로 당점수표를 발행하여 취득하다.

11. 다음 거래의 내용 중 투자자산으로 분류할 수 없는 거래는?

① 거래은행에 2년 만기의 정기예금을 가입하고 현금 1,000,000원을 예입하다.

② 거래처에 현금 500,000원을 대여하고, 10개월 후에 받기로 하다.

③ 투자목적으로 대지 100평을 50,000,000원에 취득하고, 수표를 발행하여 지급하다.

④ 만기까지 보유할 목적으로 ㈜마름유통 발행의 사채 7,000,000원을 취득하고, 수표를 발행하여 지급하다.

12. 다음 거래를 회계처리(분개)한 결과에 대한 설명으로 옳은 것은?

> ㈜백마는 3년 만기 정기예금 10,000,000원과 이자 500,000원을 현금으로 수령하여 대금 중 일부인 8,000,000원은 즉시 보통예금에 입금하였다

① 현금계정 대변에 2,500,000원이 기입된다.
② 이자비용계정 차변에 500,000원이 기입된다.
③ 보통예금계정 차변에 8,000,000원이 기입된다.
④ 정기예금계정 차변에 10,000,000원이 기입된다.

| Chapter 10 |

부채

1 부채

1) 부채의 의의

부채란 기업이 과거의 거래나 사건의 결과로 장래 다른 기업에 재화나 용역을 제공하여야 하는 현재의 의무로부터 발생하는 미래의 경제적 효익의 희생을 말한다. 부채는 각 부채가 상환될 때까지 소요기간을 기준으로 유동부채와 비유동부채로 구분한다.

2) 유동부채

유동부채란 재무상태표일로부터 1년 또는 정상적인 영업순환주기 이내에 상환기한이 도래하는 부채를 말한다. 유동부채에는 단기차입금, 매입채무(외상매입금. 지급어음), 미지급금, 선수금, 예수금, 유동성장기부채 등이 있다.

단기차입금		상환기간이 1년 이내인 차입금
매입채무	외상매입금	상품매입시 외상거래에서 발생한 채무
	지 급 어 음	상품매입시 어음을 발행하였거나 인수하였을 경우
미 지 급 금		상품매매거래 이외에서 발생한 미지급 채무

선수금	상품 등을 매출하기로 하고 계약금을 미리 받은 금액
예수금	상품 매매거래 이외에서 잠시 보유하고 있는 금전
유동성장기부채	비유동부채 중 상환기간이 1년 이내에 도래되는 부채

3) 비유동부채

비유동부채란 재무상태표일로부터 1년 또는 정상적인 영업순환주기 이후에 상환기한이 도래하는 장기적인 부채를 말한다. 비유동부채에는 장기차입금, 사채, 퇴직급여충당부채 등이 있다.

장기차입금	상환기일이 1년 이후인 차입금
사채	상환기일이 1년 이후에 도래하는 회사채 발행 금액
퇴직급여충당부채	모든 사용인이 퇴직할 때 지급할 퇴직금 예상액

2 사채

1) 사채의 의의

사채란 주식회사가 타인으로부터 거액의 자금을 장기간 조달하기 위하여 확정채무임을 표시하는 증권을 발행하고 일정 기간마다 일정한 이자를 지급하고 원금을 상환하는 조건으로 차입하는 경우에 발생하는 비유동부채이다.

사채는 원리금지급에 대한 담보의 유뮤에 따라서 담보부사채와 부담보부사채, 사채권자의 성명을 사채원부와 사채권면에 표시 여부에 따라 기명사채와 무기명사채, 주식으로의 전환가능성 유무에 따라 전환사채와 보통사채로 나누어진다.

2) 사채의 발행

사채는 사채권면에 표시된 액면이자율과 시장이자율 간의 차이에 의해서 액면금액과 발행금액의 차이가 발생할 수 있다. 때문에 사채의 발행은 액면발행, 할인발행, 할증발행으로 구분한다. 액면발행은 사채권에 기재된 액면가액으로 발행되는 것이며, 할인발행은 사채의 액면가액보다 낮은 가액으로 발행된 것, 할증발행은 액면가액보다 높은 가액으로 발행된 것을 말한다. 또한 사채발행시 발생하는 사채발행비용은 별도의 사채발행비용계정을 사용하는 것이 아니라 사채할인발행차금에 가산하고, 사채할증발행차금에서 차감하여 표시한다.

발행방법	내용	회계처리	
		차변	대변
액면발행	액면가액 = 발행가액 (액면이자율 = 시장이자율)	당 좌 예 금 ×××	사 채 ×××
할인발행	액면가액 〉 발행가액 (액면이자율 〈 시장이자율)	당 좌 예 금 ××× 사채할인발행차금 ×××	사 채 ×××
할증발행	액면가액 〈 발행가액 (액면이자율 〉 시장이자율)	당 좌 예 금 ×××	사 채 ××× 사채할증발행차금 ×××

예제 10-1 사채의 발행

㈜백마는 20×1년 1월 1일에 액면 ₩100,000(액면이자율 10%)의 사채를 발행하고 대금은 당좌예금하다. 단, 이자지급일은 매년 12월 31일, 만기일은 3년이다.

(1) 액면 ₩100,000의 사채를 ₩100,000에 평가발행하다.
(2) 액면 ₩100,000의 사채를 ₩92,000에 할인발행하다.
(3) 액면 ₩100,000의 사채를 ₩108,000에 할증발행하다.

No	차변과목	금액	대변과목	금액
(1)				
(2)				
(3)				

풀이

No	차변과목	금액	대변과목	금액
(1)	당 좌 예 금	100,000	사 채	100,000
(2)	당 좌 예 금 사채할인발행차금	92,000 8,000	사 채	100,000
(3)	당 좌 예 금	108,000	사 채 사채할증발행차금	100,000 8,000

3) 사채의 이자지급

사채를 발행한 회사는 사채를 구입한 투자자에게 일정기간마다 일정액의 이자를 지급해야 하는데, 3개월, 6개월 1년 등 정해진 이자지급일에 현금으로 지급할 이자는 액면가액에 액면이자율을 곱한 금액이 된다.

사채를 할인발행이나 할증발행하였을 경우에는 이자를 지급할 때에 사채발행차금을 유효이자율법에 의하여 상각하여야 한다. 유효이자율법은 사채의 실제잔액(액면가액에서 사채할인발행차금을 차감한 금액)에 시장이자율(유효이자율)을 곱하여 계산된 이자비용과 실제로 사채권자에게 지급하는 이자액(액면가액에 표시이자율을 곱한 금액)과의 차액을 상각하는 방법이다.

발행방법	차변		대변	
액면발행	이 자 비 용	×××	현 금	×××
할인발행	이 자 비 용	×××	현 금 사채할인발행차금	××× ×××
할증발행	이 자 비 용 사채할증발행차금	××× ×××	현 금	×××

예제 10-2 사채의 발행, 이자지급, 만기상환 거래

㈜백마는 20×1년 1월 1일에 액면 ₩100,000(액면이자율 10%)의 사채를 ₩88,584에 발행하고 대금은 당좌예금하다. 단, 이자지급일은 매년 12월 31일, 만기일은 3년, 시장이자율은 15%이다.

(1) 유효이자율법에 의하여 사채할인발행차금상각표를 작성하시오.
(2) 사채발행일의 분개를 하시오.
(3) 20×1년 12월 31일의 분개를 하시오.
(4) 20×2년 12월 31일의 분개를 하시오.
(5) 20×3년 12월 31일의 분개를 하시오.
(6) 만기 사채상환시의 분개를 하시오.

(1)

사채할인발행차금상각표

회계연도	유효이자(A) (E^{t-1}×시장이자율)	액면이자(B) (액면가액×표시이자율)	차금상각액(C) (A-B)	차금잔액(D)	장부가액(E) (액면가-D)
20×1. 1. 1					
20×1.12.31					
20×2.12.31					
20×3.12.31					

(2) ~ (6)

No	차변과목	금액	대변과목	금액
(2)				
(3)				
(4)				
(5)				
(6)				

풀이

(1)

사채할인발행차금상각표

회계연도	유효이자(A) (E^{t-1}×시장이자율)	액면이자(B) (액면가액×표시이자율)	차금상각액(C) (A-B)	차금잔액(D)	장부가액(E) (액면가-D)
20×1. 1. 1				11,416	88,584
20×1.12.31	13,288	10,000	3,288	8,128	91,872
20×2.12.31	13,781	10,000	3,781	4,348	95,652
20×3.12.31	14,348	10,000	4,348	0	100,000

(2) ~ (6)

No	차변과목	금액	대변과목	금액
(2)	당좌예금 사채할인발행차금	88,584 11,416	사채	100,000
(3)	이자비용	13,288	현금 사채할인발행차금	10,000 3,288
(4)	이자비용	13,781	현금 사채할인발행차금	10,000 3,781
(5)	이자비용	14,348	현금 사채할인발행차금	10,000 4,348
(6)	사채	100,000	현금	100,000

4) 사채의 상환

사채는 만기일에 상환하는 것이 일반적이나 만기일 이전에도 상환할 수 있다. 전자를 만기상환, 후자를 조기상환이라고 한다. 만기일에 상환하는 경우에는 장부상의 사채금액과 액면금액이 정확하게 일치하기 때문에 상환에 따른 손익은 발생하지 않는다. 반면, 사채를 조기에 상환하는 경우에는 대체로 상환손익이 발생하게 된다.

사채가 조기에 상환되는 경우에는 최종 이자지급일에 계산된 사채의 장부금액에 최종 이자지급일로부터 상환일까지의 이자비용을 더한 금액과 상환금액과의 차이를 상환손익으로 계상한다.

구분	상환손익	거래상황	차변	대변
만기상환	-	액면가액으로 상환	사채 ×××	현금 ×××
조기상환	상환이익	매입가액〈장부금액	사채 ×××	현금 ××× 사채상환이익 ×××
	상환손실	매입가액〉장부금액	사채 ××× 사채상환손실 ×××	현금 ×××

예제 10-3 사채의 상환

다음 거래를 분개하시오.

(1) ㈜백마는 여유자금이 있어서 [예제 10-2]의 사채를 20×3년 1월 1일에 ₩96,000에 현금으로 매입하여 조기상환하다.
(2) 액면발행한 사채 ₩300,000이 만기가 되어 현금으로 상환하다.

No	차변과목	금액	대변과목	금액
(1)	사 채	100,000	현 금	96,000
	사 채 상 환 손 실	348	사채할인발행차금	4,348
(2)	사 채	300,000	현 금	300,000

* 사채 상환액 96,000 - 사채 장부가액 95,652 = 사채상환손실 348

3 퇴직급여충당부채

퇴직급여는 1년 이상 근무한 종업원이 퇴직할 때에 기업은 종업원에게 과거에 근무용역에 대한 대가로 퇴직금을 지급한다. 퇴직급여는 종업원이 퇴직할 때 지급해야 할 채무이므로 기업이 종업원에 대해 지고 있는 부채이다. 퇴직급여제도에는 퇴직일시금제도와 이를 대체하고 있는 퇴직연금제도가 있다.

1) 퇴직일시금제도

퇴직일시금제도를 채택한 기업의 경우 결산 때 현재 임직원에 대해 지급의무가 있는 퇴직금을 퇴직급여충당부채로 계상해야 한다. 실제 임직원의 퇴직이 발생하여 지급하는 퇴직금은 퇴직급여충당부채를 상환하는 것으로 회계처리하고, 매 결산기에 계산된 퇴직금 중에서 퇴직급여충당부채 부족액을 계산하여 결산정리를 통하여 퇴직급여로 인식한다.

구 분	차변		대변	
결산시 퇴직급여충당부채 설정하면	퇴직급여	×××	퇴직급여충당부채	×××
퇴직금 지급시	퇴직급여충당부채	×××	현 금	×××

예제 10-4 퇴직급여충당부채

다음의 연속된 거래를 분개하시오.

(1) ㈜백마는 20×1년 결산시 퇴직급여충당부채 ₩3,000,000을 설정하다.
(2) 20×2. 6. 1 종업원이 퇴직함에 따라 퇴직금 ₩200,000을 수표를 발행하여 지급하였다.
(3) 20×2. 12. 31 모든 종업원이 퇴직할 경우 퇴직금 추계액은 ₩5,000,000이다.

No	차변과목	금액	대변과목	금액
(1)				
(2)				
(3)				

풀이

No	차변과목	금액	대변과목	금액
(1)	퇴 직 급 여	3,000,000	퇴직급여충당부채	3,000,000
(2)	퇴직급여충당부채	200,000	당 좌 예 금	200,000
(3)	퇴 직 급 여	2,200,000	퇴직급여충당부채	2,200,000

* 퇴직급여충당부채 추가 설정액 = 퇴직금 추계액 - 기말 퇴직급여충당부채 잔액
5,000,000 - (3,000,000-200,000)
= 2,200,000

2) 퇴직연금제도

퇴직연금제도는 퇴직금을 연금형태로 받을 수 있는 퇴직금제도이다. 퇴직연금은 회사의 부담금, 근로자의 추가부담금을 퇴직연금 사업자에게 제공하고 그 운용을 회사가 하는 확정급여제도(defined benefit plan, DB)와 근로자가 운용하는 확정기여제도(defined contribution plan, DC)가 있다.

확정기여제도는 기업의 부담금이 사전에 정해지고 근로자가 기금의 운용을 책임지며 기금의 운용결과에 따라 임직원이 받게 되는 퇴직금이 결정되는 방식이다. 반면, 확정급여제도는

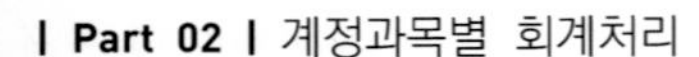

근로자의 확정연금이 사전에 정해지고 기업이 매년 부담금을 금융회사에 적립하여 책임지고 운용하며, 운용 결과와 관계없이 근로자는 사전에 정해진 수준의 퇴직급여를 수령하게 된다.

구 분	차변		대변	
확정기여제도(DC)에서 사외적립시	퇴 직 급 여	×××	현 금	×××
확정급여제도(DB)에서 사외적립시	퇴직연금운용자산	×××	현 금	×××

예제 10-5 퇴직급여충당부채

다음의 연속된 거래를 분개하시오.

(1) DC제도(확정기여제도) 퇴직연금에 가입하고 퇴직연금부담금 ₩1,000,000을 우리은행에 현금으로 불입하다.
(2) DB제도(확정급여제도) 퇴직연금에 가입하고 퇴직연금부담금 ₩1,000,000을 우리은행에 현금으로 불입하다.

No	차변과목	금액	대변과목	금액
(1)				
(2)				

풀이

No	차변과목	금액	대변과목	금액
(1)	퇴 직 급 여	1,000,000	현 금	1,000,000
(2)	퇴직연금운용자산	1,000,000	현 금	1,000,000

* DC제도 퇴직연금의 불입액은 비용인 퇴직급여로, DB제도 퇴직연금의 불입액은 자산인 퇴직연금운용자산으로 회계처리한다.

연습문제

주관식 연습문제

01. ㈜용마는 20×1년 1월 1일에 액면 ₩300,000(액면이자율 10%)의 사채를 발행하고 사채발행비 ₩20,000을 차감한 잔액은 당좌예금하다. 단, 이자지급일은 매년 12월 31일, 만기일은 3년이다.

(1) 액면 ₩300,000의 사채를 ₩300,000에 평가발행하다.
(2) 액면 ₩300,000의 사채를 ₩250,000에 할인발행하다.
(3) 액면 ₩300,000의 사채를 ₩360,000에 할증발행하다.

No	차변과목	금액	대변과목	금액
(1)				
(2)				
(3)				

02. ㈜용마는 20×1년 1월 1일에 액면 ₩200,000(액면이자율 10%)의 사채를 ₩177,168에 할인발행하고 대금은 당좌예금하다. 단, 이자지급일은 매년 12월 31일, 만기일은 3년, 시장이자율은 15%이다.

(1) 유효이자율법에 의하여 사채할인발행차금상각표를 작성하시오.
(2) 사채발행일의 분개를 하시오.
(3) 20×1년 12월 31일의 분개를 하시오.

(4) 20×2년 12월 31일의 분개를 하시오.
(5) 20×3년 12월 31일의 분개를 하시오.
(6) 만기 사채상환시의 분개를 하시오.

(1)

사채할인발행차금상각표

회계연도	유효이자(A) (E^{t-1}×시장이자율)	액면이자(B) (액면가액×표시이자율)	차금상각액(C) (A-B)	차금잔액(D)	장부가액(E) (액면가-D)
20×1. 1. 1					
20×1.12.31					
20×2.12.31					
20×3.12.31					

(2) ~ (6)

No	차변과목	금액	대변과목	금액
(2)				
(3)				
(4)				
(5)				
(6)				

03. ㈜용마는 20×1년 1월 1일에 액면 ₩100,000(액면이자율 10%)의 사채를 ₩105,154에 할증발행하고 대금은 당좌예금하다. 단, 이자지급일은 매년 12월 31일, 만기일은 3년, 시장이자율은 8%이다.

(1) 유효이자율법에 의하여 사채할증발행차금상각표를 작성하시오.
(2) 사채발행일의 분개를 하시오.
(3) 20×1년 12월 31일의 분개를 하시오.
(4) 20×2년 12월 31일의 분개를 하시오.
(5) 20×3년 12월 31일의 분개를 하시오.
(6) 만기 사채상환시의 분개를 하시오.

(1)

사채할증발행차금상각표

회계연도	유효이자(A) (E^{t-1}×시장이자율)	액면이자(B) (액면가액×표시이자율)	차금상각액(C) (B-A)	차금잔액(D)	장부가액(E) (액면가액+D)
20×1. 1. 1					
20×1.12.31					
20×2.12.31					
20×3.12.31					

(2) ~ (6)

No	차변과목	금액	대변과목	금액
(2)				
(3)				
(4)				
(5)				
(6)				

04. 다음 거래를 분개하시오.

(1) ㈜용마는 여유자금이 있어서 [연습문제 2]의 사채를 20×3년 1월 1일에 ₩190,000에 현금으로 매입하여 조기상환하다.
(2) ㈜용마는 여유자금이 있어서 [연습문제 3]의 사채를 20×3년 1월 1일에 ₩102,000에 현금으로 매입하여 조기상환하다.

No	차변과목	금액	대변과목	금액
(1)				
(2)				

05. 다음의 연속된 거래를 분개하시오.

(1) ㈜백마는 20×1년 결산시 퇴직급여충당부채 ₩5,000,000을 설정하다.
(2) 20×2. 6. 1 종업원이 퇴직함에 따라 퇴직금 ₩600,000을 수표를 발행하여 지급하였다.
(3) 20×2. 12. 31 모든 종업원이 퇴직할 경우 퇴직금 추계액은 ₩8,000,000이다.

No	차변과목	금액	대변과목	금액
(1)				
(2)				
(3)				

06. 다음의 연속된 거래를 분개하시오.

(1) DC제도(확정기여제도) 퇴직연금에 가입하고 퇴직연금부담금 ₩3,000,000을 우리은행에 현금으로 불입하다.
(2) DB제도(확정급여제도) 퇴직연금에 가입하고 퇴직연금부담금 ₩3,000,000을 우리은행에 현금으로 불입하다.

No	차변과목	금액	대변과목	금액
(1)				
(2)				

객관식 연습문제

01. 다음 중 유동부채가 아닌 것은?

① 매입채무
② 단기차입금
③ 선수금
④ 장기차입금

02. 다음 중 유동부채에 해당하지 않는 것은?

가. 외상매입금	나. 장기차입금
다. 단기차입금	라. 미지급세금
마. 지급어음	바. 퇴직급여충당부채
아. 선수수익	사. 미지급비용

① 가, 마 ② 다, 사
③ 라, 아 ④ 나, 바

03. ㈜백마의 운용자금 차입과 관련된 대화이다. 이에 나타난 내용을 분개하는 경우, 대변에 나타나는 계정과목과 동일한 부채의 분류에 속하는 계정과목은?

> [정부장] 김 대리, 일주일 전에 거래은행에 운용 자금 대출 신청한 일은 잘 처리가 되었습니까?
> [김대리] 네. 어제 50,000,000원을 3년 후에 갚기로 하고 차입하여 보통예금계좌에 입금된 것을 확인하였습니다.

① 대손충당금 ② 외상매출금
③ 단기차입금 ④ 퇴직급여충당부채

04. 다음 중 유동부채에 해당하는 금액을 모두 합하면 얼마인가?

- 외상매입금 : 50,000원
- 퇴직급여충당부채 : 100,000원
- 단기차입금 : 160,000원
- 선수금 : 120,000원

① 430,000원 ② 330,000원
③ 310,000원 ④ 210,000원

05. 기업의 자금운용과 관련된 기사이다. 이에 나타난 부채와 분류항목이 같은 계정과목을 〈보기〉에서 고른 것은?

> 최근 현금흐름이 악화된 미역㈜는 단기자금 운용에 대한 부담을 느끼고 있다. 특히 올해 상반기까지 만기가 돌아오는 국내 금융권 단기차입금이 3,000,000,000원에 이르는 것으로 나타나 이런 부채 부담이 유동성 위기로 이어질지 주목된다.
>
> 〈보기〉
> ㄱ. 가지급금　　ㄴ. 미지급금　　ㄷ. 외상매입금　　ㄹ. 퇴직급여충당금

① ㄱ, ㄴ　　② ㄱ, ㄷ　　③ ㄴ, ㄷ　　④ ㄷ, ㄹ

06. 다음 항목들 중 유동부채와 비유동부채로 표시될 금액으로 올바른 것은?

• 매입채무	300,000원	• 장기차입금	500,000원
• 퇴직급여충당부채	400,000원	• 선수수익	200,000원
• 단기차입금	200,000원	• 미지급비용	100,000원

	유동부채	비유동부채		유동부채	비유동부채
①	1,300,000원	400,000원	②	1,200,000원	500,000원
③	1,000,000원	700,000원	④	800,000원	900,000원

07. 다음 중 비유동부채에 해당하는 것은?

① 가지급금　　② 장기차입금　　③ 선급금　　④ 미지급금

08. 다음 중 재무상태표상 비유동부채로 분류되는 것은?

① 단기차입금　　② 미지급금　　③ 선수금　　④ 사채

09. 다음의 거래를 분개할 때 대변에 기입할 계정과목으로 옳은 것은?

> ㈜백마는 A은행과 2년 만기 대출계약을 맺고 50,000,000원을 보통예금으로 받다.

① 미지급금　　② 장기차입금　　③ 선수금　　④ 단기차입금

10. 다음 중 비유동부채의 감소를 가져오는 거래로 옳은 것은?

① 2년 후 상환약정인 은행대출금 2,000,000원을 조기상환하다.

② 기계장치를 1,000,000원에 구입하고 대금은 3개월 후에 지급하기로 하다.

③ 받을어음 3,000,000원을 은행에 할인매각하였다.

④ 사무실 임차계약기간이 만료되어 임차보증금 600,000원을 임대인으로부터 돌려받다.

11. 백마상사는 액면총액 10,000,000원(단위당 10,000원)의 사채를 단위당 8,000원에 발행하고, 납입금은 전액 당좌예금으로 입금하였다. 분개로 맞는 것은?

① (차) 당좌예금 8,000,000원 (대) 사채 10,000,000원
사채할인발행차금 2,000,000원

② (차) 당좌예금 8,000,000원 (대) 사채 10,000,000원
사채발행비 2,000,000원

③ (차) 당좌예금 8,000,000원 (대) 사채 10,000,000원
미수금 2,000,000원

④ (차) 당좌예금 8,000,000원 (대) 사채 8,000,000원

12. 다음은 ㈜백마의 퇴직급여충당부채 계정 관련 자료이다. (가)의 금액으로 옳은 것은?

- 기초 : 퇴직급여충당부채 잔액 3,000,000원
- 기중 : 퇴직하는 종업원에게 지급한 퇴직금 1,700,000원
- 기말 : 결산 시점 퇴직급여충당부채액으로 계상할 금액은 (가)이다.
  따라서 아래와 같은 결산분개를 했다.
  (차) 퇴직급여 2,100,000 (대) 퇴직급여충당부채 2,100,000

① 900,000원 ② 1,300,000원

③ 3,400,000원 ④ 3,800,000원

| Chapter 11 |

자본

개인기업의 자본 및 세금

1) 자본금

자본금계정은 기업주가 기업에 출자한 자본금액의 증감을 처리하는 계정이다. 자본금계정의 대변에는 원시출자액과 추가출자액, 당기순이익을 기록하며, 차변에는 인출액과 당기순손실을 기록한다. 자본금계정은 자본계정으로서 대변에 생긴 잔액은 자본금의 현재액을 표시한다.

구분	차변		대변	
현금 등을 출자하여 영업을 개시한 경우	현 금	×××	자본금	×××
현금 등을 추가로 출자하는 경우	현 금	×××	자본금	×××
결산결과 당기순이익이 발생한 경우	손 익	×××	자본금	×××
결산결과 당기순손실이 발생한 경우	자본금	×××	손 익	×××

2) 인출금

인출금은 기업주가 개인적으로 현금, 상품 등을 소비하는 경우 이것을 임시로 인출금계정 차변에 기록하였다가 결산시 자본금계정에 대체한다. 인출금은 기중에는 자본금의 가감적 평가계정이다.

구분	차변		대변	
기업주가 현금을 인출한 경우	인출금	×××	현 금	×××
결산시 인출금을 자본금에 대체하는 경우	자본금	×××	인출금	×××

예제 11-1 개인기업의 자본금

다음 거래를 분개하시오

(1) 현금 ₩3,000,000을 출자하여 사업을 시작하다.
(2) 기업주가 개인적 용도로 ₩300,000을 인출하다.
(3) 기업주의 인출금 중 ₩300,000을 환입하다.
(4) 기업주가 외상매출금 ₩200,000을 회수하여 개인적으로 사용하다.
(5) 기말의 당기순이익이 ₩80,000으로 계산되다.

No	차변과목	금액	대변과목	금액
(1)				
(2)				
(3)				
(4)				
(5)				

풀이

No	차변과목	금액	대변과목	금액
(1)	현 금	3,000,000	자 본 금	3,000,000
(2)	인 출 금	300,000	현 금	300,000
(3)	현 금	300,000	인 출 금	300,000
(4)	인 출 금	200,000	외상매출금	200,000
(5)	손 익 자 본 금	80,000 200,000	자 본 금 인 출 금	80,000 200,000

3) 개인기업의 세금

(1) 사업소득세와 지방소득세

기업주에 부과되는 사업소득세(종합소득세)와 지방소득세(소득분)는 기업주 개인의 부담

이므로 기업주 개인의 인출금계정으로 처리하였다가 기말 결산시 자본금계정 차변으로 대체 정리한다.

(2) 세금과공과

기업의 영업활동과 관계있는 재산세, 자동차세, 사업소세, 도시계획세, 종합토지세 등과 상공회의소 회비, 적십자회비, 협회비, 조합비 등의 공과금을 합한 것으로 한다.

(3) 취득세와 등록세

건물, 토지, 차량운반구 등 유형자산을 구입시 부담하는 세금으로 자산의 취득부대비용으로 분류하여 유형자산의 취득원가에 포함한다.

(4) 근로소득세

종업원의 급여지급시 원천징수한 근로소득세는 부채인 예수금계정으로 처리하였다가 관할 세무서에 신고 및 납부한다.

구분	차변		대변	
기업주의 사업소득세 납부	인 출 금	×××	현 금	×××
재산세 등 납부	세금과공과	×××	현 금	×××
취득세, 등록세 납부	유 형 자 산	×××	현 금	×××
급여 지급시 근로소득세 원천징수	급 여	×××	예 수 금 보통예금	××× ×××
원천징수한 소득세의 납부	예 수 금	×××	현 금	×××

예제 11-2 개인기업의 세금

다음 거래를 분개하시오.

(1) 백마상사는 사업소득세 확정신고를 하고 사업소득세 ₩500,000을 현금으로 납부하다.
(2) 업무용 토지를 취득하고 취득세 ₩300,000을 현금으로 납부하다.
(3) 건물에 대한 재산세 ₩200,000을 현금으로 납부하다. 단, 이중 ₩50,000은 기업주

개인의 주택에 대한 것이다.

(4) 종업원 급여 ₩1,000,000을 지급하며 소득세 ₩50,000을 차감하고 보통예금통장에서 이체하여 지급하다.

(5) 회사 업무용 차량에 대한 자동차세 ₩150,000과 기업주 개인 차량에 대한 자동차세 ₩200,000을 현금으로 납부하다.

(6) 종업원 급여 지급시 원천징수한 소득세 ₩50,000을 현금으로 납부하다.

No	차변과목	금액	대변과목	금액
(1)				
(2)				
(3)				
(4)				
(5)				
(6)				

풀이

No	차변과목	금액	대변과목	금액
(1)	인 출 금	500,000	현 금	500,000
(2)	토 지	300,000	현 금	300,000
(3)	세금과공과 인 출 금	150,000 50,000	현 금	200,000
(4)	급 여	1,000,000	예 수 금 보통예금	50,000 950,000
(5)	세금과공과 인 출 금	150,000 200,000	현 금	350,000
(6)	예 수 금	50,000	현 금	50,000

2 주식회사의 자본

주식회사는 1인 이상의 발기인이 상법의 규정에 따라 발행할 주식의 총수, 1주당 액면금액, 발행주식 총수 등을 기재한 정관을 작성하고 정관에 따라 주식을 발행하고 법원에 등기함으로써 설립이 된다.

1) 주식의 발행

주식회사의 자본금은 항상 발행주식수에 주식의 1주당 액면을 곱한 금액으로 자본금계정에 기입한다. 주식의 발행은 발행금액이 주식의 액면금액인 경우의 평가발행과 액면금액 미만으로 발행하는 할인발행 및 액면금액을 초과하여 발행하는 할증발행이 있다.

발행방법	내용	회계처리	
		차변	대변
평가발행	액면가액 = 발행가액	당 좌 예 금 ×××	자 본 금 ×××
할증발행	액면가액 〈 발행가액	당 좌 예 금 ×××	자 본 금 ××× 주식발행초과금 ×××
할인발행	액면가액 〉 발행가액	당 좌 예 금 ××× 주식할인발행차금 ×××	자 본 금 ×××

주식회사프레인글로벌주권
五拾株券
第 1 回 發行
金貳拾萬원整
가 第 號
1. 會社의 商號 주식회사프레인글로벌
1. 會社의 成立年月日 西紀2000年7月27日
1. 會社가 發行할 株式의 總數 參萬六阡八百株
1. 壹株의 金額 金四阡원整
1. 株式의 種類 記名式普通株式
1. 株式發行年月日 西紀2014年11月24日
本 株券은 當會社의定款에 依한 株式 五拾株의 株主임을 證明하기 爲하여 裏面 記名者에게 交付함.
주식회사 프레인글로벌
代表理事 이승봉 여준영

* 설립시 신주발행비용은 창업비계정으로 처리하고, 신주발행(증자)시 주식발행비용은 주식할인발행차금에 가산하고, 주식발행초과금에서 차감하여 처리한다.

예제 11-3 주식발행, 현물출자

다음 거래를 분개하시오,

(1) 주식회사 ㈜백마를 설립하면서 수권주식의 일부인 1,000주를 1주당 ₩5,000(액면금액 @₩5,000)에 발행하고 주금 전액을 납입받아 당좌예입하다. 단, 주식발행비용 ₩30,000은 현금으로 지급하다.
(2) ㈜백마는 이사회 결의로 신주 1,000주(@5,000)를 1주당 @₩6,000에 발행하고 납입금은 전액 당좌예입하다. 그리고 주식발행비용 ₩30,000은 현금으로 지급하다.
(3) ㈜백마는 이사회 결의로 신주 1,000주(@5,000)를 1주당 @₩4,000에 발행하고 납입금은 전액 당좌예입하다. 그리고 주식발행비용 ₩30,000은 현금으로 지급하다.

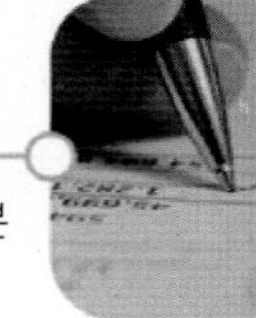

(4) ㈜백마는 설립을 위하여 발기인으로부터 공정가치 ₩6,000,000의 토지를 현물출자 받고 보통주식 1,000주(액면 @₩5,000)를 발행하여 교부하다.

No	차변과목	금액	대변과목	금액
(1)				
(2)				
(3)				
(4)				

풀이

No	차변과목	금액	대변과목	금액
(1)	당좌예금	5,000,000	자본금	5,000,000
	주식할인발행차금	30,000	현금	30,000
(2)	당좌예금	6,000,000	자본금	5,000,000
			주식발행초과금	970,000
			현금	30,000
(3)	당좌예금	4,000,000	자본금	5,000,000
	주식할인발행차금	1,030,000	현금	30,000
(4)	토지	6,000,000	자본금	5,000,000
			주식발행초과금	1,000,000

* 자본금 = 발행주식수 × 액면금액

2) 자본의 분류

일반기업회계기준에 따르면 주식회사의 자본은 자본금, 자본잉여금, 자본조정, 기타포괄손익누계액, 이익잉여금으로 구분한다.2)

분류	계정과목	내용
자본금	자본금	개인기업의 출자액 또는 법인기업의 총발행주식의 액면가액
자본잉여금	주식발행초과금	주식 할증발행시 액면가액을 초과한 금액
	자기주식처분이익	자기회사 주식을 일시 취득한 후 처분시 발생하는 이익
	감자차익	자본을 감소시킬 때 발생하는 차익

2) 한국채택국제회계기준(K-IFRS)에서는 자본금, 이익잉여금, 기타 자본구성요소로 구분한다. 기타 자본구성요소는 일반기업회계기준의 자본잉여금과 자본조정 및 기타포괄손익누계액에 해당한다.

분류	계 정 과 목	내 용
자본조정	주식할인발행차금	주식할인발행시 액면가액에 미달한 금액
	자기주식처분손실	자기회사 주식을 일시 취득한 후 처분시 발생하는 손실
	감 자 차 손	자본을 감소시킬 때 발생하는 차손
	자 기 주 식	일시 취득한 자기 회사가 발행한 주식의 취득가액
기타포괄손익누계액	매도가능증권평가손익	결산시에 매도가능증권을 평가하고 나타내는 평가손익
	해외사업환산손익	해외사업 재무제표를 원화로 환산할 때 나타나는 차손익
이익잉여금	이 익 준 비 금	상법에 의한 금전배당액의 10% 이상 적립액
	기타법정적립금	상법 이외의 법률에 의한 적립금(재무구조개선적립금)
	임 의 적 립 금	잉여금 처분시 회사가 임의의 목적으로 적립한 금액
	미처분이익잉여금	잉여금을 처분하고 남은 잔액으로 차기로 이월된 금액

(1) 자본금

자본금은 보통주자본금과 우선주자본금으로 구분한다. 보통주와 우선주는 배당금과 의결권 및 청산시의 권리가 서로 다르기 때문에 구분하여 표시한다.

(2) 자본잉여금

자본잉여금은 증자나 감자 등의 주주와의 거래에서 발생하는 자본의 증가액으로 주식발행초과금, 자기주식처분이익, 감자차익 등이 포함된다.

(3) 자본조정

자본조정은 자본거래에 해당되지만 최종 자본의 납입으로 볼 수 없거나, 자본에 가감되는 성격으로 자본금과 자본잉여금으로 분류할 수 없는 항목이다. 자기주식과 기타자본조정으로 구분한다. 기타자본조정에는 주식할인발행차금, 감자차손, 자기주식처분손실 등이 있으며 기타자본조정으로 통합하여 표시할 수 있다.

(4) 기타포괄손익누계액

기타포괄손익누계액은 일정기간동안 주주와의 자본거래를 제외한 모든 거래와 사건으로 발생한 자본의 변동이 포괄손익이다. 포괄손익에서 손익계산서의 당기순이익을 구성하는

손익을 제외한 손익을 기타포괄손익이라 한다. 기타포괄손익은 미실현손익이 생기는 것을 방지하기 위하여 재무상태표의 자본에 표시하는 것이며, 매도가능증권평가손익, 해외사업환산차손익, 자산재평가잉여금 등이 포함된다.

(5) 이익잉여금(또는 결손금)

이익잉여금은 기업이 벌어들인 이익 중 배당금이나 다른 잉여금으로 처분되지 않고 남아 있는 이익을 말한다. 결손금은 기업이 결손금을 보고한 경우 보고된 결손금 중 다른 잉여금으로 보전되지 않고 이월된 부분을 말한다. 이익잉여금은 이익준비금[3], 기타법정적립금, 임의적립금 및 미처분이익잉여금(또는 미처리결손금)으로 구분한다.

3) 상법 제458조에 의하여 회사는 매 결산기마다 금전에 의한 배당금의 10% 이상을 자본금의 ½에 도달할 때까지 이익준비금으로 적립하여야 한다. 이익준비금은 결손보전과 자본금으로 전입 이외에는 사용할 수 없다.

연습문제

주관식 연습문제

01. 다음 거래를 분개하시오.

(1) 무갑상사는 사업소득세 확정신고를 하고 사업소득세 ₩300,000을 현금으로 납부하다.
(2) 업무용 건물을 취득하고 취득세 ₩200,000을 현금으로 납부하다.
(3) 건물에 대한 재산세 ₩250,000을 현금으로 납부하다. 단, 이 중 ₩100,000은 기업주 개인의 주택에 대한 것이다.
(4) 종업원 급여 ₩1,500,000을 지급하며 소득세 ₩150,000을 차감하고 보통예금통장에서 이체하여 지급하다.
(5) 회사 업무용 차량에 대한 자동차세 ₩200,000과 기업주 개인 차량에 대한 자동차세 ₩250,000을 현금으로 납부하다.
(6) 종업원 급여 지급시 원천징수한 소득세 ₩150,000을 현금으로 납부하다.

No	차변과목	금액	대변과목	금액
(1)				
(2)				
(3)				
(4)				
(5)				
(6)				

02. 다음 거래를 분개하시오.

(1) 주식회사 ㈜설봉을 설립하면서 수권주식의 일부인 2,000주를 1주당 ₩5,000(액면금액 @₩5,000)에 발행하고 주식발행비용 ₩50,000을 차감한 주금 전액을 납입받아 당좌예입하다.
(2) ㈜마름은 이사회 결의로 신주 2,000주(@5,000)를 1주당 @₩6,000에 발행하고 주식발행비용 ₩50,000을 차감한 주금 전액을 납입받아 당좌예입하다.
(3) ㈜마구는 이사회 결의로 신주 2,000주(@5,000)를 1주당 @₩4,000에 발행하고 주식발행비용 ₩50,000을 차감한 주금 전액을 납입받아 당좌예입하다.
(4) ㈜미역은 설립을 위하여 발기인으로부터 공정가치 ₩10,000,000의 건물을 현물출자받고 보통주식 1,500주(액면 @₩5,000)를 발행하여 교부하다.

No	차변과목	금액	대변과목	금액
(1)				
(2)				
(3)				
(4)				

객관식 연습문제

01. 인출금계정을 사용하는 거래가 아닌 것은?

① 기업주 개인의 의료비 지출
② 기업주 가족의 보장성보험료 납부
③ 사업과 관련된 건물재산세 납부
④ 기업주 지인의 경조사비 지출

02. 다음 거래에 대한 분개로 옳은 것은?

> 개인기업인 무갑가구점은 사업용 건물에 대한 재산세 100,000원과 사장 자택의 재산세 20,000원을 당좌수표를 발행하여 은행에 납부하다.

① (차변) 재 산 세 120,000 (대변) 당좌예금 120,000

② (차변) 인 출 금 120,000 (대변) 당좌예금 120,000

③ (차변) 세금과공과 100,000 (대변) 당좌예금 120,000
인 출 금 20,000

④ (차변) 세금과공과 20,000 (대변) 당좌예금 120,000
인 출 금 100,000

03. 자본에 대한 설명으로 틀린 것은?

① 자본은 자본금, 자본잉여금, 자본조정, 기타포괄손익누계액, 이익잉여금으로 구분한다.

② 액면을 초과하여 주식을 발행할 때 주식할인발행차금이 발생한다.

③ 이익준비금, 기타법정적립금, 임의적립금, 미처분이익잉여금은 이익잉여금을 구성한다.

④ 주식발행초과금, 감자차익, 자기주식처분익은 자본잉여금을 구성한다.

04. 다음 중 자본에 대한 설명으로 틀린 것은?

① 법정자본금은 발행주식 총수에 주당 액면가액을 곱한 금액이다.

② 이익잉여금은 영업활동에 의하여 획득한 이익 중 사외유출 되지 않고 사내에 유보하고 있는 이익이다.

③ 주식할인발행차금은 발행할 당시 이미 계상되어 있는 주식발행초과금과 우선 상계하고 잔액을 3년 이내 기간에 매기 균등상각한다.

④ 감자차손은 유상감자시 감소하는 자본금보다 지급하는 대가가 적을 때 발생한다.

05. 다음 중 주식회사 설립시에 발행한 주식발행비의 회계처리로 올바른 것은?

① 창업비(무형자산)의 계정으로 처리한다.

② 세금과공과(판매비와관리비) 계정으로 처리한다.

③ 주식발행초과금에서 차감하거나 주식할인발행차금에 가산한다.

④ 자본금과 상계처리한다.

06. 다음 (　　　)에 해당하는 계정으로만 짝지어진 것은?

> 기업회계기준에 의하면 주식회사의 자본은 자본금, (　　　), 이익잉여금 및 자본조정으로 분류하고 있다.

① 보통주자본금, 사업확장적립금, 감채적립금

② 주식발행초과금, 사업확장적립금, 감채적립금

③ 주식발행초과금, 감자차익, 합병차익

④ 임의적립금, 이익준비금, 차기이월이익잉여금

07. 다음 〈보기〉중 이익잉여금으로 분류하는 항목을 모두 고른 것은?

> ㄱ. 사업 확장을 위한 목적으로 순이익의 일부를 유보한 금액
> ㄴ. 액면을 초과하여 주식을 발행할 때 그 액면을 초과하는 금액
> ㄷ. 자본을 감소하고 주주에게 반환되지 않고 불입자본으로 남아있는 금액
> ㄹ. 금전에 의한 이익배당액의 1/10이상을 자본금에 1/2에 달할 때까지 적립해야 하는 금액

① ㄱ　　② ㄴ

③ ㄱ, ㄷ　　④ ㄱ, ㄹ

08. 주식을 발행할 때 액면금액을 초과하는 금액은?

① 주식할인발행차금　　② 주식발행초과금

③ 자기주식처분이익　　④ 자산수증이익

09. 다음 자료에서 액면금액을 초과하여 발행한 차액에 대해 알맞은 자본항목은 무엇인가?

> ㈜백마는 자본금을 증가시키기 위하여 신주 100,000주(액면 1주당 5,000원)를 1주당 6,000원에 발행하고 납입금은 당좌예금하다.

① 자본조정
② 법정적립금
③ 자본잉여금
④ 이익준비금

10. ㈜백마는 증자하기로 결정하고 신주 100주(액면 @5,000원)를 1주당 7,000원에 발행하고 납입금은 전액 현금으로 받고 주식발행비 30,000원을 현금으로 지급한 경우 발행 당시 주식발행초과금계정에 기입되는 금액은 얼마인가?

① 30,000원
② 170,000원
③ 200,000원
④ 700,000원

11. 다음 중 자본잉여금 구성항목이 아닌 것은?

① 주식발행초과금
② 감자차익
③ 이익준비금
④ 자기주식처분이익

12. ㈜백마가 20×1년 3월 10일 주주총회에서 주주들에게 현금배당을 결의한 시점의 분개로 올바른 것은?(단, 배당금은 주주총회일 익일에 지급될 예정이다)

	차변	금액	대변	금액
①	(차) 미처분이익잉여금	×××	(대) 미지급배당금	×××
②	(차) 자본잉여금	×××	(대) 현금	×××
③	(차) 미처분이익잉여금	×××	(대) 현금	×××
④	(차) 배당금	×××	(대) 미지급배당금	×××

13. 다음 중 이익잉여금에 해당하는 것은?

① 주식할인발행차금
② 자기주식처분이익
③ 이익준비금
④ 매도가능증권평가이익

14. 다음 항목들 중 당기순이익에 영향을 주는 항목은 몇 개인가?

1. 유형자산처분이익	2. 주식발행초과금
3. 자기주식처분이익	4. 감자차익

① 1개　② 2개
③ 3개　④ 4개

15. 다음은 ㈜백마의 20×1년도말 재무상태표에 기입된 내용의 일부이다. 이를 자료로 이익잉여금의 합계를 계산한 금액은?

• 이익준비금	500,000원	• 임의적립금	350,000원
• 감자차익	50,000원	• 주식발행초과금	600,000원

① 350,000원　② 500,000원　③ 850,000원　④ 1,100,000원

16. 주식회사를 설립하기 위해서는 주식을 발행해야 한다. 다음의 경우 자본금으로 계상하여야 할 금액은?

> 주당 액면가액이 5,000원인 주식을 주당 10,000원에 1,000주 발행하였다.

① 5,000,000원　② 10,000,000원　③ 15,000,000원　④ 50,000,000원

17. 3월 2일 주주총회에서 100,000원의 현금배당금 지급을 의결하고 3월 20일 실제 지급할 경우, 배당금 지급시 분개는 무엇인가?

①	(차) 자 본 금	100,000원	(대) 현 금	100,000원
②	(차) 미 지 급 배 당 금	100,000원	(대) 현 금	100,000원
③	(차) 당 기 순 이 익	100,000원	(대) 현 금	100,000원
④	(차) 자 본 잉 여 금	100,000원	(대) 현 금	100,000원

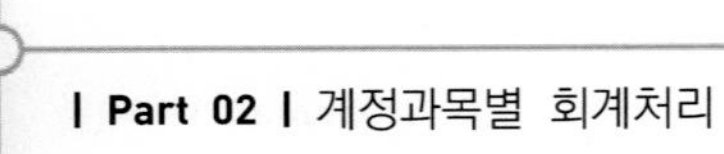

18. 다음 백마상사㈜의 주주총회의 당기순이익에 대한 처분사항이 반영된 후 이익준비금은 얼마인가?

- 20××년 회계연도 당기순이익 : 9,500,000원
- 금전에 의한 이익 배당금 : 2,000,000원
- 이익준비금 : 법정최소한도(자본금은 5,000,000원이며, 해당용도의 이익준비금 적립전 잔액은 2,000,000원임)

① 150,000원 ② 200,000원 ③ 400,000원 ④ 950,000원

| Chapter 12 |

수익과 비용

1 수익

1) 수익의 의의

수익은 기업의 경영활동으로서의 재화의 생산 및 판매, 용역의 제공 등에 따른 경제적 효익의 유입으로서 자산의 증가 또는 부채의 감소에 따라 기업주의 몫인 자본 증가의 원인이 된다. 수익은 영업활동에서 발생하는 매출액과 투자 및 재무활동에서 발생하는 영업외수익으로 구분할 수 있다.

2) 수익의 인식

수익은 자산의 증가나 부채의 감소와 관련하여 미래경제적 효익이 증가하고 이를 신뢰성 있게 측정할 수 있을 때 손익계산서에 인식한다. 수익인식의 구체적인 기준에는 진행기준, 완성기준, 인도기준, 회수기준 등이 있다.

구 분	내 용
일반매출	상품 등을 인도한 날(인도기준)
할부매출(단기, 장기)	인도기준

구 분	내 용
위 탁 매 출	수탁자가 위탁품을 제3자에게 판매한 시점
시 용 매 출	매입자가 구매의사 표시한 날 또는 반품기간의 종료시점
공 사 수 익	진행기준에 따라 인식
용 역 매 출	진행기준에 따라 인식
상 품 권 매 출	물품 등을 제공하고 상품권을 회수한 때에 인식

예제 12-1 수익인식

다음 중 수익인식기준을 잘못 설명한 것은?

① 용역의 제공으로 인한 수익은 진행기준에 따라 실현되는 것으로 한다.
② 위탁판매의 경우는 수탁자가 해당 상품을 제3자에게 판매한 시점에 수익을 인식한다.
③ 시용판매는 구매자의 구매의사 표현 시점 또는 반품기간 종료시점에 인식한다.
④ 할부매출의 경우는 할부금이 회수되는 시점에 수익을 인식한다.

풀이

④ 할부매출은 회수시점이 아니고 판매시점에 수익을 인식한다.

3) 수익의 분류

(1) 매출액

매출액은 기업의 주된 영업활동에서 발생한 상품, 제품의 순매출액이다. 순매출액은 총매출액에서 매출에누리와 환입 및 매출할인을 차감하여 구한다.

계정과목		내 용
매출액	상 품 매 출	고객에게 상품을 판매하는 경우
	제 품 매 출	고객에게 제품을 판매하는 경우

(2) 영업외수익

영업외수익은 기업의 주된 영업활동이 아닌 재무활동이나 투자활동에서 발생한 수익과

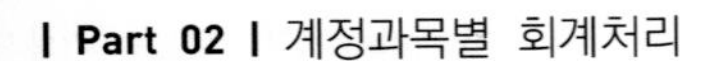

차익으로 이자수익, 배당금수익, 임대료, 수수료수익, 단기매매증권평가이익, 단기매매증권처분이익, 유형자산처분이익, 잡이익, 자산수증이익, 채무면제이익 등이 있다.

계정과목	내 용
이자수익	금융상품(예금), 대여금, 채권에서 발생하여 받는 이자
배당금수익	주식 등의 투자로 인한 이익분배를 현금으로 받는 경우, 그 금액
임대료	부동산 등을 빌려주고 그 대가로 받는 금액
수수료수익	용역(서비스)의 제공으로 받는 수수료 금액
단기매매증권평가이익	결산일에 단기매매증권의 공정가가 장부가보다 클 경우, 그 차이에 해당하는 금액
단기매매증권처분이익	단기매매증권을 장부가 이상으로 처분하였을 때, 발생하는 이익금액
유형자산처분이익	유형자산을 장부가 이상으로 처분하였을 때, 발생하는 이익금액
잡이익	영업활동 이외에서 발생하는 이익으로 그 금액이 적은 경우, 그 금액
자산수증이익	자본보전 등을 위하여 주주 등이 무상으로 불입한 금액
채무면제이익	자본보전 등을 위하여 주주 등에 의해 채무를 면제받은 금액

예제 12-2 수익거래

다음 거래를 분개하시오.

(1) 상품 ₩300,000을 무갑상사에 판매하고 대금은 전액 외상으로 하다.
(2) 은행으로부터 보통예금이자 ₩50,000을 현금으로 받다.
(3) 본사 건물의 일부를 개인에게 빌려주고 월세 ₩150,000을 현금으로 받다.
(4) 상품매매의 중개수수료 ₩30,000을 자기앞수표로 받다.
(5) 사용중이던 업무용 승용차(장부가액 ₩3,000,000)를 ₩3,500,000에 처분하고 대금은 1개월 후에 받기로 하다.

No	차변과목	금액	대변과목	금액
(1)				
(2)				
(3)				
(4)				
(5)				

풀이

No	차변과목	금액	대변과목	금액
(1)	외 상 매 출 금	300,000	상 품 매 출	300,000
(2)	현 금	50,000	이 자 수 익	50,000
(3)	현 금	150,000	임 대 료	150,000
(4)	현 금	30,000	수 수 료 수 익	30,000
(5)	미 수 금	3,500,000	차 량 운 반 구 유형자산처분이익	3,000,000 500,000

2 비용

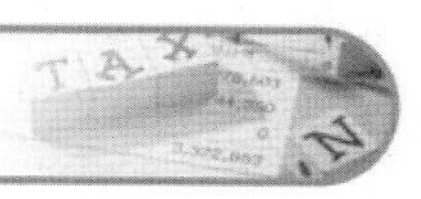

1) 비용의 의의

비용은 기업의 경영활동과 관련된 재화의 판매, 용역의 제공 등에 따라 발생하는 자산의 유출이나 사용 또는 부채의 증가로 결과적으로 자본의 감소를 가져오는 것이다. 비용은 기업의 주된 영업활동에서 발생하는 매출원가 및 판매비와관리비, 투자나 재무활동에서 발생하는 영업외비용, 법인세비용으로 구분한다.

2) 비용의 인식

비용인식에 있어 적용되는 일반원칙은 수익·비용대응의 원칙이다. 이는 경제적 효익의 사용은 그 사용으로 인해 획득되는 수익이 인식될 때 비용으로 인식한다는 것이다. 즉, 비용은 그 비용이 기여한 수익이 기록되는 동일한 기간의 비용으로 기록한다.

구 분	내 용
직접 대응 비용	매출원가, 판매원수당 등
기간별 대응 비용	급여, 복리후생비, 광고선전비 등
합리적이고 체계적인 배분 비용	감가상각비, 무형자산상각비 등

(1) 매출원가

매출원가는 판매된 상품 등의 매입원가로 매출액에 대응한다.

상품매출원가 = 기초상품재고액 + 당기상품순매입액 - 기말상품재고액

* 순매입액 = 총매입액 - (매입에누리 + 매입환출 + 매입할인)

(2) 판매비와관리비

판매비와관리비는 매출원가에 속하지 않으면서 상품 등의 판매활동 및 관리활동에서 발생하는 비용이다. 급여, 퇴직급여, 복리후생비, 임차료, 접대비, 감가상각비, 무형자산상각비, 세금과공과, 광고선전비, 연구비, 경상개발비, 대손상각비 등이 있다.

계정과목	내 용
급여	종업원에게 지급되는 월급 등 인건비
퇴직급여	종업원 퇴직시 지급 되는 급여
복리후생비	종업원의 복리후생을 위하여 지출하는 비용
임차료	타인의 건물이나 토지를 사용하면서 지급한 사용료
접대비	영업의 목적으로 거래처와의 관계를 유지하기 위한 지출
감가상각비	결산시 계상되는 유형자산 등의 가치감소분
무형자산상각비	결산시 계상되는 무형자산 등의 가치감소분
세금과공과	재산세, 자동차세, 면허세, 상공회의소회비 등 예외) 취득세는 해당자산의 취득원가에 가산(차량운반구 등)
광고선전비	불특정 다수인을 대상으로 제품 등의 판매촉진을 위해 지출되는 비용
여비교통비	버스 · 택시요금을 지급하거나 버스카드 충전 및 승차권 구입비용, 출장비 등
통신비	우표 및 엽서를 구입하거나 전화요금, 휴대폰요금, 인터넷요금 등
수도광열비	전기요금, 수도요금, 가스요금, 난방용 유류대금 등
보험료	보험에 가입하고 납부하는 보험료(화재보험료, 차량보험료 등)
운반비	상품 · 제품 매출시 지급한 운임(상품 등의 매입과정에서 발생하면 재고자산의 매입원가에 가산)
수선비	업무용 건물, 비품 등 유형자산의 수리를 위한 비용
교육훈련비	종업원 교육훈련에 관련된 비용, 외부기관에서 실시하는 교육, 세미나 참석비용, 회사내의 자체교육비, 그 외 기타교육비
차량유지비	회사차량의 유지 · 보수에 관련된 비용(주유비, 주차비, 통행료 등)
도서인쇄비	도장, 고무인, 각종 문서 및 서류의 복사, 사원수첩, 달력, 연하장, 각종 업무용 도서구입비, 신문, 잡지, 정기간행물의 구독비 등
연구비	연구단계에서 발생된 비용

계 정 과 목	내 용
경 상 개 발 비	개발단계에서 발생된 비용 중 자산성을 충족하지 못한 비용
대 손 상 각 비	결산시 계상되는 대손예상액과 매출채권 회수불능액
지 급 수 수 료	용역을 제공받고 지급하는 수수료(기장수수료, 은행수수료, 보증 수수료, 제증명 발급수수료 등)
소 모 품 비	업무활동과 관련하여 각종 소모성으로 지출되는 비용
잡 비	금액적 중요성이 없는 비용으로 오물, 분뇨수거비 등

3) 영업외비용

영업외 비용은 기업의 주된 영업활동이 아닌 재무활동과 투자활동에서 발생한 비용 또는 차손으로서 이자비용, 기타의 대손상각비, 단기매매증권평가손실, 단기매매증권처분손실, 재고자산감모손실, 기부금, 유형자산처분손실, 매출채권처분손실, 재해손실, 잡손실 등이 있다.

계 정 과 목	내 용
이 자 비 용	차입금, 사채에 대한 이자 지급시 발생하는 비용
기타의 대손상각비	매출채권 이외의 채권(대여금, 미수금 등)에서 발생하는 대손상각비
단기매매증권평가손실	결산시 단기매매증권의 공정가액이 장부가액보다 적을 때의 손실
단기매매증권처분손실	단기매매증권을 장부가액 이하로 처분하였을 때 발생하는 손실
재 고 자 산 감 모 손 실	재고자산의 실제수량이 파손, 훼손, 도난 등의 이유로 장부상의 수량보다 부족한 경우로 원가성이 없는 경우에 발생하는 손실
기 부 금	사회단체나 종교단체 등에 납부한 성금(업무와 관련없이 지출)
유 형 자 산 처 분 손 실	유형자산을 장부가액 이하로 처분하였을 때 발생하는 손실
매 출 채 권 처 분 손 실	받을어음의 할인시 발생하는 할인료
잡 손 실	영업이외의 활동에서 생기는 금액이 적은 손실
재 해 손 실	화재, 수해 등 재해로 인한 손실

4) 법인세비용

법인기업이 경영활동에서 번 소득에 대해 국가에 납부하여야 할 법인세(소득할 주민세 포함)를 말한다.

예제 12-3 비용거래

다음 거래를 분개하시오.

(1) 불우이웃돕기성금으로 한울타리재단에 ₩1,000,000을 현금으로 전달하다.
(2) 신문구독료 ₩20,000을 빠르다신문사에 현금으로 지급하다.
(3) 거래처 용마상사의 영업부 사원 결혼 축의금 ₩100,000을 현금으로 지급하다.
(4) 업무용 화물차의 자동차세 ₩120,000을 현금으로 납부하다.
(5) 영업용 화물차의 엔진오일을 잘고쳐카센타에서 교체하고 ₩80,000을 비씨카드로 결제하다.

No	차변과목	금액	대변과목	금액
(1)				
(2)				
(3)				
(4)				
(5)				

풀이

No	차변과목	금액	대변과목	금액
(1)	기 부 금	1,000,000	현 금	1,000,000
(2)	도서인쇄비	20,000	현 금	20,000
(3)	접 대 비	100,000	현 금	100,000
(4)	세금과공과	120,000	현 금	120,000
(5)	차량유지비	80,000	미지급금	80,000

연습문제

주관식 연습문제

01. 다음 거래를 분개하시오.

(1) 상품 ₩500,000을 무갑상사에 판매하고 대금은 동점발행 수표로 받다.
(2) 해룡상사에 대여한 대여금의 이자 ₩100,000을 현금으로 받다.
(3) 소유하고 있던 단기매매증권(장부가액 ₩300,000)을 ₩400,000에 처분하고 주식대금을 보통예금통장으로 입금받다.
(4) 본사 건물의 일부를 임대하고 월세 ₩300,000을 현금으로 받다.
(5) 상품매매의 중개수수료 ₩30,000을 자기앞수표로 받다.
(6) 사용중이던 업무용 승용차(장부가액 ₩3,000,000)를 ₩3,500,000에 처분하고 대금은 1개월 후에 받기로 하다.
(7) 거래처 화곡상사에 대한 단기대여금 ₩10,000,000과 이자 ₩300,000을 당사 보통예금계좌를 통하여 회수하고 회계처리를 하다.
(8) ㈜무갑 주식에 대한 배당금 ₩200,000을 현금으로 받다.
(9) 정기예금이 만기되어 ₩2,000,000과 이자 ₩80,000을 현금으로 수령하다.

No	차변과목	금액	대변과목	금액
(1)				
(2)				
(3)				
(4)				
(5)				
(6)				

(7)				
(8)				
(9)				

02. 다음 거래를 분개하시오.

(1) 용마상사에 상품 10,000,000원을 외상으로 판매하고, 판매한 상품의 운반비 50,000원은 당사가 부담하여 현금으로 지급하였다.
(2) 본사건물의 화재보험을 삼성화재에 가입하고 보험료 200,000원을 현금 지급하다.
(3) 사무실에서 사용할 사무용 소모품 300,000원을 소망문구에서 구입하고 대금은 외상으로 하다.(비용으로 처리할 것)
(4) 거래처에 선물하기 위해서 한우셋트 800,000원을 구입하고 하나카드로 결제하였다.
(5) 영업부 직원의 결혼으로 축의금 100,000원을 현금으로 지급하다.
(6) 매장 인터넷요금 53,000원과 전기요금 147,000원을 보통예금 계좌에서 인출하여 납부하다.
(7) 판매직 사원의 급여 2,500,000원을 지급하면서 근로소득세와 주민세 110,000원, 건강보험료 90,000원을 차감한 잔액을 보통예금 통장에서 종업원의 통장으로 자동이체하다.
(8) 사무실에서 사용하는 FAX기기 250,000원, FAX잉크 1개 50,000원을 구입하고 현금으로 결제하다. FAX기기는 비품으로 FAX 잉크는 소모품비로 처리하다.

No	차변과목	금액	대변과목	금액
(1)				
(2)				
(3)				
(4)				
(5)				
(6)				
(7)				
(8)				

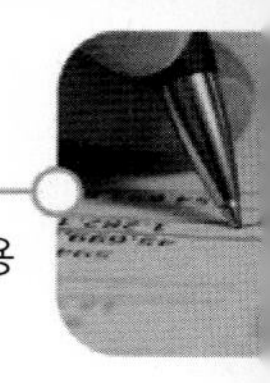

03. 다음 거래를 분개하시오.

(1) 국제구호단체인 사랑나눔회에 현금 2,000,000원을 기부하다.
(2) 결산시 현금출납장의 잔액과 비교하여 실제 현금이 30,000원 많은데 그 원인을 파악할 수 없어서, 잡이익으로 처리하다.
(3) 상품배송용 화물차에 대한 자동차종합보험을 부천화재에 가입하고 1년분 보험료 650,000원을 현금으로 지급하다.(단, 보험료 지급은 비용으로 처리할 것)
(4) 당사의 장부기장을 의뢰하고 있는 세무사사무소에 장부기장수수료 500,000원을 보통예금계좌에서 이체하여 지급하다.
(5) 사무실에서 사용할 복사용지 100,000원을 심곡완구에서 외상으로 구입하다.(비용처리할 것)
(6) 영업용 화물차의 자동차세 60,000원과 사장 개인 승용차의 자동차세 80,000원을 현금으로 납부하다.(단, 기업주의 개인적 지출은 인출금 계정으로 처리함)
(7) 우편물 발송료 ₩6,000을 우체국에서 현금으로 지급하다.

No	차변과목	금액	대변과목	금액
(1)				
(2)				
(3)				
(4)				
(5)				
(6)				
(7)				

객관식 연습문제

01. 다음 설명에 해당하는 것은?

주요 경영활동으로서의 재화의 생산, 판매, 용역의 제공 등에 따른 경제적 효익의 유입으로서 자산의 증가 또는 부채의 감소 및 그 결과에 따라 자본의 증가로 나타나는 것을 의미한다.

① 자산　② 부채　③ 비용　④ 수익

02. 거래처로부터 7월 15일에 제품 350,000원을 매입하겠다는 전화 주문을 받고, 8월 16일에 제품을 거래처에 인도하였으며, 10월 30일에 거래처로부터 제품판매대금을 받았다면 이 거래와 관련된 수익은 언제 인식하는 것이 가장 타당한가?

① 7월 15일 ② 8월 16일 ③ 10월 30일 ④ 12월 31일

03. 소유하고 있는 (가)주식에 대한 현금배당금과 (나)채권에 대한 이자를 받았을 때 기입하는 계정과목으로 바르게 연결된 것은?

① (가) 배당금수익, (나) 이자수익
② (가) 배당금수익, (나) 채무면제이익
③ (가) 이자수익, (나) 이자비용
④ (가) 배당금이자, (나) 수수료수익

04. 다음에서 설명하는 계정과목으로 옳은 것은?

> 기업이 경영활동에서 고객에게 재화나 용역을 제공하고 받은 대가로 자본의 증가를 가져오게 하는 원인

① 미지급금 ② 미수금 ③ 매출액 ④ 선수수익

05. 수익인식기준을 설명한 것 중 올바르지 않은 것은?

① 시용매출 : 현금 회수시점
② 상품매출 : 상품인도시점
③ 위탁판매 : 수탁자가 위탁품을 판매한 시점
④ 할부매출 : 상품인도시점

06. 다음 중 영업외수익에 해당하는 것은 몇 개인가?

> 가. 이자수익 나. 미수수익 다. 배당금수익 라. 선수금

① 1개 ② 2개 ③ 3개 ④ 4개

07. 다음 거래를 분개할 때 대변 계정과목으로 옳은 것은?

> ㈜백마는 정부로부터 컴퓨터 5대(공정가액 1대당 700,000원)를 증여받았다.

① 잡이익　② 보험차익　③ 채무면제이익　④ 자산수증이익

08. 다음 중 영업외수익에 해당하지 않는 것은?

① 이자수익　② 배당금수익
③ 채무면제이익　④ 자기주식처분이익

09. 다음에서 영업이익을 증가시킬 수 있는 거래로 옳은 것을 모두 고른 것은?

> ㄱ. 체육대회 등 사내행사를 축소 운영한다.
> ㄴ. 유상증자를 통하여 자본금을 증가시킨다.
> ㄷ. 사무실의 소모품 및 전기 절약 운동을 전개한다.
> ㄹ. 건물 등 유형자산을 처분하여 현금 보유액을 늘린다.

① ㄱ, ㄴ　② ㄱ, ㄷ　③ ㄴ, ㄷ　④ ㄴ, ㄹ

10. 다음 중 상품의 판매로 인해 매출수익이 실현되는 시점을 옳게 나타낸 것은?

① 상품을 인도하는 시점
② 상품의 견본품을 발송하는 시점
③ 상품을 판매하기로 계약을 체결한 시점
④ 상품을 판매하기로 하고 계약금을 받은 시점

11. 다음 중 판매비와관리비의 '세금과공과' 계정으로 처리할 수 있는 것은?

> • 가. 본사건물의 재산세　나. 본사 영업부의 업무용차량 자동차세
> • 다. 공장건물 취득세　라. 근로자로부터 원천징수한 근로소득세

① 가, 나　② 가, 나, 다
③ 가, 나, 다, 라　④ 나, 다

12. 아무런 대가 없이 무상으로 지급하는 금전, 기타자산 가액으로 업무와 관련 없이 지출한 경우 처리해야 할 계정과목은?

① 접대비 ② 통신비 ③ 기부금 ④ 이자비용

13. 다음 판매비와관리비 항목의 계정과목과 그 내용이 바르게 짝지어진 것은?

① 수수료비용－업무관련 우편 등기비용
② 대손상각비－거래처 선물대금
③ 접대비－직원 경조사비
④ 여비교통비－출장비용

14. 다음 중 영업이익에 영향을 미치는 계정과목으로만 짝지어진 것은?

① 보험료, 잡손실, 수도광열비
② 임차료, 이자비용, 수수료비용
③ 도서인쇄비, 기부금, 광고선전비
④ 통신비, 여비교통비, 세금과공과

15. 비용인식에 적용되는 원칙으로 가장 올바른 것은?

① 현금주의
② 순액주의
③ 수익 · 비용 대응의 원칙
④ 실현주의

16. 다음의 자료로 상기업인 세무상사의 판매비와 관리비로 계상할 금액은 얼마인가?

• 복리후생비	300,000원	• 광고선전비	100,000원
• 기부금	50,000원	• 유형자산처분손실	200,000원

① 50,000원 ② 150,000원 ③ 400,000원 ④ 600,000원

17. 다음 중 판매비와관리비에 해당되지 않는 것은?

① 퇴직급여
② 접대비
③ 복리후생비
④ 비정상적으로 발생한 재고자산 감모손실

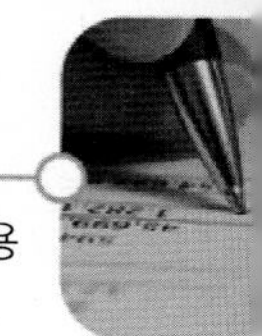

18. 다음 자료에 의하여 당기순이익을 계산하시오.

• 매출액	800,000원	• 매출원가	450,000원
• 급여	120,000원	• 임차료 비용	130,000원
• 이자수익	10,000원	• 감자차손	10,000원

① 100,000원　② 110,000원　③ 120,000원　④ 250,000원

19. 다음의 자료로 손익계산서에 영업외비용으로 계상할 금액은?

• 여비교통비	20,000원	• 기부금	50,000원
• 외화환산손실	40,000원	• 접대비	30,000원

① 140,000원　② 90,000원　③ 80,000원　④ 50,000원

20. 다음 중 유형자산의 감가상각에 대한 이론적 근거를 가장 잘 설명하고 있는 것은?

① 계속성　② 비교가능성
③ 수익 · 비용의 대응　④ 적시성

21. 기업의 영업활동의 결과 자본을 감소시키는 것으로 짝지어진 것은?

① 외상매출금, 당좌예금　② 장기차입금, 개발비
③ 프랜차이즈, 저작권　④ 기부금, 접대비

22. 다음 거래를 분개할 때 차변 계정과목이 세금과공과인 거래를 모두 고른 것은?

ㄱ. 업무용 승용차를 구입하면서 취득세 70,000원을 현금으로 납부하다.
ㄴ. 사무실 전화 요금 50,000원을 현금으로 납부하다.
ㄷ. 영업용 건물에 대한 재산세 100,000원을 현금으로 납부하다.

① ㄱ　② ㄴ　③ ㄱ, ㄴ　④ ㄷ

PART 03

결산 및 재무제표

Chart Title

| Chapter 13 |

결산

1 결산의 의의 및 절차

기업은 경영활동에 따라 발생하는 거래를 분개장에 분개하고 총계정원장에 전기하고 있다. 그러나 이것만으로는 기업의 재무상태와 경영성과를 명확하게 파악하기 곤란하기 때문에 인위적으로 회계기간을 정하고 회계기말에 각종 장부를 정리하고 마감하여 알기 쉽게 체계화할 필요가 있다. 이와 같이 회계기말에 장부를 마감하여 자산, 부채, 자본의 상태를 정리하고, 발생한 수익과 비용을 비교하여 경영성과를 체계적으로 파악하는 일련의 절차를 결산(closing)이라고 한다.

결산의 의의와 절차, 시산표와 정산표의 의의와 작성, 장부의 마감에 대하여는 앞서 제4장에서 이미 설명하였다. 따라서 본장에서는 자산 · 부채계정 및 수익 · 비용계정의 결산정리분개에 대하여 기술한다. 또한 경산정리분개를 반영한 정산표 작성과 손익계산서와 재무상태표 작성에 대하여 기술한다.

결산정리

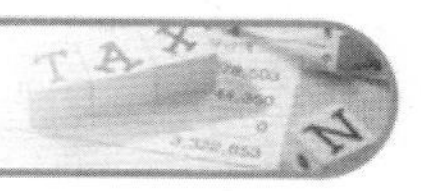

1) 결산정리의 의의

결산일에 기업의 재무상태와 경영성과를 정확하게 파악하기 위해서 이미 기록된 회계수치의 일부를 수정하거나 추가로 기록해주어야 하는데 이를 결산정리사항이라 한다. 또 결산정리사항을 분개하여 원장에 전기하는 것을 결산정리기입이라 한다.

결산정리사항은 각 기업의 영업성격에 따라 다르지만 일반적으로 자산 · 부채에 관한 결산정리와 손익에 관한 결산정리로 구분할 수 있다.

2) 자산 · 부채에 관한 결산정리

자산에 관한 결산정리는 현금계정의 정리, 유가증권의 공정가평가, 수취채권에 대한 대손충당금 설정, 재고자산의 매출원가 계상, 비유동자산의 상각비 계상, 가지급금과 가수금의 정리, 소모품계정의 정리, 비유동부채의 유동성대체 등이 있다.

(1) 재고자산의 정리(상품매출원가의 계상)

재고자산은 상품계정에서 매출원가를 산정하는 방법과 3분법에 의하여 매출원가를 산정하는 방법이 있다.

구분		차변		대변	
2분법		상품매출원가	×××	상　　품	×××
3분법	기초	매　　입	×××	이 월 상 품	×××
	기말	이 월 상 품	×××	매　　입	×××

(2) 현금계정의 정리

현금은 장부잔액과 실제잔액이 일치하여야 하지만 여러 가지 원인에 의하여 차이가 발생할 수 있다. 만약 결산시까지 원인을 밝히지 못한 경우에는 잡손실 또는 잡이익으로 대체시켜야 한다.

구분	장부잔액 〉 실제잔액				장부잔액 〈 실제잔액			
	차변		대변		차변		대변	
현금과부족 발생시	현금과부족	×××	현 금	×××	현 금	×××	현금과부족	×××
원인 확인시	확인된 계정	×××	현금과부족	×××	현금과부족	×××	확인된 계정	×××
결산시 미확인분의 정리	잡 손 실	×××	현금과부족	×××	현금과부족	×××	잡 이 익	×××
결산시 과부족의 발생	잡 손 실	×××	현 금	×××	현 금	×××	잡 이 익	×××

(3) 보통예금(당좌예금)

보통예금통장별로 잔액확인 및 거래내역을 조회하여 보통예금의 거래내역과 일치하는지를 비교하여 누락되는 일이 없도록 한다. 보통예금의 (－)잔액이나 당좌차월의 경우 기중에는 (－)잔액으로 표시하였다가 결산시 "단기차입금"으로 대체한다.

구분	차변		대변	
보통예금의 (-)잔액	보 통 예 금	×××	단 기 차 입 금	×××
당좌차월계정 잔액	당 좌 차 월	×××	단 기 차 입 금	×××

(4) 가지급금과 가수금의 정리

가지급금, 가수금은 계정과목이나 금액을 확인할 수 없을 때 사용하는 임시계정으로 결산시 반드시 정리해야 한다.

구분	차변		대변	
가지급금의 정리	해당 계정과목	×××	가 지 급 금	×××
가수금의 정리	가 수 금	×××	해당 계정과목	×××

(5) 유가증권 평가(단기매매증권, 매도가능증권)

유가증권은 결산시 기말의 공정가치(시가)로 평가하며, 이때 시가는 재무상태표일 현재의 종가에 의한다. 다만, 재무상태표일 현재의 종가가 없는 경우에는 직전 거래일의 종가에 의한다.

구분	장부잔액 〉 공정가치		장부잔액 〈 공정가치	
	차변	대변	차변	대변
단기매매증권	단기매매증권평가손실 ×××	단기매매증권 ×××	단기매매증권 ×××	단기매매증권평가이익 ×××
매도가능증권	매도가능증권평가손실 ×××	매도가능증권 ×××	매도가능증권 ×××	매도가능증권평가이익 ×××

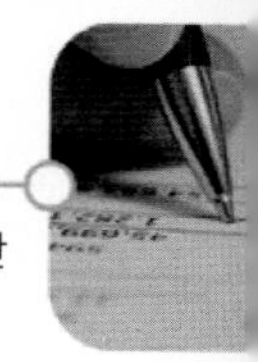

(6) 매출채권의 대손충당금 설정

결산시 매출채권의 내용을 검토하여 전혀 회수가능성이 없는 채권이나, 전액 회수가 어려운 채권은 소정의 절차를 밟고 장부가액을 대손처리하든가(대손상각비) 또는 필요한 범위내에서 대손충당금을 설정하여야 한다. 이 경우에 일반적인 상거래에서 발생한 매출채권에 대한 대손상각은 판매비와 관리비(대손상각비)로 기록하고, 기타채권에 대한 대손상각은 영업외비용(기타의 대손상각비)으로 기록한다.

대손충당금 설정액 : (매출채권 등 잔액 × 대손추정율) - 대손충당금 잔액 = 추가설정액

구분	차변		대변	
대손충당금 잔액이 없을 경우	대 손 상 각 비	×××	대 손 충 당 금	×××
대손예상액 〉 대손충당금 잔액	대 손 상 각 비	×××	대 손 충 당 금	×××
대손예상액 = 대손충당금 잔액	분개없음			
대손예상액 〈 대손충당금 잔액	대 손 충 당 금	×××	대손충당금환입	×××

(7) 유형자산의 감가상각과 무형자산의 상각

결산시 유형자산과 무형자산에 대하여 당기 상각범위액을 계산하여 결산에 반영한다.

구분	차변		대변	
유형자산의 감가상각 (간접법)	감 가 상 각 비	×××	감가상각누계액	×××
무형자산의 상각 (직접법)	무형자산상각비	×××	무 형 자 산	×××

(8) 소모품계정의 정리

결산시 소모품(자산) 또는 소모품비(비용)에 대한 재고조사를 하여 자산인 소모품으로 기록한 경우에는 사용분을 비용인 소모품비로 대체하고, 비용인 소모품비로 기록한 경우에는 미사용분이 있으면 자산인 소모품에 남도록 대체한다.

구분		차변		대변	
자산으로 기록한 경우	구입시	소 모 품	×××	현 금	×××
	결산시	소모품비	×××	소 모 품	×××
비용으로 기록한 경우	구입시	소모품비	×××	현 금	×××
	결산시	소 모 품	×××	소모품비	×××

(9) 비유동부채의 유동성대체

결산시 장기차입금, 사채 중에서 1년 이내에 상환되어야 할 부분은 유동성장기부채로 대체한다.

(차) 장기차입금 ××× (대) 유동성장기부채 ×××

3) 손익에 관한 결산정리

손익에 대한 결산정리로 수익 · 비용의 이연과 예상이 해당된다.

(1) 수익의 예상

당기에 속하는 수익이 결산일까지 아직 수입되지 아니한 금액은 해당 수익계정 대변에 기입하여 당기의 수익에 포함시키고, 미수수익계정 차변에 기입하여 차기로 이월한다. 이것을 '수익의 예상'이라 한다. 수익의 예상에는 미수이자, 미수임대료 등이 있다.

구분	차변	대변
기중 회계처리	분개없음	
결산정리분개	미수수익(자산증가) ×××	이자수익(수익발생) ×××

(2) 비용의 예상

당기에 속하는 비용이 결산일까지 아직 지급되지 않은 금액은 해당 비용계정의 차변에 기입하여 당기 비용으로 계상하고 동일 금액을 미지급비용계정의 대변에 기입하여 차기로 이월하여야 한다. 이것을 '비용의 예상'이라 한다. 이러한 미지급비용에는 미지급이자, 미지급임차료, 미지급세금과공과금, 미지급수수료 등이 있다.

구분	차변	대변
기중 회계처리	분개없음	
결산정리분개	이자비용(비용발생) ×××	미지급비용(부채증가) ×××

(3) 수익의 이연

당기 중 이미 받은 수익 중 차기분에 속하는 금액은 당기의 수익에서 차감하여 선수수익계

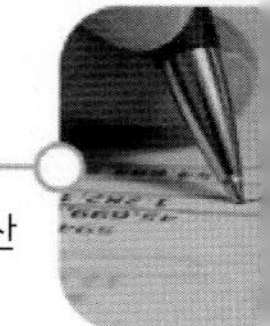

정 대변에 대체하여 차기로 이월하는 것을 '수익의 이연'이라고 한다. 이러한 수익의 선수분은 '선수수익'에 표기한다. 선수수익에는 선수임대료, 선수이자, 선수수수료 등이 있다.

구분	차변		대변	
기중 회계처리	현 금(자산증가)	×××	임 대 료(수익발생)	×××
결산정리분개	임대료(수익소멸)	×××	선수수익(부채증가)	×××

(4) 비용의 이연

당기 중 이미 지급한 비용중 차기에 속하는 금액은 당기 비용에서 차감하여 자산계정인 선급비용계정 차변에 대체하여 차기로 이월하여야 하는데 이것을 '비용의 이연'이라고 한다. 선급비용은 차기의 첫 날짜에 해당비용계정 차변에 다시 대체하여야 한다. 선급비용에 속하는 것은 선급임차료, 선급보험료, 선급이자 등이 있다.

구분	차변		대변	
기중 회계처리	보 험 료(비용발생)	×××	현 금(자산감소)	×××
결산정리분개	선급비용(자산증가)	×××	보험료(비용소멸)	×××

(5) 법인세계상

법인세비용은 법인세비용차감전순손익에 법인세법 등의 법령에 의하여 과세할 세율을 적용하여 계산한 금액으로 하며 법인세에 부가하는 세액을 포함한다. 중소기업은 일반기업회계기준의 중소기업특례규정에 의해 법인세비용이 아닌 "법인세등" 과목으로 회계처리한다. 기말결산시 법인세추산액이 선납세금보다 큰 경우에는 선납세금을 법인세 등으로 대체하고 나머지는 미지급세금으로 처리한다.

구분	차변		대변	
법인세 중간예납액	선납세금	×××	현 금	×××
법인세 원천징수액	선납세금	×××	현 금	×××
결 산 시	법인세등	×××	선납세금	×××
법인세 계상액 - 선납세금	법인세등	×××	미지급세금	×××

예제 13-1 결산정리분개

다음 수정전 잔액시산표의 일부를 자료로 하여 결산정리분개하시오.

잔액시산표

백마상사 20×1년 12월 31일 (단위:원)

차변	계정과목	대변
4,000,000	외상매출금	
	대손충당금	18,000
300,000	단기매매증권	
20,000	현금과부족	
8,000,000	상품	
3,000,000	비품	
	감가상각누계액	1,500,000
	임대료	1,200,000
120,000	보험료	
250,000	소모품비	
	:	

(1) 기말상품재고액은 ₩2,000,000이다.
(2) 외상매출금잔액에 대하여 1%의 대손충당금을 설정하다.
(3) 단기매매증권 기말공정가액은 ₩350,000이다.
(4) 현금과부족계정을 정리하다.
(5) 비품 당기 감가상각비 계상액은 ₩300,000이다.
(6) 결산시 소모품 미사용액은 ₩100,000이다.
(7) 20×1년 10월 1일에 업무용 차량의 1년분(20×1년 10월~20×2년 9월) 자동차종합보험료 ₩120,000을 지급하였다.
(8) 단기차입금에 대한 기간경과분 이자 ₩60,000이 장부에 미계상되었다.
(9) 임대료에는 내년도분 임대료 ₩400,000이 포함되어 있다.
(10) 단기대여금에 대한 이자 미수 ₩15,000을 장부에 계상하다.

No	차변과목	금액	대변과목	금액
(1)				
(2)				
(3)				
(4)				
(5)				
(6)				
(7)				
(8)				

No	차변과목	금액	대변과목	금액
(9)				
(10)				

풀이

No	차변과목	금액	대변과목	금액
(1)	상품매출원가	6,000,000	상품	6,000,000
(2)	대손상각비	22,000	대손충당금	22,000
(3)	단기매매증권	50,000	단기매매증권평가이익	50,000
(4)	잡손실	20,000	현금과부족	20,000
(5)	감가상각비	300,000	감가상각누계액	300,000
(6)	소모품	100,000	소모품비	100,000
(7)	선급보험료(선급비용)	90,000	보험료	90,000
(8)	이자비용	60,000	미지급비용	60,000
(9)	임대료	400,000	선수임대료(선수수익)	400,000
(10)	미수이자(미수수익)	15,000	이자수익	15,000

* (1) 시산표상 상품잔액 8,000,000 - 기말재고액 2,000,000 = 상품매출원가 6,000,000
  (2) 기말 외상매출금 잔액 4,000,000×대손률 1%-기 설정 잔액 18,000=추가설정액 22,000
  (3) 장부가액 300,000 〈 기말공정가액 350,000 = 단기매매증권평가이익 50,000

3 기말결산정리 종합예제

백마상사의 20×1년도말 총계정원장 계정잔액과 결산정리사항은 다음과 같다. 결산정리분개를 한 후 8위식 정산표를 작성하고 재무제표를 작성하시오.

〈총계정원장 계장잔액〉

현금	200,000	당좌예금	130,000	외상매출금	700,000
단기매매증권	450,000	상품	800,000	건물	1,200,000
감가상각누계액	400,000	외상매입금	500,000	지급어음	200,000
자본금	1,000,000	상품매출	1,500,000	임대료	240,000
이자수익	120,000	급여	300,000	임차료	120,000
보험료	24,000	잡비	16,000		

〈결산정리사항〉

(1) 기말상품재고액 ₩200,000

(2) 건물감가상각(내용연수 20년, 잔존가액 ₩0, 정액법)

(3) 매출채권잔액의 2% 대손예상

(4) 단기매매증권의 공정가치 ₩500,000

(5) 보험료 기간미경과액 ₩10,000

(6) 이자선수액 ₩4,000

(7) 급여 미지급액 ₩30,000

(8) 임대료 미수액 ₩20,000

위의 결산정리사항에 대해 결산정리분개를 하면 다음과 같다.

No	차변과목	금액	대변과목	금액
(1)	상품매출원가	600,000	상품	600,000
(2)	감가상각비	60,000	감가상가누계액	60,000
(3)	대손상각비	14,000	대손충당금	14,000
(4)	단기매매증권	50,000	단기매매증권평가이익	50,000
(5)	선급보험료	10,000	보험료	10,000
(6)	이자수익	4,000	선수이자	4,000
(7)	급여	30,000	미지급급여	30,000
(8)	미수임대료	20,000	임대료	20,000

총계정원장의 계정잔액과 결산정리분개를 토대로 정산표를 다음과 같은 절차로 작성한다.

- 1단계(잔액시산표의작성) : 잔액시산표의 계정과목과 금액을 정산표 왼쪽 잔액시산표란에 옮겨 적는다.
- 2단계(결산정리분개의 기입) :결산정리사항별로 분개하여 결산정리분개(수정분개)란에 기입한다. 결산정리분개 과정에서 새로 추가된 계정과목이 있으면 계정과목 하단의 빈칸에 추가로 기재한다.
- 3단계(정리후시산표의 작성) 잔액시산표란의 금액에 결산정리분개란의 금액을 가감하여 정리후시산표란에 기입한다. 만약에 8위식 정산표를 작성할 경우는 3단계의 정리후시산표는 생략한다.
- 4단계(정리후시산표 잔액을 손익계산서와 재무상태표에 옮기기) : 정리후시산표에서 수익과 비용계정은 손익계산서란에 옮겨 적고, 자산, 부채, 자본계정은 재무상태표란에 옮겨 적는다.
- 5단계(손익계산서에서 당기순손익 계산) : 손익계산서의 차변의 비용 합계와 대변의 수익 합계 간의 차이는 당기순손익이다. 수익 즉 대변 합계가 비용인

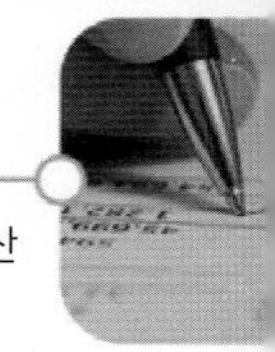

차변의 합계보다 크면 당기순이익이고, 반대의 경우에는 당기순손실이다.

- 6단계(재무상태표에서 당기순손익 계산) : 재무상태표 차변의 자산금액을 합계하고 대변의 부채 및 자본금액을 합계한다. 차변과 대변 금액의 차액을 구하여 5단계에서 구한 차액과 일치하는지 확인한다.
- 7단계(당기순손익의 기록) : 손익계산서에서 구한 당기순손익과 재무상태표에서 구한 당기순손익이 일치하면 동액을 손익계산서와 재무상태표의 차변과 대변에 기록하여 각 차변 합계액과 대변 합계액을 일치시킨다.

정 산 표

백마상사 (단위:원)

계정과목	잔액시산표		결산정리분개		손익계산서		재무상태표	
	차변	대변	차변	대변	차변	대변	차변	대변
현금	200,000						200,000	
당좌예금	150,000						150,000	
외상매출금	700,000						700,000	
단기매매증권	450,000		④ 50,000				500,000	
상품	800,000			①600,000			200,000	
건물	1,200,000						1,200,000	
감가상각누계액		400,000		② 60,000				460,000
외상매입금		500,000						500,000
지급어음		200,000						200,000
자본금		1,000,000						1,000,000
상품매출		1,500,000				1,500,000		
임대료		240,000		⑧ 20,000		260,000		
이자수익		120,000	⑥ 4,000			116,000		
급여	300,000		⑦ 30,000		330,000			
임차료	120,000				120,000			
보험료	24,000			⑤ 10,000	14,000			
잡비	16,000				16,000			
	3,960,000	3,960,000						
상품매출원가			①600,000		600,000			
감가상각비			② 60,000		60,000			
대손상각비			③ 14,000		14,000			
대손충당금				③ 14,000				14,000
단기매매증권평가이익				④ 50,000		50,000		
선급보험료			⑤ 10,000				10,000	
선수이자				⑥ 4,000				4,000
미지급급여				⑦ 30,000				30,000
미수임대료			⑧ 20,000				20,000	
(당기순이익)					772,000			772,000
합계			788,000	788,000	1,926,000	1,926,000	2,980,000	2,980,000

정산표의 작성이 완료되면 정산표에 기록된 것을 그대로 이용하여 재무상태표와 손익계산서를 작성할 수 있다. 계정과목의 명칭, 배열순서 등을 일부 조정하고 자본금 계정은 기초잔액과 당기순손익을 합계한 금액으로 기록하여야 한다. 예컨대 계정과목의 통합 즉, 현금 등의 통합, 외상매출금과 받을어음의 통합, 외상매입금과 지급어음의 통합, 수익·비용의 이연 및 예상항목의 통합 등을 해야할 경우가 있다.

예제에서 작성된 정산표를 토대로 손익계산서와 재무상태표를 작성하면 다음과 같다.

손익계산서

백마상사	20×1.1.1 ~ 20×1.12.31	(단위:원)
1. 상품매출액		1,500,000
2. 상품매출원가		
기초상품재고액		
당기상품매입액	800,000	
기말상품재고액	(200,000)	(600,000)
3. 매출총이익		900,000
4. 판매비와관리비		
급여	330,000	
임차료	120,000	
보험료	14,000	
감가상각비	60,000	
대손상각비	14,000	
잡비	16,000	(554,000)
5. 영업이익		346,000
6. 영업외수익		
임대료	260,000	
이자수익	116,000	
단기매매증권평가이익	50,000	426,000
7. 영업외비용		-
8. 법인세비용차감전순이익		772,000
9. 당기순이익		772,000

재무상태표

백마상사 20×1.12.31 현재 (단위:원)

자산		금액	부채·자본	금액
유동자산			부채	
현금및현금성자산		350,000	매입채무	700,000
매 출 채 권	700,000		선수수익	4,000
대 손 충 당 금	(14,000)	686,000	미지급비용	30,000

단기매매증권		500,000	부채합계	734,000
선급비용		10,000	자본	
미수수익		20,000	자본금	1,772,000
상품		200,000	자본합계	1,772,000
유동자산합계		1,766,000		
비유동자산				
건물	1,200,000			
감가상각누계액	(460,000)	740,000		
비유동자산합계		740,000		
자산합계		2,506,000	부채와 자본합계	2,506,000

연습문제

주관식 연습문제

01. 다음의 수정전 합계잔액시산표를 자료로 결산정리분개를 수행하시오.

합계잔액시산표(수정전)

㈜백마 20×1년 12월 31일 (단위:원)

차변		계정과목	대변	
잔액	합계		합계	잔액
84,000	204,000	현 금	120,000	
30,000	180,000	당 좌 예 금	150,000	
200,000	300,000	외 상 매 출 금	100,000	
		대 손 충 당 금	3,000	3,000
100,000	100,000	단 기 매 매 증 권		
110,000	110,000	미 수 금		
450,000	450,000	상 품		
400,000	400,000	건 물		
		감 가 상 각 누 계 액	80,000	80,000
100,000	100,000	차 량 운 반 구		
		감 가 상 각 누 계 액	20,000	20,000
		외 상 매 입 금	100,000	100,000
		미 지 급 금	130,000	130,000
		자 본 금	700,000	700,000
		상 품 매 출	537,000	537,000
		이 자 수 익	60,000	60,000
76,000	76,000	급 여		
36,000	36,000	임 차 료		
24,000	24,000	보 험 료		
20,000	20,000	소 모 품 비		
1,630,000	2,000,000	합 계	2,000,000	1,630,000

〈결산정리사항〉

(1) 단기매매증권의 기말 공정가액 ₩80,000

(2) 매출채권잔액에 대하여 2% 대손예상

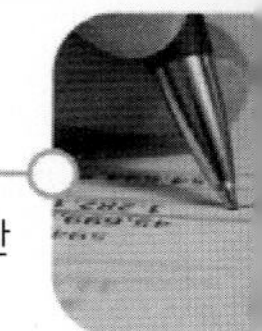

(3) 기말상품재고액 ₩150,000
(4) 건물 감가상각비(내용연수 20년, 잔존가액 ₩0, 정액법)
(5) 차량운반구 감가상각비(내용연수 5년, 잔존가액 ₩0, 정액법)
(6) 종업원급여 미지급액 ₩8,000
(7) 보험료 중 선급액 ₩15,000
(8) 이자수익 중 선수액 ₩20,000
(9) 퇴직급여 추계액 ₩25,000
(10) 소모품 미사용액 ₩6,000

No	차변과목	금액	대변과목	금액
(1)				
(2)				
(3)				
(4)				
(5)				
(6)				
(7)				
(8)				
(9)				
(10)				

02. 다음의 수정전 잔액시산표를 자료로 결산정리분개를 수행하시오.

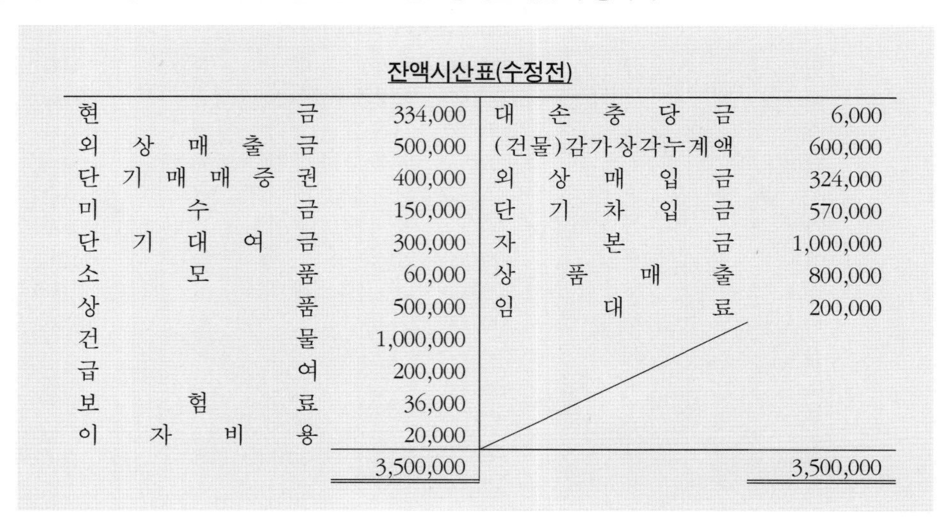

잔액시산표(수정전)

차변과목	금액	대변과목	금액
현금	334,000	대손충당금	6,000
외상매출금	500,000	(건물)감가상각누계액	600,000
단기매매증권	400,000	외상매입금	324,000
미수금	150,000	단기차입금	570,000
단기대여금	300,000	자본금	1,000,000
소모품	60,000	상품매출	800,000
상품	500,000	임대료	200,000
건물	1,000,000		
급여	200,000		
보험료	36,000		
이자비용	20,000		
	3,500,000		3,500,000

〈결산정리사항〉

(1) 단기매매증권의 기말 공정가액은 ₩350,000이다.
(2) 기말상품재고액은 ₩150,000이다.
(3) 매출채권잔액에 대하여 2% 대손을 예상하다.
(4) 소모품 사용액은 ₩45,000이다.
(5) 건물 감가상각은 취득원가의 연 5%를 계상하다.
(6) 이자미지급액은 ₩5,000이다.
(7) 보험료 미경과액은 ₩12,000이다.
(8) 임대료 선수분은 ₩60,000이다.

No	차변과목	금액	대변과목	금액
(1)				
(2)				
(3)				
(4)				
(5)				
(6)				
(7)				
(8)				

03. 다음 무갑상사의 20×1년 12월 31일 수정전 잔액시산표를 자료로 결산정리분개하고, 8위식 정산표와 재무제표를 작성하시오.

잔액시산표(수정전)

차변과목	금액	대변과목	금액
현금	120,000	가수금	70,000
외상매출금	600,000	외상매출금 대손충당금	10,000
받을어음	200,000	건물감가상각누계액	600,000
단기매매증권	150,000	비품감가상각누계액	80,000
현금과부족	6,000	외상매입금	256,000
가지급금	60,000	자본금	1,000,000
상품	300,000	상품매출	900,000
건물	1,000,000	임대료	36,000
비품	200,000	수수료수익	18,000
급여	250,000		
소모품비	30,000		
보험료	12,000		
임차료	24,000		
이자비용	18,000		
	2,970,000		2,970,000

〈결산정리사항〉

(1) 단기매매증권의 기말 공정가액은 ₩180,000이다.
(2) 기말상품재고액은 ₩80,000이다.
(3) 매출채권잔액에 대하여 2% 대손을 예상하다.
(4) 가지급금은 여비교통비로 판명되다.
(5) 가수금은 외상매출금 회수액으로 판명되다.
(6) 현금과부족계정을 정리하다.
(7) 소모품 미사용액은 ₩12,000이다.
(8) 건물 감가상각은 취득원가의 연 5%를 계상하다.
(9) 비품 감가상각은 취득원가의 연 10%를 계상하다.
(10) 이자미지급액은 ₩6,000이다.
(11) 임차료 미경과액은 ₩8,000이다.
(12) 수수료 미수액은 ₩5,000이다.
(13) 임대료 선수분은 ₩8,000이다.

1)

No	차변과목	금액	대변과목	금액
(1)				
(2)				
(3)				
(4)				
(5)				
(6)				
(7)				
(8)				
(9)				
(10)				
(11)				
(12)				
(13)				

2)

정 산 표

무갑상사 (단위:원)

계정과목	잔액시산표		결산정리분개		손익계산서		재무상태표	
	차변	대변	차변	대변	차변	대변		
현 금								
외 상 매 출 금								
대 손 충 당 금								
받 을 어 음								
단 기 매 매 증 권								
현 금 과 부 족								

가 지 급 금								
상 품								
건 물								
감가상각누계액								
비 품								
감가상각누계액								
가 수 금								
외 상 매 입 금								
자 본 금								
상 품 매 출								
임 대 료								
수 수 료 수 익								
급 여								
소 모 품 비								
보 험 료								
임 차 료								
이 자 비 용								
합 계								

손익계산서

무갑상사　　20×1.1.1 ~ 20×1.12.31　　(단위:원)

1. 상 품 매 출 액
2. 상 품 매 출 원 가
   기 초 상 품 재 고 액
   당 기 상 품 매 입 액
   기 말 상 품 재 고 액
3. 매 출 총 이 익
4. 판 매 비 와 관 리 비
   급 여
   임 차 료
   보 험 료
   감 가 상 각 비
   대 손 상 각 비
   소 모 품 비
   여 비 교 통 비
5. 영 업 외 수 익
   임 대 료
   수 수 료 수 익
   단 기 매 매 증 권 평 가 이 익
6. 영 업 외 비 용
   이 자 비 용
   잡 손 실
7. 당 기 순 이 익

재무상태표

무갑상사　　20×1.12.31 현재　　단위:원

자산	금액	부채・자본	금액

객관식 연습문제

01. 다음 중 결산의 본 절차와 거리가 먼 것은?

① 총계정원장의 마감　　② 분개장 마감

③ 기타장부의 마감　　④ 재고조사표 작성

02. 다음 내용에서 결산 절차를 바르게 나열한 것은?

- A. 분개장 작성
- B. 총계정원장 각 계정 마감
- C. 손익계산서와 재무상태표 작성

① A→B→C　　② A→C→B

③ B→A→C　　④ B→C→A

03. 다음은 ㈜세무의 회계 담당자가 행한 결산 업무의 일부이다. 이에 나타난 회계 순환 과정 업무 내용으로 옳은 것은?

> 결산 시 회계 담당자가 분개장의 내용과 원장으로의 전기가 정확하게 이루어졌는지를 확인하는 집계표이다. 차변에는 자산, 비용 그리고 대변에는 부채, 자본, 수익을 기록한다.

① 시산표의 작성　② 분개장의 마감
③ 재무상태표 작성　④ 총계정원장의 마감

04. 다음 중 시산표를 작성할 때 발견할 수 있는 오류로 옳은 것은?

① 한 개의 거래를 착오로 누락한 경우
② 한 개의 거래를 중복해서 기록한 경우
③ 차변 또는 대변 어느 한쪽만 전기한 경우
④ 차변과 대변 계정과목을 바꾸어 전기한 경우

05. 다음 보험료와 관련된 결산 오류 내용을 정정하지 않았을 경우 결산시 손익계산서에 표시되는 영업이익에 미치는 영향으로 옳은 것은? (단, 회계기간은 매년 1월 1일부터 12월 31일까지이며, 제시된 자료 외에는 고려하지 않는다.)

> • 3월 1일 : 업무용건물에 대한 화재보험료 1년분 120,000원을 현금으로 지급(비용처리)
> • 12월 31일 : 위 보험료에 대한 결산 정리 분개를 하지 않고 결산을 수행

① 10,000원 과대계상　② 10,000원 과소계상
③ 20,000원 과대계상　④ 20,000원 과소계상

06. 당기순이익 100,000원이 계산되었으나 다음과 같은 누락 및 오류 사항이 발견되었다. 수정 후의 정확한 당기순이익을 계산하면 얼마인가?

> • 임차료 선급분 7,000원　• 대여금 이자 선수분 3,000원

① 90,000원　② 96,000원　③ 104,000원　④ 110,000원

07. 다음 자료는 세무상사의 결산자료이다. 결산조정 후 당기순이익은 얼마인가?

• 결산조정 전 당기순이익	400,000원
• 미인식된 미수이자	200,000원
• 보험료 지급시 전액 비용 처리한 선급보험료	300,000원

① 300,000원 ② 500,000원 ③ 600,000원 ④ 900,000원

08. 다음 자료에 따라 12월 31일 결산 분개로 옳은 것은? (단, 월할계산으로 가정함)

• 10월 1일에 1년분 보험료 1,200,000원을 당좌수표를 발행하여 지급하고 다음과 같이 분개하였다.
(차변) 보험료 1,200,000원 (대변) 당좌예금 1,200,000원

① (차) 선급보험료 900,000원 (대) 보험료 900,000원
② (차) 선급보험료 300,000원 (대) 보험료 300,000원
③ (차) 보험료 900,000원 (대) 미지급보험료 900,000원
④ (차) 보험료 300,000원 (대) 미지급보험료 300,000원

09. 다음 중 기말 결산 시 적절한 대체 분개를 하여 재무상태표에 나타나지 않아야 되는 항목은?

① 선수금 ② 선급금 ③ 예수금 ④ 가지급금

10. 회사는 소모품 구입 시 전액 비용으로 처리한 후 기말 소모품 실사를 통해 잔액을 소모품 계정으로 대체하는 회계처리를 수행하고 있다. 다음 계정을 통해 당기 소모품비를 구하면 얼마인가?

소모품비

차변		대변	
3/1 미지급금	350,000	12/31 소모품	100,000

① 100,000원 ② 450,000원 ③ 350,000원 ④ 250,000원

| Chapter 14 |

재무제표

재무제표의 의의와 종류

1) 재무제표의 의의

재무제표(financial statements)는 주주, 투자자, 채권자, 정부 등 다양한 이해관계자들에게 기업의 경제적 정보를 전달하는 핵심적인 보고수단을 말한다.

2) 재무제표의 종류

재무제표는 일정시점의 재무상태를 나타내는 재무상태표와 일정기간의 경영성과를 나타내는 손익계산서 그리고 같은 기간 동안의 현금흐름정보를 나타내는 현금흐름표 및 자본변동내역을 나타내는 자본변동표, 주석으로 구성된다.

(1) 재무상태표

재무상태표(statement of financial position)란 특정시점의 기업에 대한 재무상태를 나타내는 정태적 보고서를 말한다. 재무상태표는 기업이 소유하고 있는 경제적 자원(자산), 그 경제적 자원에 대한 의무(부채) 및 소유주지분(자본)에 관한 정보를 제공한다. 특히 회계정보이용자들

이 기업의 유동성, 재무적 탄력성, 수익성과 위험 등을 평가하는 데 유용한 정보를 제공한다.

재무상태표의 차변인 자산은 기업이 조달한 자본을 어떻게 운용하였는가를 보여주며, 대변인 부채와 자본은 기업이 어떻게 자본을 조달하였는가를 보여준다.

(2) 손익계산서

손익계산서(statement of income)는 일정기간 동안의 기업의 경영성과를 보고하는 동태적 보고서를 말한다. 손익계산서는 재무상태표와 함께 가장 중요한 재무제표 중의 하나로써 일정기간 동안의 기업의 경영성과 즉, 영업활동결과로 얻어진 손익에 대한 정보를 표시하여 주는 회계보고서이다. 손익계산서는 기업의 경영성과를 평가할 수 있는 정보 중에서 특히 수익성 평가에 있어서 가장 중요한 지표가 되는 당기순이익을 나타내주는 회계보고서이다.

(3) 현금흐름표

현금흐름표(statement of cash flow)는 일정기간 동안 기업의 영업활동 및 투자활동, 재무활동으로 인한 현금및현금성자산의 변동내용을 나타내는 동태적 보고서를 말한다. 현금흐름표는 기업실체의 현금지급능력, 수익성 및 위험을 평가하는 데 유용하다. 아울러 여러 기업실체의 미래현금흐름의 현재가치를 비교하여 기업가치를 평가하는데 필요한 기초자료를 제공한다. 현금흐름표는 현금주의 입장에서 작성하는 회계보고서이다.

(4) 자본변동표

자본변동표(statement of change in equity)란 회계기간 동안 발생한 소유주지분의 변동을 표시하는 재무보고서를 말한다. 자본변동표는 자본을 구성하고 있는 자본금, 자본잉여금, 자본조정, 기타포괄손익누계액, 이익잉여금을 각 항목별로 기초잔액과 변동사항, 기말잔액을 표시한다. 자본변동표를 작성하는 목적은 회계기간 동안 발생한 자본금, 자본잉여금, 자본조정, 기타포괄손익누계액, 이익잉여금의 변동에 관한 정보를 포괄적으로 제공함으로써 재무정보의 유용성을 높이기 위한 것이다.

(5) 주석

주석(footnote)이란 재무제표의 해당과목 또는 금액에 기호를 붙이고 재무제표의 난외 또는 별지에 동일한 기호를 표시하여 그 과목 또는 금액에 대한 회계내용을 기입하는 것을 말한다.

3) 재무제표정보의 특성과 한계

재무제표를 통해 제공되는 다양한 정보는 다음과 같은 특성과 한계를 가지고 있다.

- 재무제표는 화폐단위로 측정된 정보를 주로 제공한다.
- 재무제표는 대부분 과거에 발생한 거래나 사건에 관한 정보를 제공한다.
- 재무제표는 추정에 의한 측정치를 포함하고 있다.
- 재무제표는 특정기업실체에 관한 정보를 제공하며 산업 또는 경제 전반에 관한 정보를 제공하지 않는다.

2 재무제표작성과 표시의 일반원칙

1) 계속기업

경영진이 기업을 청산하거나 경영활동을 중단할 의도를 가지고 있지 아니하거나 청산 또는 경영활동을 중단 외에 다른 현실적 대안이 없는 경우가 아니면 계속기업을 전제로 재무제표를 작성한다.

2) 재무제표의 작성 책임과 공정한 표시 및 주석

재무제표의 작성과 표시에 대한 책임은 경영진에 있으며 경제적 사실과 거래의 실질을 반영하여 공정하게 표시하여야 하며, 일반기업회계기준에 의하여 작정하게 작성된 재무제표는 공정하게 표시된 재무제표로 본다.

3) 재무제표 항목의 구분과 통합표시

중요한 항목은 재무제표의 본문이나 주석에 그 내용을 가장 잘 나타낼 수 있도록 구분하여

표시하며 중요하지 않은 항목은 유사한 항목과 통합하여 표시할 수 있다.

4) 비교재무제표의 작성

기간별 비교가능성을 제고하기 위하여 전기 재무제표의 계량정보와 비계량정보를 당기와 비교하는 형식으로 표시한다.

5) 재무제표 항목의 표시와 분류의 계속성

재무제표의 기간별 비교가능성을 제고하기 위하여 재무제표 항목의 표시와 분류는 원칙적으로 매기 동일하여야 한다.

6) 재무제표의 보고양식

재무제표는 이해하기 쉽도록 간단하고 명료하게 표시하여야 하며, 일반기업회계기준에 예시된 재무제표의 양식을 참조하여 작성한다.

각 재무제표에는 재무제표의 명칭과 함께 기업명, 보고기간 종료일 또는 회계기간, 보고통화 및 금액단위를 기재하여야 한다.

3 재무상태표

1) 재무상태표의 의의

재무상태표는 기업의 재무상태를 나타내는 보고서로 결산일 현재에 기업이 보유하고 있는 자산, 부채, 자본의 구성상태를 보여주는 정태적 보고서이다.

2) 재무상태표의 작성기준

(1) 기본구조

재무상태표의 항목은 자산, 부채, 자본으로 구분하고, 자산과 부채는 유동항목과 비유동항목으로 구분한다. 자산과 부채는 유동성이 큰 항목부터 배열하는 것을 원칙으로 한다.

(2) 자산과 부채의 유동성과 비유동성의 구분

자산은 보고기간 종료일로부터 1년 또는 정상적인 영업주기를 기준으로 유동자산과 비유동자산으로 구분한다. 부채는 1년 또는 정상적인 영업주기를 기준으로 유동부채와 비유동부채로 구분한다. 정상적인 영업주기가 명확하게 확인되지 않는 경우에는 1년으로 추정한다.

(3) 자산과 부채의 총액표시

자산과 부채는 원칙적으로 상계하여 표시하지 않는다. 매출채권에 대한 대손충당금 등은 해당 자산이나 부채에서 직접 가감하여 표시할 수 있다. 이 경우 가감한 금액을 주석으로 기재한다.

(4) 재무상태표 항목의 구분과 통합표시

자산, 부채, 자본 중 중요한 항목은 재무상태표 본문에 별도 항목으로 구분하여 표시한다. 중요하지 않은 항목은 성격 또는 기능이 유사한 항목에 통합하여 표시할 수 있으며 통합할 적절한 항목이 없는 경우에는 기타항목으로 표시할 수 있다. 이 경우 세부내용은 주석으로 기재한다.

3) 재무상태표의 양식

재무상태표의 양식은 보고식과 계정식이 있다. 재무상태표는 보고식 작성을 원칙으로 하며 계정식으로도 작성할 수 있다.

[계정식]

재무상태표

㈜×××　　20××년 ×월 ××일 현재　　(단위:원)

자산	금액	부채 · 자본	금액
자산		**부채**	
유동자산	×××	유동부채	×××
비유동자산	×××	비유동부채	×××
		부채총계	×××
		자본	
		자본금	×××
		자본총계	×××
자산총계	×××	**부채와 자본총계**	×××

[보고식]

재무상태표

㈜×××　　20××년 ×월 ××일 현재　　(단위:원)

과 목	제×(당)기		제×(전)기	
	금 액		금 액	
자산				
유동자산		×××		×××
비유동자산		×××		×××
자산총계		×××		×××
부채				
유동부채		×××		×××
비유동부채		×××		×××
부채총계		×××		×××
자본				
자본금		×××		×××
자본총계		×××		×××
부채와 자본총계		×××		×××

4) 재무상태표의 유용성과 한계

유용성	한 계
① 일정시점의 기업의 재무상태에 관한 정보제공	① 역사적 원가에 따른 평가의 한계
② 기업의 장 · 단기 지급능력에 관한 정보제공	② 대체적인 회계처리방법에 따른 한계
③ 기업의 재무구조에 관한 정보제공	③ 회계담당자의 주관적 판단에 따른 평가의 한계
	④ 화폐표시 정보의 한계

4 손익계산서

1) 손익계산서의 의의

손익계산서는 일정기간 동안에 기업의 경영성과를 나타내는 보고서로 기업활동을 통한 수익, 비용, 이익, 손실을 보고하는 동태적 보고서이다.

2) 손익계산서의 작성기준

(1) 발생주의

모든 수익과 비용은 그것이 발생한 기간에 정당하게 배분되도록 처리해야 한다.

(2) 수익과 비용의 대응원칙

비용은 관련 수익이 인식될 때 비용으로 인식한다는 원칙이다. 즉, 비용은 그 비용이 기여한 수익이 기록되는 동일한 기간의 비용으로 기록한다.

(3) 총액주의

수익과 비용은 총액에 의하여 기재함을 원칙으로 하고 수익항목과 비용항목을 직접 상계함에 따라 그 전부 또는 일부를 손익계산서에서 제외하여서는 안된다.

(4) 구분표시

손익계산서에 손익은 매출총손익, 영업손익, 법인세차감전순손익, 당기순손익, 주당순손익으로 구분하여 표시한다.

3) 손익계산서의 양식

[보고식]

손익계산서

20××년 ×월 ×일부터
20××년 ××월 ××일까지

㈜×××

(단위:원)

과 목	제×(당)기		제×(전)기	
	금 액		금 액	
매출액		×××		×××
매출원가				
기초상품재고액	×××		×××	
당기상품매입액	×××		×××	
기말상품재고액	(×××)	(×××)	(×××)	(×××)
매출총이익		×××		×××
판매비와관리비		(×××)		(×××)
영업이익		×××		×××
영업외수익		×××		×××
영업외비용		(×××)		(×××)
법인세비용차감전순이익		×××		×××
법인세비용		(×××)		(×××)
당기순이익		×××		×××
주당이익		×××		×××

4) 손익계산서의 유용성과 한계

유용성	한 계
① 일정기간 동안의 경영성과에 관한 정보제공	① 회계이익의 진실성
② 기업의 미래 수익성 예측에 관한 정보제공	② 이익의 질에 관한 문제
③ 경영자의 경영능력 평가에 관한 정보제공	③ 동일기간의 수익과 비용의 대응문제
④ 이익계획 등 경영정책수립에 관한 정보제공	

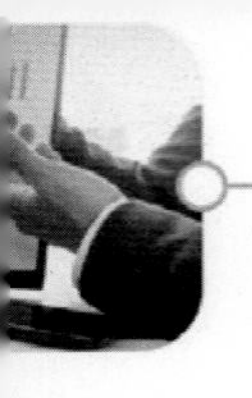

연습문제

주관식 연습문제

01. 백마상사의 20×1년도말 총계정원장 계정잔액은 다음과 같다. 다음 자료에 의하여 계정식 재무상태표를 작성하시오.

〈총계정원장 계장잔액〉

현 금	200,000	당 좌 예 금	130,000	외 상 매 출 금	700,000
단기매매증권	450,000	상 품	800,000	투 자 부 동 산	150,000
토 지	200,000	건 물	800,000	감가상각누계액	400,000
개 발 비	100,000	외상매입금	500,000	지 급 어 음	100,000
단 기 차 입 금	400,000	자 본 금	2,000,000	당 기 순 이 익	130,000

재무상태표

백마상사 20×1년 12월 31일 현재 (단위:원)

자산	금액	부채 · 자본	금액

02. 백마상사의 20×1년도말 총계정원장 계정잔액은 다음과 같다. 다음 자료에 의하여 보고식 손익계산서를 작성하시오.

〈총계정원장 계장잔액〉

상품매출액	6,000,000	매입액	3,500,000	기초상품재고액	200,000
기말상품재고액	300,000	급여	350,000	복리후생비	120,000
감가상각비	100,000	광고선전비	80,000	소모품비	60,000
이자비용	70,000	수수료수익	50,000	기부금	100,000
이자수익	60,000	법인세비용	450,000	유형자산처분이익	20,000

손익계산서

20×1년 1월 1일부터
20×1년 12월 31일까지

백마상사 (단위:원)

과목	금액	

객관식 연습문제

01. 다음 중 기본 재무제표에 포함되지 않는 것은?

가. 재무상태표　　나. 현금흐름표　　다. 자본변동표　　라. 제조원가명세서

① 가　　② 나　　③ 다　　④ 라

02. 다음 중 재무제표에 해당되지 않는 것은?

① 재무상태표 ② 이익잉여금 처분계산서
③ 손익계산서 ④ 자본변동표

03. 다음 중 재무상태표의 작성기준에 관한 설명으로 틀린 것은?

① 자산, 부채, 자본 중 중요한 항목에 대해서는 재무상태표 본문에 별도 항목으로 구분하여 표시하여야 한다.
② 자산과 부채는 순액으로 기재함을 원칙으로 한다.
③ 자산과 부채는 유동성이 큰 항목부터 배열하는 것을 원칙으로 한다.
④ 가지급금과 가수금 등의 미결산 계정은 그 내용을 나타내는 적절한 계정으로 표시한다.

04. 다음 자산항목을 유동성 배열법에 따라 위에서 아래의 순서로 나열한 것을 〈보기〉에서 고른 것은?

ㄱ. 무형자산　ㄴ. 투자자산　ㄷ. 당좌자산　ㄹ. 재고자산

① ㄴ→ㄷ→ㄹ→ㄱ ② ㄴ→ㄷ→ㄱ→ㄹ
③ ㄷ→ㄹ→ㄴ→ㄱ ④ ㄷ→ㄴ→ㄹ→ㄱ

05. 다음 중 일반기업회계기준에 의한 손익계산서의 작성기준이 아닌 것은?

① 발생주의 : 모든 수익과 비용은 발생한 기간에 정당하게 배분되도록 처리한다.
② 순액주의 : 모든 수익과 비용은 직접 상계하여 순액으로 기재하는 것을 원칙으로 한다.
③ 실현주의 : 수익은 실현시기를 기준으로 계상하고 미실현수익은 당기의 손익계산에 산입하지 않는다.
④ 수익비용대응 : 수익항목과 이에 관련되는 비용항목을 대응 표시하여야 한다.

06. 재무상태표의 작성에 관한 내용 중 옳지 않은 것은?

① 일정기간의 기업의 재무 상태를 나타내는 회계보고서이다.

② 결산 후 절차(결산 보고서의 작성)에 해당한다.

③ 외상매입금과 지급어음을 "매입채무"로 통합표시한다.

④ 재무상태표 등식은 [자산 = 부채 + 자본] 이다.

07. 다음 개인기업인 세무상점의 재무상태표에 대한 설명으로 맞는 것은?

재무상태표

세무상점 20××. 12. 31 (단위 : 원)

자산	금액	부채 및 자본	금액
현금및현금성자산	100,000	매입채무	600,000
매출채권	400,000	장기차입금	100,000
상품	600,000	자본금	900,000
토지	500,000		
	1,600,000		1,600,000

① 자본합계액이 부채 합계액보다 많다.

② 당좌자산 합계액이 재고자산 합계액보다 많다.

③ 유동자산 합계액이 비유동자산 합계액보다 적다.

④ 유동부채 합계액이 비유동부채 합계액보다 적다.

08. 다음 중 손익계산서와 관련된 설명으로 틀린 것은?

① 손익계산서란 일정시점의 기업실체의 재무성과에 대한 정보를 보고하는 재무제표이다.

② 손익계산서의 구성요소는 수익과 비용이다.

③ 손익계산서의 등식은 [수익 - 비용 = 순이익] 이다.

④ 손익계산서의 비용은 수익비용대응의 원칙에 따라 인식한다.

09. 다음 중 손익계산서 상의 비용에 해당하지 않는 것은?

① 상품 매출원가 ② 주주 배당금

③ 종업원 급여 ④ 사무실 임차료

10. 다음 자료에 의하면 매출총이익은 얼마인가?

• 당기매출액	2,500,000원	• 기초상품재고액	600,000원
• 당기상품매입액	700,000원	• 기말상품재고액	400,000원
• 매입운임	200,000원		

① 1,800,000원 ② 1,600,000원

③ 1,400,000원 ④ 1,300,000원

11. 다음 자료를 이용하여 영업이익을 계산하면 얼마인가?

• 당기순매출액	4,700,000원	• 매출원가	1,700,000원
• 복리후생비	400,000원	• 접대비	300,000원
• 이자비용	600,000원	• 무형자산상각비	300,000원

① 1,400,000원 ② 2,000,000원

③ 2,200,000원 ④ 2,500,000원

12. 다음의 자료로 손익계산서에 매출액으로 계상할 금액은?

• 총매출액	700,000원	• 판매수수료	30,000원
• 매출에누리	40,000원	• 매출할인	50,000원

① 580,000원 ② 610,000원

③ 650,000원 ④ 660,000원

13. 다음 자료를 이용하여 세무상사의 영업이익을 계산하면 얼마인가?

• 상품매출	3,000,000원	• 상품매출원가	2,000,000원
• 급여	300,000원	• 이자비용	100,000원

① 600,000원　② 700,000원
③ 1,000,000원　④ 1,100,000원

14. 다음은 예지상사의 20××년 손익계산서와 관련한 자료이다. (A), (B)에 들어갈 금액으로 옳은 것은?(단, 제시된 자료 이외에는 고려하지 않는다.)

<table>
<tr><td rowspan="7">손익계산서</td><td colspan="4">손익계산서</td></tr>
<tr><td colspan="2">매 출 총 이 익</td><td colspan="2">1,500,000</td></tr>
<tr><td colspan="2">판 매 비 와 관 리 비</td><td colspan="2">△××××</td></tr>
<tr><td colspan="2">영 업 이 익</td><td colspan="2">(A)</td></tr>
<tr><td colspan="2">영 업 외 수 익</td><td colspan="2">××××</td></tr>
<tr><td colspan="2">영 업 외 비 용</td><td colspan="2">△××××</td></tr>
<tr><td colspan="2">법인세비용차감전순이익</td><td colspan="2">(B)</td></tr>
<tr><td rowspan="3">관련 자료</td><td>• 접대비</td><td>150,000원</td><td>• 기부금</td><td>200,000원</td></tr>
<tr><td>• 단기매매증권처분이익</td><td>100,000원</td><td>• 이자비용</td><td>70,000원</td></tr>
<tr><td>• 차량유지비</td><td>50,000원</td><td>• 잡이익</td><td>30,000원</td></tr>
</table>

	(A)	(B)		(A)	(B)
①	1,300,000	1,160,000	②	1,300,000	1,060,000
③	1,100,000	1,160,000	④	1,100,000	1,060,000

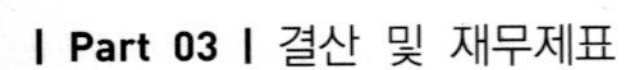

15. 다음 자료에 의하여 영업이익을 계산하면 얼마인가?

• 당기매출액 :	2,000,000원	• 기초상품재고액 :	500,000원
• 당기상품매입액 :	800,000원	• 기말상품재고액 :	700,000원
• 이자비용 :	300,000원	• 보험료 :	30,000원
• 임차료 :	100,000원	• 이자수익 :	40,000원
• 접대비 :	50,000원		

① 1,160,000원　② 1,220,000원

③ 1,640,000원　④ 1,260,000원

16. 다음 (가)와 관련된 적절한 내용은?

• 영업이익 = 매출총이익 - (가)

① 기부금, 이자비용 등 기업의 관리에서 발생하는 비용

② 상품 등의 판매활동에서 발생하는 비용

③ 재해손실 등 비경상적으로 발생하는 비용

④ 영업활동 중 발생한 수익

참고문헌

- A-smart 연구소(2011), "회계원리3급", 나눔A&T
- 김권중(2010), "K-IFRS NEW 회계원리", 창민사
- 김달곤, 박상규, 전태영, 정호웅, 최진현 공저(2005), 무역경영사
- 김영일(2009), "회계원리", 세학사
- 김완희, 김문현, 이성엽, 배성규 공저(2014), "K-IFRS 회계원리", 명경사
- 김준, 조동필, 조동수 공저(2014),"회계원리", 나눔A&T
- 김준, 조동필, 조동수 공저(2014),"회계기초", 나눔A&T
- 나눔 편집기획실(2019), "스마트 회계원리", 나눔 A&T
- 반선섭, 박종성, 강경보, 이은철 공저(2009), "K-IFRS 회계원리", 명경사
- 신홍철, 정영기 공저(2012), "IFRS 회계학원론", 청람
- 원광진(2011), "회계학개론", 나눔A&T
- 이기호, 박종진, 정재탁(2006), "회계원리", 무역경영사
- 이성노(2013), "알기쉬운 회계원리", 경영과회계
- 이수로(2011), "회계의 이해", 신영사
- 차동준(2008), "기초회계원리", 경영과회계
- 최우근(2005), "회계원리", 한올출판사
- 최웅용(2014), "K-IFRS 회계원리", 명경사
- 한국세무사회 국가공인자격시험 홈페이지(http://license.kacpta.or.kr/) "기업회계 3급 기출문제"
- 홍윤표, 김광용 공저(2019), "FAT회계실무 1급", 나눔 A&T

연습문제 답안

Chapter 01

주관식

1. 회계
2. 의사결정
3. 재무회계, 관리회계
4. 전산회계
5. 회계단위, 회계기간(회계연도)

객관식

1.③ 2.② 3.① 4.③ 5.④ 6.④ 7.④ 8.①

Chapter 02

주관식

1. (1) ₩15,000 (2) ₩25,000 (3) ₩15,000 (4) ₩26,000 (5) ₩11,000
2. ₩5,000,000
3. ₩167,000
4. ₩1,600,000
5. ₩90,000
6. ₩110,000
7. ₩7,000,000
8. ₩110,000
9. (1) ₩1,330,000 (2) ₩450,000
10. ₩920,000
11. (1) ₩12,000 (2) ₩11,500 (3) ₩14,500 (4) ₩6,500 (5) ₩26,000 (6) ₩11,500 (7) ₩14,500 (8) ₩12,000 (9) ₩18,000 (10) ₩11,500
12. (1) ₩160,000 (2) ₩90,000 (3) ₩60,000

객관식

1. ④ 2. ④ 3. ④ 4. ④ 5. ① 6. ③ 7. ② 8. ① 9. ③ 10. ④ 11. ② 12. ② 13. ① 14. ④ 15. ④ 16. ① 17. ② 18. ② 19. ② 20. ③ 21. ④ 22. ③

Chapter 03

1.

번호	차변과목	금액	대변과목	금액
(1)	현 금	3,000,000	자 본 금	3,000,000
(2)	비 품	200,000	현 금	200,000
(3)	상 품	500,000	외상매입금	500,000
(4)	외상매출금	600,000	상 품	300,000
			상품매출이익	300,000
(5)	현 금	1,000,000	단기차입금	1,000,000
(6)	광고선전비	100,000	현 금	100,000
(7)	외상매입금	300,000	현 금	300,000
(8)	현 금	500,000	외상매출금	500,000
(9)	급 여	200,000	현 금	200,000
(10)	수도광열비	70,000	현 금	70,000

2.

번호	차변과목	금액	대변과목	금액
(1)	현 금	5,000,000	단기차입금	1,000,000
	건 물	3,000,000	자 본 금	7,000,000
(2)	차량운반구	300,000	미지급금	300,000
(3)	상 품	800,000	현 금	800,000
(4)	단기대여금	300,000	현 금	300,000
(5)	현 금	500,000	상 품	400,000
	외상매출금	300,000	상품매출이익	400,000
(6)	비 품	200,000	현 금	200,000
(7)	현 금	300,000	외상매출금	300,000

(8)	임 차 료	100,000	현 금	100,000
(9)	현 금	310,000	단기대여금 이 자 수 익	300,000 10,000
(10)	급 여	200,000	현 금	200,000

3.

날짜	차변과목	금액	대변과목	금액
5월 2일	현 금	2,000,000	자 본 금	2,000,000
3일	현 금	1,500,000	단기차입금	1,500,000
6일	비 품	300,000	현 금	300,000
9일	상 품	700,000	외상매입금	700,000
12일	외상매출금	500,000	상 품 상품매출이익	300,000 200,000
15일	임 차 료	100,000	현 금	100,000
20일	현 금	500,000	외상매출금	500,000
25일	외상매입금	400,000	현 금	400,000
30일	급 여	200,000	현 금	200,000

현금

5/2 자본금	2,000,000	5/6 비품	300,00
3 단기차입금	1,500,000	15 임차료	100,000
20 외상매출금	500,000	25 외상매입금	400,000
		30 급여	200,000

외상매출금

5/12 제좌	500,000	5/20 현금	500,000

상품

5/9 외상매입금	700,000	5/12 외상매출금	300,000

비품

5/6 현금	300,000		

외상매입금

5/25 현금	400,000	5/9 상품	700,000

단기차입금

		5/3 현금	1,500,000

자본금

		5/2 현금	2,000,000

상품매출이익

		5/12 외상매출금	200,000

급여

5/30현금 200,000			

임차료

5/15 현금 100,000			

4. (1) 현금 ₩3,000,000을 출자하여 사업을 시작하다
(2) 상품 ₩600,000을 구입하고 ₩200,000은 현금으로 지급하고 잔액은 외상으로 하다.
(3) 현금 ₩800,000을 단기차입하다.
(4) 상품 ₩500,000(원가 ₩300,000)을 외상으로 판매하다.
(5) 외상매입금 ₩400,000을 현금으로 지급하다.
(6) 종업원 급여 ₩200,000을 현금으로 지급하다.

5.

날짜	차변과목	금액	대변과목	금액
5월 2일	현 금	800,000	자 본 금	800,000
10일	상 품	300,000	외상매입금	300,000
15일	비 품	50,000	현 금	50,000
20일	현 금	300,000	상 품 상품매출이익	200,000 100,000
25일	외상매입금	200,000	현 금	200,000
30일	급 여	50,000	현 금	50,000

객관식

1. ④ 2. ③ 3. ① 4. ③ 5. ③ 6. ② 7. ② 8. ② 9. ④ 10. ④ 11. ③ 12. ③ 13. ④ 14. ④ 15. ② 16. ③

Chapter 04

주관식

1.

번호	차변과목	금액	대변과목	금액
5/ 2	현 금	2,000,000	단기차입금 자 본 금	500,000 1,500,000
5	비 품	200,000	현 금	200,000
10	상 품	600,000	외상매입금	600,000
12	외상매출금	800,000	상 품 상품매출이익	400,000 400,000
15	단기차입금 이 자 비 용	200,000 10,000	현 금	210,000
20	현 금	500,000	외상매출금	500,000
23	외상매입금	400,000	현 금	400,000
25	급 여	100,000	현 금	100,000
30	임 차 료	100,000	현 금	100,000

총 계 정 원 장

현금

5/2 제좌	2,000,000	5/5 비품	200,000
		15 제좌	210,000
20 외상매출금	500,000	23 외상매입금	400,000
		25 급여	100,000
		30 임차료	100,000

외상매출금

5/12 제좌	800,000	5/20 현금	500,000

상품

5/10 외상매입금	600,000	5/12 외상매출금	400,000

비품

5/5 현금	200,000		

외상매입금

5/23 현금	400,000	5/10 상품	600,000

단기차입금

5/15 현금	200,000	5/2 현금	500,000

자본금

		5/2 현금	1,500,000

상품매출이익

		5/12 외상매출금	400,000

이자비용

5/15 현금	10,000		

급여

5/15 현금	100,000		

임차료

5/15 현금	100,000		

합 계 잔 액 시 산 표

차변		계정과목	대변	
잔액	합계		합계	잔액
1,490,000	2,500,000	현 금	1,010,000	
300,000	800,000	외 상 매 출 금	500,000	
200,000	600,000	상 품	400,000	
200,000	200,000	비 품		
	400,000	외 상 매 입 금	600,000	200,000
	200,000	단 기 차 입 금	500,000	300,000
		자 본 금	1,500,000	1,500,000
		상품매출이익	400,000	400,000
10,000	10,000	이 자 비 용		
100,000	100,000	급 여		
100,000	100,000	임 차 료		
2,400,000	4,910,000		4,910,000	2,400,000

2.

정 산 표

백마상사 20×1. 12. 31.

계정과목	잔액시산표		손익계산서		재무상태표	
	차변	대변	차변	대변	차변	대변
현 금	600,000				600,000	
외상매출금	250,000				250,000	
받 을 어 음	250,000				250,000	
상 품	400,000				400,000	
비 품	200,000				200,000	
외상매입금		250,000				250,000
미 지 급 금		150,000				150,000
단기차입금		200,000				200,000
자 본 금		1,000,000				1,000,000
상품매출이익		300,000		300,000		
급 여	100,000		100,000			
보 험 료	100,000		100,000			
당기순이익			**100,000**			**100,000**
합 계	1,900,000	1,900,000	300,000	300,000	1,700,000	1,700,000

객관식

1. ① 2. ① 3. ① 4. ④ 5. ③ 6. ③ 7. ②
8. ② 9. ④ 10. ① 11. ③ 12. ④

Chapter 05

주관식

1.

번호	차변과목	금액	대변과목	금액
(1)	현금과부족	50,000	현 금	50,000
(2)	여비교통비	27,000	현금과부족	27,000
(3)	잡 손 실	23,000	현금과부족	23,000

2.

번호	차변과목	금액	대변과목	금액
(1)	소 액 현 금	300,000	당 좌 예 금	300,000
(2)	소 모 품 비	80,000	소 액 현 금	210,000
	여비교통비	100,000		
	통 신 비	30,000		
(3)	소 액 현 금	210,000	현 금	210,000

3.

번호	차변과목	금액	대변과목	금액
(1)	정 기 예 금	1,000,000	현 금	1,000,000
(2)	당 좌 예 금	1,100,000	정 기 예 금	1,000,000
			이 자 수 익	100,000
(3)	단기금융상품	20,000,000	보 통 예 금	19,500,000
			이 자 수 익	500,000
(4)	보 통 예 금	20,000,000	단기금융상품	20,000,000

4.

번호	차변과목	금액	대변과목	금액
(1)	당 좌 예 금	500,000	상 품 매 출	1,000,000
	외상매출금	500,000		
(2)	상 품	800,000	당 좌 예 금	600,000
			당 좌 차 월	200,000
(3)	당 좌 차 월	200,000	외상매출금	500,000
	당 좌 예 금	300,000		

5.

번호	차변과목	금액	대변과목	금액
(1)	당좌예금	1,000,000	현　금	1,000,000
(2)	상　품	500,000	당좌예금 외상매입금	300,000 200,000
(3)	당좌예금	800,000	상품매출	800,000

6.

번호	차변과목	금액	대변과목	금액
(1)	단기매매증권 수수료비용	24,000,000 50,000	현　금	24,050,000
(2)	현　금 단기매매증권처분손실	5,000,000 1,000,000	단기매매증권	6,000,000
(3)	현　금	7,500,000	단기매매증권 단기매매증권처분이익	6,000,000 1,500,000
(4)	단기매매증권평가손실	2,000,000	단기매매증권	2,000,000

7.

번호	차변과목	금액	대변과목	금액
(1)	단기매매증권 수수료비용	7,200,000 50,000	당좌예금	7,250,000
(2)	보통예금 단기매매증권처분손실	2,170,000 230,000	단기매매증권	2,400,000
(3)	보통예금	3,860,000	단기매매증권 단기매매증권처분이익	3,600,000 260,000
(4)	현　금	30,000	이자수익	30,000

객관식

1. ④ 2. ④ 3. ① 4. ① 5. ④ 6. ① 7. ④
8. ③ 9. ① 10. ② 11. ② 12. ③ 13. ④
14. ① 15. ③ 16. ②

Chapter 06

주관식

1. ₩400,000
2. ₩420,000
3. ₩760,000
4.

날짜	차변과목	금액	대변과목	금액
12/ 8	상　품	800,000	외상매입금	800,000
12/12	외상매입금	20,000	상　품	20,000
12/16	외상매출금	700,000	상품매출	700,000
12/22	상품매출	21,000	외상매출금	21,000
12/31	상품매출원가	438,000	상　품	438,000
12/31	손　익 상품매출	438,000 679,000	상품매출원가 손　익	438,000 679,000

5.

날짜	차변과목	금액	대변과목	금액
12/ 8	매　입	800,000	외상매입금	800,000
12/12	외상매입금	20,000	매　입	20,000
12/16	외상매출금	700,000	매　출	700,000
12/22	매　출	21,000	외상매출금	21,000
12/31	매　입 이월상품	50,000 392,000	이월상품 매　입	50,000 392,000
12/31	손　익 매　출	438,000 679,000	매　입 손　익	438,000 679,000

6.

날짜	차변과목	금액	대변과목	금액
5/ 6	상　품	500,000	현　금	500,000
5/10	상　품	550,000	외상매입금 현　금	450,000 100,000
5/13	외상매입금	30,000	상　품	30,000

매 입 장

(단위:원)

일자		송장번호	적　요		금액
5	6	506	(마름상사)　(현금) A상품 500개 @₩1,000		500,000
	10	510	(정광상사)　(외상) B상품 300개 @₩1,500 운임지급	450,000 100,000	550,000
	13	반-13	(정광상사)　(환출) B상품 20개 @₩1,500		30,000
			총매입액 환출액		1,050,000 30,000
			순매입액		1,020,000

7.

날짜	차변과목	금액	대변과목	금액
6/10	현　금	3,000,000	상품매출	3,000,000
6/12	외상매출금	3,000,000	상품매출	3,000,000
6/15	상품매출	30,000	외상매출금	30,000

매 출 장

(단위:원)

일자		송장번호	적　요		금액
6	10	610	(화담상사)　(현금) A상품 300개 @₩10,000		3,000,000
	12	612	(해룡상사)　(외상) B상품 200개 @₩15,000		3,000,000
	15	반-15	(해룡상사)　(에누리) B상품 10개 @₩3,000		30,000
			총매출액 에누리액		6,000,000 30,000
			순매출액		5,970,000

8.

상 품 재 고 장

선입선출법　　품명 : A상품　　(단위:원)

일자		적요	인수			인도			잔액		
			수량	단가	금액	수량	단가	금액	수량	단가	금액
7	1	전월이월	20	500	10,000				20	500	10,000
	6	매　입	50	600	30,000				20 50	500 600	10,000 30,000

	8	환 출	△5	600	△3,000				20 45	500 600	10,000 27,000
	12	매 출				20 10	500 600	10,000 6,000	35	600	21,000
	15	환 입				△3	600	△1,800	38	600	22,800
	20	매 입	50	800	40,000				38 50	600 800	22,800 40,000
	25	매 출				38 2	600 800	22,8001,600	48	800	38,400
	31	차월이월				48	800	38,400			
			115		77,000	115		77,000			
8	1	전월이월	48	800	38,400				48	800	38,400

① 순매출액 : 30×1,000 - 3×1,000 + 40×1,200 = 75,000

② 매출원가 : 77,000 - 38,400 = 38,600

③ 매출총이익 : 75,000 - 38,600 = 36,400

9.

구분	차변과목	금액	대변과목	금액
(1)	재고자산감모손실	100,000	상 품	100,000
(2)	재고자산평가손실	475,000	재고자산평가충당금	475,000

객관식

1. ③ 2. ④ 3. ③ 4. ③ 5. ① 6. ② 7. ①
8. ① 9. ③ 10. ④ 11. ③ 12. ① 13. ①
14. ② 15. ① 16. ① 17. ④ 18. ②

Chapter 07

주관식

1.

날짜	차변과목	금액	대변과목	금액
(1)	상 품	500,000	당 좌 예 금 외상매입금	200,000 300,000
(2)	현 금 외상매출금	300,000 300,000	상 품 매 출	600,000
(3)	상 품 매 출	30,000	외상매출금	30,000
(4)	당 좌 예 금	270,000	외상매출금	270,000
(5)	외상매입금	300,000	현 금	300,000

2.

날짜	차변과목	금액	대변과목	금액
(1)	받 을 어 음	1,00,000	상 품 매 출	1,000,000
(2)	당 좌 예 금	1,000,000	받 을 어 음	1,000,000
(3)	상 품	800,000	지 급 어 음	800,000
(4)	외 상 매 입 금	500,000	지 급 어 음	500,000
(5)	받 을 어 음	700,000	외상매출금	700,000
(6)	외 상 매 입 금	700,000	받 을 어 음	700,000
(7)	지 급 어 음	800,000	당 좌 예 금	800,000
(8)	당 좌 예 금 매출채권처분손실	950,000 50,000	받 을 어 음	1,000,000

3.

No	차변과목	금액	대변과목	금액
(1)	대손상각비	60,000	대 손 충 당 금	60,000
(2)	대손상각비	30,000	대 손 충 당 금	30,000
(3)	분개없음			
(4)	대손충당금	20,000	대손충당금환입	20,000

4.

No	차변과목	금액	대변과목	금액
(1)	대손상각비	300,000	외상매출금	300,000
(2)	대손충당금 대손상각비	200,000 100,000	외상매출금	300,000
(3)	대손충당금	300,000	외상매출금	300,000

5.

No	차변과목	금액	대변과목	금액
(1)	단기대여금	5,000,000	현 금	5,000,000
(2)	현 금	60,000	이 자 수 익	60,000
(3)	선 급 금	300,000	현 금	300,000
(4)	상 품	3,000,000	선 급 금 외상매입금	300,000 2,700,000
(5)	미 수 금	200,000	비 품	200,000
(6)	현 금	200,000	미 수 금	200,000
(7)	가 지 급 금	300,000	현 금	300,000
(8)	여비교통비 현 금	270,000 30,000	가 지 급 금	300,000
(9)	급 여	1,000,000	예 수 금 현 금	80,000 920,000
(10)	예 수 금	30,000	현 금	30,000
(11)	보 통 예 금	200,000	가 수 금	200,000
(12)	가 수 금	200,000	외상매출금	200,000

객관식

1. ③ 2. ① 3. ② 4. ④ 5. ③ 6. ④ 7. ③
8. ① 9. ③ 10. ③ 11. ③ 12. ② 13. ④
14. ① 15. ③ 16. ① 17. ① 18. ② 19. ②
20. ② 21. ① 22. ④

Chapter 08

1.

날짜	차변과목	금액	대변과목	금액
(1)	비 품	800,000	현 금 미지급금	100,000 700,000
(2)	토 지	51,100,000	당좌예금 현 금	50,000,000 1,100,000
(3)	차량운반구	21,000,000	현 금 미지급금	1,000,000 20,000,000
(4)	건 물	81,500,000	현 금 미지급금	21,500,000 60,000,000
(5)	비 품	300,000	보통예금	300,000

2.

날짜	차변과목	금액	대변과목	금액
(1)	감가상각비	100,000	감가상각누계액	100,000
(2)	감가상각비	48,000	감가상각누계액	48,000

(3)	감가상각비	2,250,000	감가상각누계액	2,250,000

3.

날짜	차변과목	금액	대변과목	금액
(1)	미 수 금	5,000,000	토 지	3,000,000
			유형자산처분이익	2,000,000
(2)	현 금	100,000	비 품	600,000
	감가상각누계액	300,000		
	유형자산처분손실	100,000		
(3)	당 좌 예 금	1,500,000	차 량 운 반 구	2,000,000
	감가상각누계액	800,000	유형자산처분이익	300,000
(4)	현 금	68000	건 물	1,000,000
	감가상각누계액	600,000	유형자산처분이익	280,000

객관식

1. ④ 2. ④ 3. ② 4. ④ 5. ③ 6. ① 7. ④
8. ② 9. ④ 10. ① 11. ③ 12. ② 13. ①
14. ② 15. ① 16. ④ 17. ③ 18. ② 19. ③
20. ③

Chapter 09

주관식

1.

날짜	차변과목	금액	대변과목	금액
(1)	개 발 비	2,000,000	당 좌 예 금	2,000,000
(2)	무형자산상각비	400,000	개 발 비	400,000
(3)	산 업 재 산 권	500,000	현 금	500,000
(4)	무형자산상각비	100,000	산 업 재 산 권	100,000

2.

No	차변과목	금액	대변과목	금액
(1)	투 자 부 동 산	10,000,000	현 금	10,000,000
(2)	장기금융상품	5,000,000	현 금	5,000,000
(3)	장 기 대 여 금	3,000,000	현 금	3,000,000

3.

No	차변과목	금액	대변과목	금액
(1)	임 차 보 증 금	10,000,000	현 금	10,200,000
	임 차 료	200,000		
(2)	장기받을어음	800,000	상 품 매 출	800,000

객관식

1. ① 2. ① 3. ③ 4. ③ 5. ① 6. ④ 7. ③
8. ② 9. ④ 10. ① 11. ② 12. ③

Chapter 10

주관식

1.

No	차변과목	금액	대변과목	금액
(1)	당 좌 예 금	280,000	사 채	300,000
	사채할인발행차금	20,000		
(2)	당 좌 예 금	230,000	사 채	300,000
	사채할인발행차금	70,000		
(3)	당 좌 예 금	340,000	사 채	300,000
			사채할증발행차금	40,000

2. (1)

사채할인발행차금상각표

회계연도	유효이자(A) (E^{t-1}× 시장이자율)	액면이자(B) (액면가액 ×표시이자율)	차금상각액(C) (A-B)	차금잔액(D)	장부가액(E) (액면가-D)
발행시				22,832	177,168
20×1.12.31	26,575	20,000	6,575	16,257	183,743
20×2.12.31	27,561	20,000	7,561	8,695	191,305
20×3.12.31	28,696	20,000	8,696	0	200,000

(2)~(6)

No	차변과목	금액	대변과목	금액
(2)	당 좌 예 금	177,168	사 채	200,000
	사채할인발행차금	22,832		
(3)	이 자 비 용	26,575	현 금	20,000
			사채할인발행차금	6,575
(4)	이 자 비 용	27,561	현 금	20,000
			사채할인발행차금	7,561
(5)	이 자 비 용	28,696	현 금	20,000
			사채할인발행차금	8,696
(6)	사 채	200,000	현 금	20,000

3. (1)

사채할증발행차금상각표

회계연도	유효이자(A) (E^{t-1}× 시장이자율)	액면이자(B) (액면가액 ×표시이자율)	차금상각액(C) (B-A)	차금잔액(D)	장부가액(E) (액면가액+D)
발행시				5,154	105,154
20×1.12.31	8,412	10,000	1,588	3,566	103,566
20×2.12.31	8,285	10,000	1,715	1,852	101,852
20×3.12.31	8,148	10,000	1,852	0	100,000

(2)~(6)

No	차변과목	금액	대변과목	금액
(2)	당 좌 예 금	105,154	사 채	100,000
			사채할증발행차금	5,154
(3)	이 자 비 용	8,412	현 금	10,000
	사채할증발행차금	1,588		
(4)	이 자 비 용	8,285	현 금	10,000
	사채할증발행차금	1,715		

(5)	이자비용 사채할증발행차금	8,148 1,852	현금	10,000
(6)	사채	100,000	현금	100,000

4.

No	차변과목	금액	대변과목	금액
(1)	사채	200,000	현금 사채할인발행차금 사채상환이익	190,000 8,695 1,305
(2)	사채 사채할증발행차금 사채상환손실	100,000 1,852 148	현금	102,000

5.

No	차변과목	금액	대변과목	금액
(1)	퇴직급여	5,000,000	퇴직급여충당부채	5,000,000
(2)	퇴직급여충당부채	600,000	당좌예금	600,000
(3)	퇴직급여	3,600,000	퇴직급여충당부채	3,600,000

6.

No	차변과목	금액	대변과목	금액
(1)	퇴직급여	3,000,000	현금	3,000,000
(2)	퇴직연금운용자산	3,000,000	현금	3,000,000

객관식

1. ④ 2. ④ 3. ④ 4. ② 5. ③ 6. ④ 7. ②
8. ④ 9. ② 10. ① 11. ① 12. ③

Chapter 11

주관식

1.

No	차변과목	금액	대변과목	금액
(1)	인출금	300,000	현금	300,000
(2)	건물	200,000	현금	200,000
(3)	세금과공과 인출금	150,000 100,000	현금	250,000
(4)	급여	1,500,000	예수금 보통예금	150,000 1,350,000
(5)	세금과공과 인출금	200,000 250,000	현금	450,000
(6)	예수금	150,000	현금	150,000

2.

No	차변과목	금액	대변과목	금액
(1)	당좌예금 주식할인발행차금	9,950,000 50,000	자본금	10,000,000
(2)	당좌예금	11,950,000	자본금 주식발행초과금	10,000,000 1,950,000
(3)	당좌예금 주식할인발행차금	7,950,000 2,050,000	자본금	10,000,000
(4)	건물	10,000,000	자본금 주식발행초과금	7,500,000 2,500,000

객관식

1. ③ 2. ③ 3. ② 4. ④ 5. ③ 6. ③ 7. ④
8. ② 9. ③ 10. ② 11. ③ 12. ① 13. ③
14. ① 15. ③ 16. ① 17. ② 18. ②

Chapter 12

주관식

1.

No	차변과목	금액	대변과목	금액
(1)	현금	500,000	상품매출	500,000
(2)	현금	100,000	이자수익	100,000
(3)	보통예금	400,000	단기매매증권 단기매매증권처분이익	300,000 100,000
(4)	현금	300,000	임대료	300,000
(5)	현금	30,000	수수료수익	30,000
(6)	미수금	3,500,000	차량운반구 유형자산처분이익	3,000,000 500,000
(7)	보통예금	10,300,000	단기대여금 이자수익	10,000,000 300,000
(8)	현금	200,000	배당금수익	200,000
(9)	현금	2,080,000	정기예금 이자수익	2,000,000 80,000

2.

No	차변과목	금액	대변과목	금액
(1)	외상매출금 운반비	10,000,000 50,000	상품매출 현금	10,000,000 50,000
(2)	보험료	200,000	현금	200,000
(3)	소모품비	300,000	미지급금	300,000
(4)	접대비	800,000	미지급금	800,000
(5)	복리후생비	100,000	현금	100,000
(6)	통신비 수도광열비	53,000 147,000	보통예금	200,000
(7)	급여	2,500,000	예수금 보통예금	200,000 2,300,000
(8)	비품 소모품비	250,000 50,000	현금	300,000

3.

No	차변과목	금액	대변과목	금액
(1)	기 부 금	2,000,000	현 금	2,000,000
(2)	현 금	30,000	잡 이 익	30,000
(3)	보 험 료	650,000	현 금	650,000
(4)	수수료비용	500,000	보 통 예 금	500,000
(5)	소 모 품 비	100,000	미 지 급 금	100,000
(6)	세금과공과 인 출 금	60,000 80,000	현 금	140,000
(7)	통 신 비	6,000	현 금	6,000

객관식

1. ④ 2. ② 3. ① 4. ③ 5. ① 6. ② 7. ④
8. ④ 9. ② 10. ① 11. ① 12. ③ 13. ④
14. ④ 15. ③ 16. ③ 17. ④, 18. ② 19. ②
20. ③ 21. ④ 22. ④

Chapter 13

주관식

1.

No	차변과목	금액	대변과목	금액
(1)	단기매매증권평가손실	20,000	단 기 매 매 증 권	20,000
(2)	대 손 상 각 비	1,000	대 손 충 당 금	1,000
(3)	상 품 매 출 원 가	300,000	상 품	300,000
(4)	감 가 상 각 비	20,000	감가상각누계액	20,000
(5)	감 가 상 각 비	20,000	감가상각누계액	20,000
(6)	급 여	8,000	미 지 급 급 여	8,000
(7)	선 급 보 험 료	15,000	보 험 료	15,000
(8)	이 자 수 익	20,000	선 수 이 자	20,000
(9)	퇴 직 급 여	25,000	퇴직급여충당부채	25,000
(10)	소 모 품	6,000	소 모 품 비	6,000

2.

No	차변과목	금액	대변과목	금액
(1)	단기매매증권평가손실	50,000	단 기 매 매 증 권	50,000
(2)	상 품 매 출 원 가	350,000	상 품	350,000
(3)	대 손 상 각 비	4,000	대 손 충 당 금	4,000
(4)	소 모 품 비	45,000	소 모 품	45,000
(5)	감 가 상 각 비	50,000	감가상각누계액	50,000
(6)	이 자 비 용	5,000	미 지 급 이 자	5,000
(7)	선 급 보 험 료	12,000	보 험 료	12,000
(8)	임 대 료	60,000	선 수 임 대 료	60,000

3. 1)

No	차변과목	금액	대변과목	금액
(1)	단기매매증권	30,000	단기매매증권평가이익	30,000
(2)	상품매출원가	220,000	상 품	220,000
(3)	대 손 상 각 비	4,600	(외상매출금)대손충당금 (받을어음)대손충당금	600 4,000
(4)	여 비 교 통 비	60,000	가 지 급 금	60,000
(5)	가 수 금	70,000	외 상 매 출 금	70,000
(6)	잡 손 실	6,000	현 금 과 부 족	6,000
(7)	소 모 품	12,000	소 모 품 비	12,000
(8)	감 가 상 각 비	50,000	(건물)감가상각누계액	50,000
(9)	감 가 상 각 비	20,000	(비품)감가상각누계액	20,000
(10)	이 자 비 용	6,000	미 지 급 이 자	6,000
(11)	선 급 임 차 료	8,000	임 차 료	8,000
(12)	미 수 수 수 료	5,000	수 수 료 수 익	5,000
(13)	임 대 료	8,000	선 수 임 대 료	8,000

2)

정 산 표

무갑상사 (단위:원)

계정과목	잔액시산표		결산정리분개		손익계산서		재무상태표	
	차변	대변	차변	대변	차변	대변		
현 금	120,000						120,000	
외 상 매 출 금	600,000			⑦ 70,000			530,000	
대 손 충 당 금		10,000		③ 600				10,60
받 을 어 음	200,000						200,000	
단 기 매 매 증 권	150,000		① 30,000				180,000	
현 금 과 부 족	6,000			⑥ 6,000				
가 지 급 금	60,000			④ 60,000				
상 품	300,000			③220,000			80,000	
건 물	1,000,000						1,000,000	
감가상각누계액		600,000		⑧ 50,000				650,00
비 품	200,000						200,000	
감가상각누계액		80,000		⑨ 20,000				100,00
가 수 금		70,000	⑤ 70,000					
외 상 매 입 금		256,000						256,00
자 본 금		1,000,000						1,000,00
상 품 매 출		900,000				900,0		
임 대 료		36,000	⑬ 8,000			28,0		
수 수 료 수 익		18,000		⑫ 5,000		23,0		
급 여	250,000				250,000			
소 모 품 비	30,000			⑦ 12,000	18,000			
보 험 료	12,000				12,000			
임 차 료	24,000			⑪ 8,000	16,000			
이 자 비 용	18,000		⑩ 6,000		24,000			
	2,970,000	2,970,000						
단기매매증권평가이익				① 30,000		30,0		
상품매출원가			②220,000		220,000			
대 손 상 각 비			③ 4,600		4,600			
대 손 충 당 금				③ 4,000				4,00
여 비 교 통 비			④ 60,000		60,000			
잡 손 실			⑥ 6,000		6,000			
소 모 품			⑦ 12,000				12,000	
감 가 상 각 비			⑧⑨ 70,000		70,000			
미 지 급 이 자				⑩ 6,000				6,00
선 급 임 차 료			⑪ 8,000				8,000	

미수수수료			⑫ 5,000				5,000	
선수임대료				⑬ 8,000				8,000
당기순이익					300,400			300,400
합계			499,600	499,600	981,000	981,0	2,335,000	2,335,000

손익계산서

무갑상사 20×1.1.1 ~ 20×1.12.31 (단위:원)

1. 상품매출액		900,000
2. 상품매출원가		
기초상품재고액		
당기상품매입액	300,000	
기말상품재고액	(80,000)	(220,000)
3. 매출총이익		680,000
4. 판매비와관리비		
급여	250,000	
임차료	16,000	
보험료	12,000	
감가상각비	70,000	
대손상각비	4,600	
소모품비	18,000	
여비교통비	60,000	(430,600)
5. 영업외수익		
임대료	28,000	
수수료수익	23,000	
단기매매증권평가이익	30,000	81,000
6. 영업외비용		
이자비용	24,000	
잡손실	6,000	(30,000)
7. 당기순이익		300,400

재무상태표

무갑상사 20×1.12.31 현재 단위:원

자산		금액	부채·자본	금액
유동자산			부채	
현금및현금성자산		120,000	매입채무	256,000
매출채권	730,000		선수수익	8,000
대손충당금	14,600	715,400	미지급비용	6,000
단기매매증권		180,000	부채합계	270,000
선급비용		8,000	자본	
미수수익		5,000	자본금	1,300,400
소모품		12,000	자본합계	1,300,400
상품		80,000		
유동자산합계		1,120,400		
건물	1,000,000			
감가상각누계액	(650,000)	350,000		
비품	200,000			
감가상각누계액	(100,000)	100,000		
비유동자산합계		450,000		
자산합계		1,570,400	부채와 자본합계	1,570,400

객관식

1. ④ 2. ① 3. ① 4. ③ 5. ④ 6. ③ 7. ④
8. ① 9. ④ 10. ④

주관식

1.

재무상태표

백마상사 20×1년 12월 31일 현재 (단위:원)

자산		금액	부채·자본	금액
유동자산			**부채**	
현금및현금성자산		330,000	매입채무	600,000
매출채권		700,000	단기차입금	400,000
단기매매증권		450,000	유동부채합계	1,000,000
상품		800,000	**자본**	
유동자산합계		2,280,000	자본금	2,130,000
비유동자산			자본합계	2,130,000
투자부동산		150,000		
토지		200,000		
건물	800,000			
감가상각누계액	(400,000)	400,000		
개발비		100,000		
비유동자산합계		850,000		
자산총계		3,130,000	**부채와 자본총계**	3,130,000

손익계산서

20×1년 1월 1일부터
백마상사 20×1년 12월 31일까지 (단위:원)

과목	금액	
매출액		6,000,000
매출원가		
기초상품재고액	200,000	
당기상품매입액	3,500,000	
기말상품재고액	(300,000)	(3,400,000)
매출총이익		2,600,000
판매비와관리비		
급여	350,000	
복리후생비	120,000	
감가상각비	100,000	
광고선전비	80,000	
소모품비	60,000	(710,000)
영업이익		1,890,000
영업외수익		
이자수익	60,000	
수수료수익	50,000	
유형자산처분이익	20,000	130,000
영업외비용		
이자비용	70,000	
기부금	100,000	(170,000)
법인세비용차감전순이익		1,850,000
법인세비용		(450,000)
당기순이익		1,400,000

객관식

1. ④ 2. ② 3. ② 4. ③ 5. ② 6. ① 7. ①
8. ① 9. ② 10. ③ 11. ② 12. ② 13. ②
14. ① 15. ② 16. ②

저자 | 함 진 평

- 일본 국립 新潟大學 경제학 박사
- 에너지관리공단(현 한국에너지공단) 근무
- 현재, 부천대학교 비서사무행정과 교수
  한국종합경제연구원 연구위원

[저서 및 논문]

- 『경영의 이해』 (제2판)(한올, 2021)
- 『무엇을 위해 살아가는가?』 (퍼플, 2020)
- 『경영의 이해』 (경영과회계, 2015)
- 『현대 경영학원론』 (명경사, 2012)(공저)
- 『그린생산을 위한 물질흐름 원가회계』 (강원대학교, 2012)(공저)
- 「기업결합회계기준의 국제적 수렴에 관한 연구
  : IASB · 일본 · 한국의 비교검토를 중심으로」
  (新潟大學 대학원 박사학위논문, 2003) 외 다수

기초 회계원리

2020년 3월 10일 초판1쇄 발행
2021년 8월 20일 2판1쇄 발행

저 자 함진평
펴 낸 이 임순재

펴 낸 곳 (주)한올출판사
등 록 제11-403호
주 소 서울시 마포구 모래내로 83 (성산동 한올빌딩 3층)
전 화 (02)376-4298(대표)
팩 스 (02)302-8073
홈페이지 www.hanol.co.kr
e-메 일 hanol@hanol.co.kr
I S B N 979-11-6647-117-9